総合馬術競技
トレーニングおよび競技

CONCOURS COMPLET D'ÉQUITATION

パトリック・ガルウ 著

後藤浩二朗 監修／吉川晶造 訳

恒星社厚生閣

掲載写真
D．ゴーティエ（D. Gauthier）：写真 No. 58，59，90．
G．グレゴワール（G. Grégoire）：中扉の写真および No. 60～73，84～86，89，91～96．
R．ウベル（R. Hebel）：写真 No. 3～37，40，48～52，56，57，87．
A．ロリウ（A. Laurioux）：写真 No. 2，8，53．
著者および友人：写真 No. 1，11，14，38，39，41～47，54，55，88．

カバー・扉写真：P．シュウ（P. Chehu）
デッサン：カルマン・ミュレ（Carmen Muller）

Patrick GALLOUX: "CONCOURS COMPLET D'EQUITATION;
PREPARATION, ENTRAINEMENT ET COMPETITION"
© Editions Maloine, 1990
This book is published in Japan by arrangement with EDITIONS MALOINE
through le Bureau des Copyrights Français, Tokyo.

▲89

写真89：飛び下り障害（ネプチューン・シャリエール号／Neptune Charrière，著者騎乗）（202頁）．
大きな飛び下り障害は数に制限がある．着地はしなやかでなければならない．

写真58：競技用フェンス（ネプチューン・シャリエール号／Neptune Charrière，著者騎乗）（167頁）．
やさしい形状の幅広い障害上で，選手は追い立てることなく馬と一緒に飛越することができる．

写真63：パノラマ的（障害後方視界が広がっている）生け垣（ミカド・ド・ポセ号／Mikado de Pocé，パスカル・ブゥテ選手／Pascale Boutet）（169頁）．
バランスおよび耐久性．手綱を頚の上でブリッジに保持することによって，着地時における上半身の揺れを抑える．

写真65：正オクサー（マンスー号／Mansour，ヴァンサン・ベルテ選手／Vincent Berthet）（172頁）．
このような障害飛越は振幅とバランスが必要である．

写真72：水濠の入口にある垂直障害（ラエルト・デ・イフ号／Laerte des Ifs，ジャン・スマジャ選手／Jean Smadja）（178頁）．
選手は坐骨の推進で馬を自由に向かわせて後肢をうまく通過させる．

CONCOURS COMPLET INTERNATIONAL
SAUMUR (FR.) 1989

▲ 65

▼ 72

写真62：水路上のスキージャンプ（Spa sur trou）（モイカ号／Mohican，ジャン・トレール選手／Jean Teulère）（169頁）．
安定したバランスで人馬一体になっている．

目 次

序文	XI
はじめに	XIII

第1部：
総合馬の調教

馬の選択　2

若馬の調教　7
1. フラットワークとコンディションの調整　7
2. 障害飛越のトレーニング　8

フラットワークにおける馬の調教　12
1. 方法およびその原理　12
2. 騎乗者・選手の姿勢　16
3. 調教の手順　20

障害飛越における馬の調教　30
1. 動作の分析　30
2. 原理　33
3. 障害飛越における選手の姿勢　34
4. 騎乗トレーニング　36
5. 手順：速歩による障害飛越，ジムナスティック障害　39
6. 野外騎乗　46

馬具　54
1. 銜　54
2. 調教用具　61

第2部：
コンディションの調整
および身体の準備

トレーニングにおける生理学の基礎知識　66
1. エネルギーを生む代謝の種類　66
2. トレーニングの効果　68
3. 耐久審査のエネルギー・コスト　71
4. 試験室のデータ　74

飼料　76
1. 飼料の管理　76
2. 1日の飼料の計算　77

運動部位の治療　79
1. 骨と腱　79
2. 炎症　80
3. 検査　81
4. 治療　81
5. 予防措置　82

トレーニングの基本的技術　85
1. 競馬のトレーニングに類似する運動　85
2. ショート・インターバル・トレーニング　86
3. 長距離トレーニング　87

4. ロング・インターバル・トレーニング　87

近代的トレーニング　90
   1. 基本方針　90
   2. 制御法　93
   3. 活力テスト　94
   4. インターバル・トレーニング　97
   5. トレーニングのプログラム　101

特殊なトレーニング　109
   1. 代替トレーニング　109
   2. プールにおけるトレーニング　111

選手の肉体的準備　115
   1. 総合馬術競技で要求される活力　115
   2. 補足的スポーツ　118
   3. 身体的活動のプログラム　120

第3部：
馬術競技

馬の輸送　126
   1. 出発準備　126
   2. 輸送　129
   3. 到着時の馬体検査　130

馬術競技　131
   1. 馬体検査／ホースインスペクション　131
   2. コースの下見　136

調教審査（馬場馬術）競技　141
   1. 馬装　141
   2. 馬場馬術競技の準備　142
   3. 馬場馬術の演技　144

耐久競技（野外騎乗）　148
   1. 馬具　148
   2. 4区間　153
   3. 競技の進行　155
   4. グルームの役割　160
   5. クロスカントリーの騎乗　165
   6. いろいろな障害を飛越する技術　167

最後のテスト　191
   1. 馬体検査／ホースインスペクション　191
   2. 余力審査（障害飛越競技）　192

第4部：
クロスカントリーのコース・デザイン

コース・デザイナーの役割　198
   1. クロスカントリー・コースの構想　198
   2. コース・デザイナーの役割　200
   3. ライン，ルートの選択　201

野外障害の製作　205
   1. 野外障害　205
   2. 競技用障害　207
   3. コンビネーション　218
   4. オプションルート　223
   5. スクーリング用障害　227

参考資料　231
障害に関する審判用の便覧　231
装蹄のキーポイント　232

結び　233

あとがき　237

謝　辞

ベルナール・オーヴィネ先生（Docteur Bernard Auvinet）に，
同先生のおかげで，トレーニングに関するこれらの著作ができたことについて，

バルディネ氏（Mr. Bardinet）に，
フランスナショナルチーム監督（当時）のご尽力で私が国際競技大会にデビューできたことについて，

グザビエ・グピル先生（Docteur Xavier Goupil）に，

写真家およびこの本の完成にご援助いただいたすべての方々に，感謝申し上げる．

謝 辞

アルメル（Armelle）へ
彼の愛情，彼の忍耐，彼の能力に対し，

序　文

　総合馬術競技に関する著作の出版は非常によい論議の先鞭となる．隣国イギリスで大変盛んなこのスポーツはフランスにおいては，今なおあまりにも目立たない存在である．極めて総合的なスポーツ馬術を成功に導くためには，選手であると同時に馬術家でなければならないこの華やかな種目の発展に，このパトリック・ガルウの本が寄与することを強く願っている．

　パトリック・ガルウは，今なお経験を重視しすぎる伝統と縁を切り，この種目に科学的にアプローチすることを提案している．スポーツ界で信頼されるこの若い著者（1989年ヨーロッパ選手権大会のフランスチームのメンバー）は国立馬術学校（Ecole Nationale d'Equitation）の馬術研究室長の職務も果たしている．

　この著書は，スポーツの分野において，成績のレベル・アップにつながる新しい研究の流れに沿うことで，青年・スポーツ政務次官事務局の設立に貢献したことを示している．このような歩みは，この著作物の大部分を選手の身体的準備に捧げることによって，個性的な運動選手を完全な資格をもつスポーツマンとみなし，総合馬術競技で打ち立てられたこれまでの伝統に一石を投じている．

ジャン・リュック・レマンヌ
国立馬術学校　校長
(Jean Luc Lhémanne
Directeur de l'Ecole
Nationale d'Equitation)

はじめに

　総合馬術競技は馬と選手の天性の素質を特にきわだたせるスポーツである．両者の間には，暗黙の了解と調和がなければならない．

　スピードを重要とし，深い感銘を宿すこの種目では，馬の勇気と馬に対する尊敬の念が賞賛に値する．

　残念ながらこのすばらしい競技は，その複雑さに不安を覚え，あるいは十分自信をもてない選手や自らのトレーニングに参考となる資料をもっていない選手からいくぶん敬遠されている．

　この本は準備やトレーニング，競技の各段階について詳しく説明しているので，グルームや選手のみならずトレーナーの手元に置くことによって，彼らの手助けとなる．また第4部では読者がこの種目全般について，把握し，理解を深めることができるように，コース・デザイナーの構想や役割が解説されている．

　このようなスタイルの下で，われわれが望むのは，いくつかの方式，調教，特に厳しさによって，魅力的な水準にある総合馬術競技を実施し，小規模なホーストライアルからスティープルチェイス*やロード＆トラック（速歩区間）を含む競技会にも臨めるようになることである．

　この本の中で推奨する調教や騎乗の手順はそれらの整合性や一貫した論理によって，快適に騎乗できる馬をつくり，競技における危険を減らすことを可能にするであろう．これらのまったく新しい手順は，高いレベルの選手の実践経験に基づき，現在実施されている教育の中でも今や代表的なものとなっている．

　最新の科学的な研究に関する多くの情報は，選手が今まで用いていた技術について考え直す一助となるに違いない．この本が紹介する最も新しいトレーニングの方法によって，馬術教育に携わるインストラクターや競技志向者，高度な馬術を志すすべての選手の専門的な要望に応えるために欠かせない要約ができあがったのである．

---

*　障害競馬場の走行，つまり通例，競馬場に作られたコースで，人工の乾壕，垣，柵などの障害物を速い競馬走行で飛越するコース．

1re PARTIE
LE DRESSAGE DU CHEVAL DE CONCOURS COMPLET

第1部
総合馬の調教

第1部　総合馬の調教

馬の選択

　総合馬術競技は専門的な多分野にわたる競技である．この競技は馬の歩様を披露する調教の審査から始まる．つまり，はつらつとし，均整が取れて，かつ柔軟で，しかも選手の扶助によく調和し，完璧に従う馬を見極めるのである．次の耐久審査では，障害に立ち向かう素質と風格のあるギャロップができる優れた性格が要求される．最終テストの障害飛越競技[*1]では，障害飛越訓練やトレーニングが必要だが，横木を注意深く飛越する馬が切り札になることは明らかである．

　一頭の馬にこれらすべてをこなす能力が備わることは稀である．なかには，調教するにつれて成長していく素質をもつ馬匹がいる．しかし，それ以外は最初から存在せず，したがってそれが能力的限界の要因となる．

　若い選手にとっては，いくつかの抜群に優れた素質と欠点をあわせもつ馬よりも，むしろ中程度の能力を数多くもつ馬を選ぶほうが好ましい．経験豊富な選手だけがオリジナルの調教によって，不足を補うことができる場合がある．しかし，このような馬は成長過程を通して優れた能力をもち続けたり，活用することは難しい．馬術の専門家の調教は長期にわたる労力が必要である．だが，将来競技に臨む馬を駄目にすることもあり得る．

　総合馬の素質を整理するなら，順次以下の通りとなる．高速のギャロップで障害を飛越するための勇気とバランスの維持，障害に対するスピードと適性（柔軟性，次にパワー），頑健さと美しい歩法である（写真1）．

　素質のなかで，第一に挙げるべきは勇気である．クロスカントリー[*2]用の馬は，緊張することなく，はじめて遭遇する，連続するか否か常に見当がつかない障害に向かって行かねばならない．この資質は先天的なものである．これは調教によっても手にすることは困難で，馬の選手に対する信頼が減退すると，早々に消え去る．勇気のある若馬でも怖がることがあり得る．しかし，速歩歩行で，励ましてやれば，頑固にならずに，低い障害を通過するようになるはずである．

　スピードは遺伝と関係がある．競技用の若馬でスピードの遅い馬がいるが，実際の総合競技では事情は異なる．国際競技に出場するためには少なくとも，サラブレッド，AQPS[*3] または

[*1]　余力審査．
[*2]　野外走行：野原，丘陵，草原，池などを横断して行う競技．
[*3]　autre que pursang の略．サラブレッドと他品種の雌馬との交配．サラブレッド系ということで純血度25％の馬を指す．足が速くかつ丈夫なので障害飛越用として使用．

写真1：総合馬術の良馬のスタイル（著者騎乗のジェット・クラブ号／Jet Crub）．
総合馬はスピードを出すために，スタイルがよくて，バランスがとれていなければならない．

アングロ・アラブの3血統であることは当然のことながら必要である．半血種はジュニアやアマチュアに適しており，この種の馬だけが出場する競技会であれば安定した成績をあげておおいに選手を喜ばすことができる．国内競技会は，距離が短くてスピードは遅いと誤解されやすいが，決してそうでなく半血種にとってはクロスカントリー前の速すぎるスピードが要求されるスティープルチェイスに臨まなければならないとき，もはや競争に耐えられず，障害飛越の能力と勇気すべてを失う危険がある．

いずれにしても，スピードは体型がバランス維持に影響するから一定のペースで障害飛越ができなければ長所にならない．馬は前躯を高く上げ，後躯を踏み込ませて跳ねるようなギャロップで，疾走する能力がなければならない．重くて押す必要があるとか前から引きずられるような印象を与える馬ではダメである．ギャロップの歩法はハーモニーをかもしださなければならない．勝てるスピードで堰(せき)を切ったように走る生来の障害馬は，頭頸を伸ばし水平になりながら，超スピードにもかかわらずギャロップで障害を飛越できる．

アングロサクソンの国々で耐久力審査（Endurance）と呼ばれている長距離レースはしばしば1時間半におよぶことがあり，その行程中のクロスカントリーで10分以上の高速走行が組み入れられている．この審査ではしっかりした立派な姿勢と良好な好気的能力（酸素の摂取量と必要量とがつりあう長期の運動）が要求される．この潜在的能力は優れたギャロップ走法をもつ馬に対して考え出されたトレーニングを行えば獲得しやすい．スプリンター[*4]の基本的な素質を向上させることは可能であっても，クロスカントリー馬にそれを行うのは難しいことに留意しよう．

われわれは障害飛越を柔軟性とパワーの2つの観点から理解している．4スターレベル[*5]の国際競技は別として，巨大な障害が配置されるのは稀で，技術がよければ飛越に際してパワーの不足を容易に補える．それに対し，美しいフォームの馬は選手の安全性を高める．そのような馬はタイムロスをしないうえに，コンビネーション[*6]をミスせずに通過し，時間を稼ぐ．

[*4] 短距離馬：一般にヨーロッパでは1200 m以下，アメリカでは1400 m以下の距離を得意とする馬．

[*5] 最高レベル：障害馬術競技，選手権大会には障害の高さ，幅，距離，速度，飛越数によって，レベルの高いものから低いほうへ，4スター（4*），3スター（3*），2スター（2*），1スター（1*）の4段階がある．例：国際総合馬術競技の場合はCCI4*またはCCI****などと記される．

ほとんどの場合，柔軟な馬体が正しいフォームの条件のひとつとなっている．柔軟性は極端な急勾配を除き，平坦地においても的確な正しい調教法で考えられた連続障害を配置することで馬は学習，調教できる．

これは常に活気を維持するために行う筋肉強化トレーニングの際にも役立つ．

総合馬は軽快，つまり柔軟かつ活発でなければならない．前肢は上手に踏み切る．これは膝が強くかつ敏捷なバネと優れた反射神経をあわせもっているからである．この活発さは先天的なもので，特にサラブレッドに近い馬に見られ，調教では得られない．これは改善可能な柔軟性以上に欠くことのできない特質である．ただし硬直し，あるいは均整のとれていない馬でも，一定のペースを維持しながら障害を通過し，緊張がほぐれると，これらの欠点が消えていくこともある．スピードを落とさず，力強く飛越するためには毎歩バランスを維持しながら，ギャロップができなければならない．そして，障害の踏切の最後のストライドでは背中を丸め，後肢の踏み込みを深くする必要がある．

大きなオクサー[*7]を通過するための飛越幅は歩幅の広がりにかかっている．これは調教によって改善され，スピードでも補うことができる．

身体の丈夫なことは長期間活躍できる証である．素質がなく，より一層の調教を必要とする馬．つまり，フラットワークでも飛節を痛めやすい難しいタイプの馬，障害でゆとりのない飛越をする馬，走路で風格のあるギャロップができない馬にとっては，丈夫なことが必要不可欠である．若馬が乗り越えねばならない頻繁に行われる育成テストの悪路を活用してみればよい．

したがって，前肢のX線検査は絶対必要である．これらの検査に落ち度があってはならない．腱，靱帯，飛節は健全で，十分安定しているかを客観的に疑いの目をもって検査しなければならない．肢勢[*8]は正しく，かつ運動部位を過度に刺激しないこと．四肢は脂肪のついていない引き締まった筋肉組織でできていること．これらはすべて事前に予測できるリスクにかかわることだから，その馬を採用するか否かは慎重に判断する必要がある．

若い牡馬[*9]の選択基準のひとつに，血統とともに，体形がある．しばしば予知できない成長によって，体形を見誤る場合があり得る（写真2）．

総合馬の体高は164～168 cmである．小型の馬でも成功するが，馬の体格に見合う選手を選ばねばならず，他の馬ならまたぐだけの障害でも，強力なバネを備える必要がある．

大型の馬は特に四肢が強くなければ，自分の体重を支えるのに精一杯で，反応性や筋緊張に欠けるきらいがある．したがって，若馬の競技では大きいストライドの大型の馬はその大きい

[*6] combinaision：写真73-76（182，183頁）．
[*7] oxcer：幅のある障害（写真16，65，66：各47，口絵，173頁）．
[*8] 肢が地面に垂直に立ち，四肢上に正しく体重がかかる姿勢．
[*9] 生後5年目の1月1日までの牡馬．

馬の選択

写真2：総合馬の理想体形（ジェット・クラブ号／Jet Crub：アングロ・アラブ）.
バランスのとれた標準的体形は，肉体的基準の平均値すべてをもち，よい気質を兼ね備え，理想的な体型である．総合馬はスピードを出すために，スタイルがよくて，バランスがとれていなければならない．

1歩が不利益にならないように，この点（障害経路，ギャロップのストライド幅，コンビネーションの距離……）を考慮する必要があろう．

若馬がすばやく障害を飛越し，容易に運動できるようになるためには，それに適した馬体の構造をもたなければならない．よく伸びる頭頸，斜めの肩，長くかつ垂直の前肢，多少長くても，柔軟な背中，下方に向かう大腿，丈夫な飛節である．後駆は，それ自身強く，無駄な動きがなく，前肢をよく折り曲げて高く上げるのをたやすくするため，低くてまっすぐであること．

適切な調教は，ほっそりとした尻の筋肉を強化する．しかし力の強い後駆に押されぎみの細くこわばった，あるいは活力があまりない前駆を強化するのは容易ではない．一般的にいっ

て，均整のとれた丈夫な体型は美しい．しかし，同時にエネルギッシュでなければならない．

　姿勢や従順性を重視する審査員がいる場合でも，美しい歩法は切り札である．厳しいトレーニングによって通常の歩法を立派に改善することは可能であるが，反対にときには優雅だが臆病あるいは非力のため，自分の長所を容易に発揮できない馬がいる．ゆっくり大きく踏み出す常歩は，しなやかさとハーモニーの証である．規則正しいテンポの速歩は，鞍下における軽やかな感じの速歩よりも好ましい．バランスのよくとれた柔軟な駆歩は伸長歩度や短縮歩度が容易にできる．

　要約すると，プロは，勇気があり元気旺盛な駆歩の馬を選択し，体型や柔軟性にはこだわらない．アマチュアやジュニアは，駆歩や障害飛越の素質が平均を下回ることなく普通でさえあれば，バランスのとれた体型で，勇敢でよく仕込まれた馬をより好むのである．

若馬の調教

1. フラットワークとコンディションの調整

　一般的に若馬は力が不十分で長時間の調教にはなかなか耐えられず，自分の身体を思うままに動かせないが，やる気と簡単なルールに従うことで，これから受けるさらに複雑な運動を容易にする．外界の状況を認識しはじめるころに，まず馬自身をスピードの調整とバランスの保持に慣れさせる必要がある．半ば自由な姿勢での運動において，手綱をゆるくしてやれば，若馬はゆっくりした足どりで頚を自然の状態で保持する．そして頚をこわばらせたりせず自由にし，筋肉を発達させる．

　いつまでも自分のバランスを調整することができない若馬は，頚を下げて運動せざるを得ず，好ましくない．そういう馬は特別の調教用具や強い銜を受け入れることはできない．ただ，ランニング・マルタンガール[*10]は，この種の馬を優美な理想体型に導くことができる．

　若馬調教は，過度のあるいは常に筋力を使わなくても乗り心地がよくなければならない．またスピードと方向を一定に維持しながらリラックスしている必要がある．馬が進むべき方向を定めるためには，選手が簡潔，明瞭，かつ正確な指示を与える．つまり，間違った場合，一度その方向に行かせてから正しい道に馬を戻し，最初からやり直すべきである．もし選手が常に拳や脚を繰り返し使って馬を操作するのであれば，馬の自立を妨げ，馬は自主的に動くのを学ばなくなってしまう．

　できるだけ早めに野外の変化に富んだ地形で運動を行うこと．不整地における運動は推進や各種運動に必要な筋肉を強くする．前肢をより遠くに出せるようになるには，より高く上げる挙筋や牽引筋を，また後肢や脊柱の筋肉組織のためには，殿筋や腹筋を強くする．スピードは地形やトレーニングのレベルに適応していること．筋肉組織が活発で有効に働き続けるためには，かなり早いスピードを選択する．一定の決まった運動については[*11]，馬の筋肉は頚と項を同じ角度で保持し，かつそれに対応するスピードで運動するので，一層特徴のある成長をする．

　斜面を常歩で登ることは，それがたとえ急勾配であっても，他の歩法を発達させるのには，何ら関係がない．つまり筋肉組織のグループ，斜面を登る行動との連係，および実際に出すス

[*10] 馬の頭の位置を安定させる馬具．

[*11] たとえば横歩．

ピードはそれぞれ別である．四肢に過度の制約を与えないようにうまく配慮した速歩とギャロップの訓練は，若馬の心臓血管の容量を拡大し筋肉組織を発達させる．

下り坂では，腰が著しくたわみ，両肩の間の胸郭が非常に柔軟になる．馬体の調整を司る筋肉の特殊な運動，すなわち等長性運動*12 はバランスを向上させる．

疲れを最小限に抑えるには，運動を頻繁に区分けする．各区分の間に数分の常歩を入れる．ストライドを広げさせる前に，規則性を維持し，リズムを整える必要がある．若馬が自然の歩法で運動をする場合，過度に伸長歩度を要求しないように努めるべきである．若馬の背中は度重なる歩度の伸長に耐えられるほど強くない．

発進ないし移行の基礎的な運動は，駆歩の発進および停止の練習を続けることである．停止の場合，静止時間は短くし反抗する前に選手自身が再発進させる．馬は自然の状態では緊張しないままでいなければならない．調教が終わり，下馬するときの不動が馬との最初の約束事である．

駆歩発進には特別の練習が必要であろう．両拳を連携して操作し，外方脚を後ろに引き両肩の自由な移動を容易にすることによって，内方の同側前後肢の負担を軽くし，歩調を早めることなく，バランスを保ち，すばやく発進するこ

とが重要である．

この準備体勢を完了させるためには，平均的な若馬ならもっていなければならない耐久力を発達させなければならない．つまり4日に一度，規則的に最初の間は5分から10分間断続的に，次第に継続して分速400〜450mの速さでギャロップを続ける．手綱で馬の動きを邪魔してはいけない．筋肉を発達させるために，馬体を十分伸ばし調和をとってしなやかにギャロップをさせる．エネルギーが余りぎみの馬には森の中や変化に富んだ土地における運動をうまく利用する．疲労を避けたり，努力するように仕向けたり，隠れた力を引き出すために，訓練方法や練習する土地を多様化する工夫，アイデアが必要である．神経質な馬には注意を怠らず，外界の音よりも選手の要求に，一層注意を払うように導く．

2. 障害飛越のトレーニング

障害飛越の実地調教には次の2つの段階がある．
◆ 信頼の確保
◆ フォームと従順性の改善

まず，若馬にやる気を起こさせねばならない．やる気は勇気や潜在能力から生まれ，図形運動などを正確かつ厳しく行うほうにエネルギーを向ける．これらの資質は総合馬術競技用の馬が内在すべきものであり，それらを向上させるように仕向け，とりわけ失わないように勇気づける必要がある．馬は選手に対し全幅の信頼をもたねばならない．決して選手を裏切らない．だからといって，選手の代わりに運動するわけではない．若馬が全貌を把握し得ない問題

---

*12 アイソメトリックトレーニングのこと．アイソは同じ，メトリックは長さを意味し，等天性トレーニングとも呼ぶ．筋収縮運動を中心とする筋力トレーニングのこと．

（たとえば，新しい障害）に直面してもうまく切り抜けたり，その解決策を見つけることをまかせるなどは議論の対象にならない．馬には，命令に従うこととそれを確実に続けるよう教えることが必要である．

障害飛越は特別トレーニングの対象となることは稀である．毎日の運動にあるいは2日に一度うまく調教に組み入れる．馬は数多くの障害に出会うことが大切である．各飛越はフラットワークの調教の応用に位置づけられる．馬の潜在能力を開発するためには，マンネリになってはならない．

障害は低速で，過度の力を出さずに飛べるように低い（50～80 cm）ものからはじめる．そうすれば，馬はすばやく基本を身につける．小障害の前におかれた馬は，逃避することなく，走らず，遅くならず，障害を通過するはずである．着地してから，まっすぐ前進を続け，かなり早めに，静かに自分の意思で停止する．

このような馬は"解き放された馬"といわれる．障害を目前にし行動の自由をもつ馬は障害に向かうはずである．向かわない場合は，選手は馬のなすがままにしてから，停止させ，それからしっかり，既定の経路に静かに戻す．運動の逸脱が日常的にあれば直ちに訂正することによって，絶えず確実に指導する．馬は自分が責任をとるべきだとは理解していない．馬は選手を乗せると要求を守らなければならないので疲れる．運動がうまく運んだ場合でも，どの部分が馬の自由意志に帰すべきか見分けがつかない．

スピードを遵守することもトレーニングする．横木を一目見て直ちに走りだす馬は，自発的に静かにその前で停止させる．特に障害の前では，正面に向かって直角に止める．斜めに停止させると，馬体は斜めになり，次に障害に並行して横に進み結果的に逃避することを覚える．減速することに満足するのは次の障害に対する問題解決にならない．馬は膠着(こうちゃく)とはならないまでも，拒止と自由意思による停止を区別している．そのため，より巧妙に*13 拒止するために，多くの馬は障害に近づいてから逃避する．したがって，馬のスピードをコントロールしながら，調教する必要がある．

選手の要求がさほど厳しくなく，またこれらの基本原理がなおざりにされている場合は，ギャロップやスピード走行，斜面走行，連続障害飛越で困難さが増していく．選手の〈補佐的な指導〉がなければ，障害飛越は不可能になる．この体系的かつ，基本的な運動は大変重要で，選手は老練な馬を手がけているときでさえも，この考えをもち続けるべきである．

第2段階は次のことからはじめよう．この段階は次の2方向に分かれるが，両者同時ではなく，それぞれ交互に進める．
◆ ジムナスティック飛越による姿勢の改善
◆ 誘導トレーニングによる服従

トレーニングは交互に行い，それぞれの目的を混同してはならない．二兎を追うものは一兎をも得ず，双方のトレーニングはあまり長く時間をかけないで，個別に行う必要がある．

---

*13 つまり，選手に拒止を防ぐ適切な手（扶助）を打つすきを与えないように．

第1部 総合馬の調教

ジムナスティックによる運動では，馬に踏切前の独自のストライドを組み入れながら，駆歩で飛越する．この指導はデリケートである．うまくいけばめざましい進歩が得られる．だが，要求が多すぎるとひどい失敗につながる．

若馬にとって，このシステムにはギャロップを誘発する要因がある．一般的に固定した高さ約60cmの低いクロス障害は，1ないし2基の障害からなっており，それぞれ違った特色をもち得る．クロス障害を通過した後，再びバランスを取り戻して着地するが，はじめての若馬にとっては難しい．適切な高さの横木を静かに飛越できるようになってから，はじめて次の補足障害を追加すること．つまり，補足障害の追加は，その馬の評価された潜在能力を上回らない程度で，次の順序に従い徐々に進める必要がある．高さを上げる，間隔を広げる，当初の高さに戻し，障害の数を増やす．

ジムナスティックによる障害飛越調教は，2つの要件，つまり，障害の大きさと障害間の間隔を勘案して行うのである．若馬にとっては，間隔の長さは必然的に的確でなければならない．とはいっても，その体型や調教の程度に適した距離を判断する必要がある．このタイプのトレーニングでは，目安となる進歩を得るためには脚の扶助は不可欠である．最初の間，障害間の距離は10.00〜10.50mくらい長くてもよい（特に動作の大きい5歳までの若牡馬にとっては）．というのも，第1障害の飛越は極めて重要だが，体勢が崩れる場合が多い．若馬は容易にバランスを取り戻せないため，次の新たな障害の飛越には2ないし3ストライド必要となるからである．

障害の数が多すぎたり，障害間の間隔が狭ければ障害が高すぎる場合と同様に，馬を悩ませる．全行程において，馬は常に平静を維持しなければならない．ときには，このシステムの途中で速歩になったり，あるいは通過する際，常に障害に直角に向き合い，余儀なく停止してしまうことがある．初期の間，最初がクロス障害の場合，次は低いオクサーで，前面に横木を1本置く．2番目の横木は一方の先端だけ掛け金に斜めにかけ，それから，横木を水平に置くようにする．このようにして，このシステムは双方向から使えるようにする．

クロス障害に触れた馬が一層用心するような場合，痛みを怖がる神経質な馬はこの障害を嫌がるおそれがある．調教の初期段階では，馬に努力させるよりもむしろ馬を安心させることが重要なだけに水平横木2本のみの簡単なオクサーが好ましい．要するに，よりよく学ばせるためには，疲労が早い若馬を，あまり疲れさせないように，教える時間を短くし繰り返し飛越することを考慮すべきである．

一方，馬は選手の意向に従い調教されることを受け入れて，その潜在能力を発揮する．われわれはフラットワークにおける調教はもとより，障害飛越の調教でもマンネリは排除すべきである．

普通の横木の小障害を輪乗の蹄跡上で馬を運動させる．選手はバランスを保ち，拳の間隔を広げ，馬に両肩を自由に上げられるようにし，拳の操作で馬の動きを妨げないようにする．運動図形は前もって定めておき，馬の〈わずかな不服従〉にも引きずられることなく，輪乗の蹄

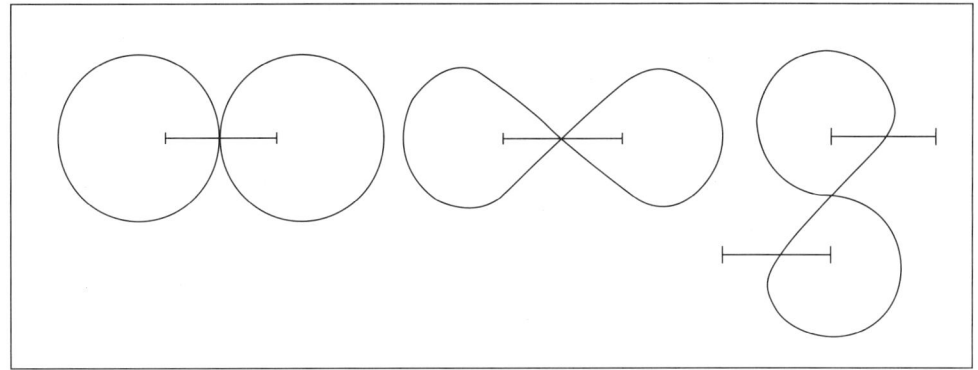

図1：若馬は障害に対して直角に，次はよりまっすぐに，最後に斜めに飛越することを学ぶ．

跡上で着地も含めて障害に対して直角に通過させる．このようにして，馬は曲線上でも曲がらずまっすぐに飛越すること，両肩を上げること，輪乗のカーブに迷わされることなく，よい肢の位置に着地することを学ぶ．

次に，馬が一目見て直線コースを拒否しないように，斜めに続けて2度飛越するのがよい．馬が正しく着地できるように，選手は2つの障害の間では手綱を自由にすること（図1）．

これらのトレーニングはすべて正確さを養い，前進の厳しさを確信させ，潜在的能力をテストすることにある．つまり，馬および選手の力による操作を避け，ゲームのように，これらすべての運動を実施するのが目的である．そうすれば馬は選手の命令に注意を払うようになる．なぜなら，馬は選手が行う運動を明確に把握していることを理解し，また選手を信頼できるからである．

この時期はグラウンドの特性：水たまりや溝，土でできた障害物を馴致・覚えさす時期でもある．馬は自分がすることに注意し，また自分に自由意志があることも学ぶのである．

第1部 総合馬の調教

フラットワークにおける馬の調教

1. 方法およびその原理

　ギャロップ走行，障害飛越あるいは馬場馬術など何であれ，馬術自体は変わらない，同じ原理に従うのである．用いる扶助は唯一かつ同一の合図によるものなので，馬にとってはより簡潔かつ容易に記憶にとどめることができる．つまり各運動に共通するので，あるひとつの専門分野における改善は他の分野にも有益な効果をもたらす．競技はすべて同じ考えに基づき，同じ目標に向かっているので，否定的な影響もなく各競技（馬場馬術，クロスカントリー，障害飛越）に費やすトレーニング時間の最適な配分を容易に行える．

　特殊なテクニックには用心すること．つまり手にした効果が一時的なものにすぎないかどうか，また妙手が他の問題の解決を妨げる危険がないかどうかを自問する必要がある．そのような方法は現実的，教育的でかつ運動を改善するか否か，あるいは失敗を避けるためだけの機械的かつ消極的な方法でしかないのか？　たとえば右手前の駈歩のとき，反対駈歩で回るか，あるいは歩度を落とすために，右拳を固定することを勧める者がいる．われわれの考えでは，これは間違いで踏歩変換を避けるためである．この消極的手段は間違いこそ避けられるが，右側面の全面的自由を必要とする駈歩運動の論理とは一致しない．いいかえれば，野外障害のコフィン*14 や水濠を飛ばすときに，直ちに歩度をゆっくりと落として向かうことは馬の調教速度を遅らす間違った選択になる．そのうえ，拳を固定することはすばやい前肢の起揚の邪魔をしたり，背中の動きを妨げるからである．選手が使う各扶助はその馬術全体と調和が取れなければならない．

　左右対称の調和を取ることでひとつの運動における全体的な改善を図る必要がある．つまり弱い側の能力を改善することであって，強い側の働きを抑えることではない．

　この方法の要点は輪乗の扶助を使うことにあると考える．これらの扶助のパワーと整合性をすべての運動において利用する．これら扶助の組み合わせは常に次のようになる．
◆ 内方拳は少し内側下方に開く
◆ 内方脚は馬体を湾曲にするため，腹帯のところに据える
◆ 外方拳は馬体の屈曲を保持し安定させる．拳だけがそれを可能にする
◆ 外方脚は腰角を押さえるため，後ろに引く（図2A）

---
*14 図43（210頁）参照．

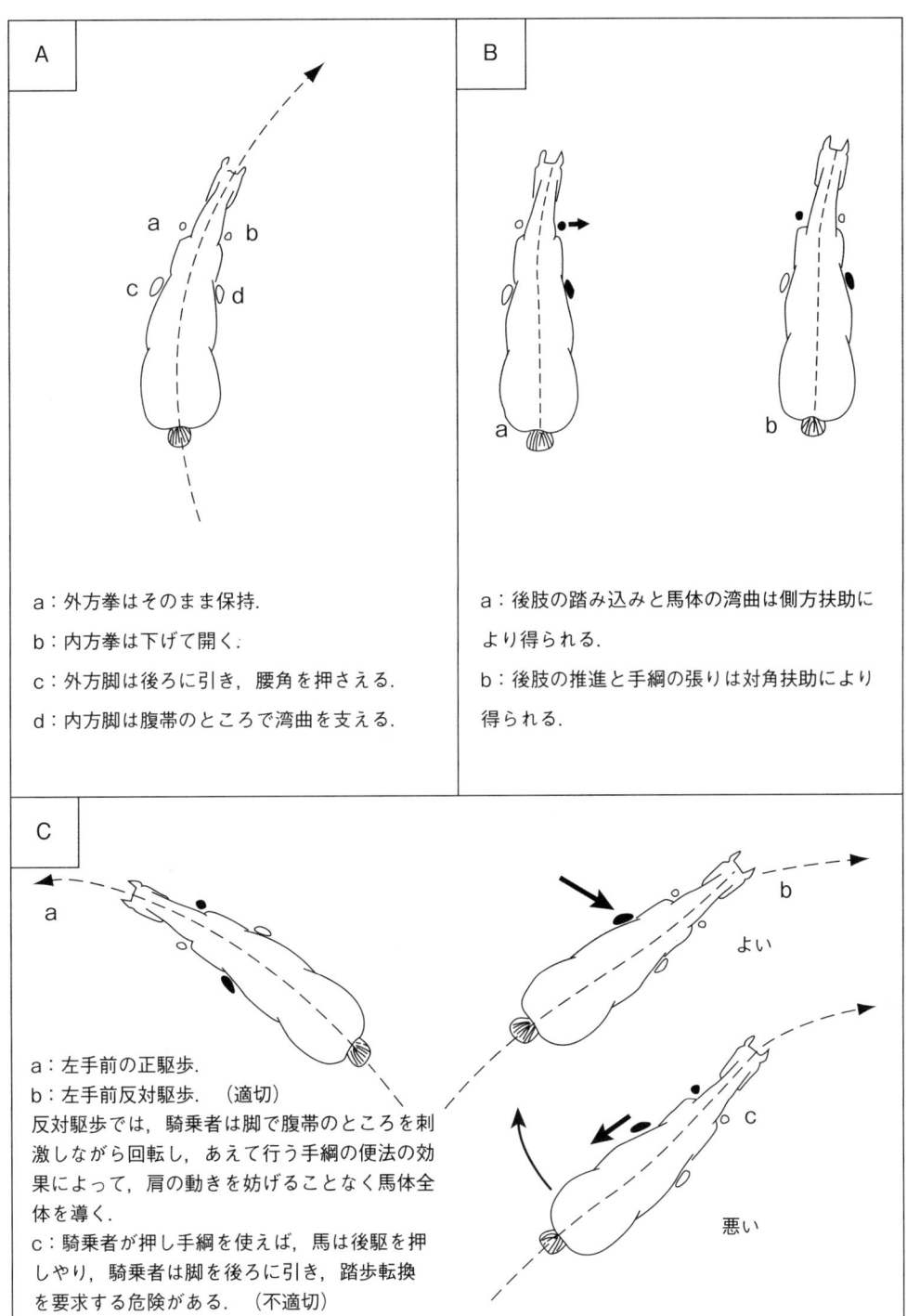

図2：輪乗の扶助は湾曲を必要とするすべての運動で用いられる．作用の強さだけが変わる．

扶助の位置は同じ曲線上で動かさないで，強さだけを変える．このようにして，輪乗線上で肩を内の姿勢に移り，内方脚の力を強める．そして大きな曲線に戻り，外方側面扶助の支えを強める．

選手の体重は，横方向の移動を調節するためにのみ利用する．調教のための運動では，騎座による推進を禁止すべきである．なぜなら，これは障害馬のバランスを崩し，混乱を招く恐れがある．

めざすは2つの目標：踏み込みと推進力である．一方はテコの腕の機械的働きに，他方は筋肉的弛緩のエネルギーに関係することである．踏み込みは同側扶助による同側前後肢の圧縮によって得られる．つまり馬は筋肉を弛緩させながら，下方に開いた拳と腹帯のところに位置する脚に反応して馬体を湾曲させる．輪乗の扶助をきちんと整合させている場合には拳と脚が調和して馬に作用する．

したがって，頚の各筋肉部位は，制約を受けることなく，それぞれふさわしい場に位置する．各骨分節，特に重なることのできる椎骨の棘突起は力の配分のために移動する．背中が踏み込みに関与するのは飛節を保護することにある（図2B）．

流麗な運動を展開するためには，馬は銜を受けていなければならない．このことは，馬の両後肢双方の同じ推進力に対して，両手綱を均等に張ることによって，馬が移動することを意味する．その結果は次の通り．直線上，速歩でも常歩でも，運動をはじめると両手綱の張り具合を双方同程度に維持しなければならない．両後肢の推進力は，左右等しくなり，効率がよくなることから，四肢のリズムや起揚が生まれる．駈歩発進や曲線状の飛越を繰り返せば弱いほうの後肢を強くできる．

そのねらいは馬が張るのを嫌がる手綱の側で，外方斜対扶助（拳は静定を維持し，脚で馬体を圧迫）を使って，馬を両手綱のほうに出るように仕向けることにある．一度，正常になれば，そのときに両手綱の張りをゆるめる．

頚の位置は次の2つの理由で歩様の質に影響する．まず，一定の運動筋肉が頚に集中する．項から尾に至る脊柱の靭帯には伸縮性がないからである．馬は運動に必要な頚の姿勢を維持しなければならない．たとえば，収縮姿勢や障害飛越では頚の底部の支えが必要である．これによって馬は両肩の動きに適した重心の後退が可能になる．次に歩度の伸長を図るには，前肢を一層前に出せるようにするため頚の伸長を必要とし，また後肢の踏み込みを容易にするため，脊柱伸筋の収縮を弱めることによって頚と頭との角度を広げなければならない．

馬が選手の求めに応じて，次の2つの姿勢，つまり頭頚を伸ばしたり，あるいは屈撓*15することができれば，正しい運動をする馬だといわれている．これらの姿勢のいずれにおいても，しなやかな歩様や移行に必要な筋肉の柔軟性を証明する．コンタクト*16を弱めたり，あるいは普段は収縮しているがいつでも伸びる準

---

*15 馬が頚を起揚し，頭は垂直となり，下顎は拳の操作に応じて開閉する整置（Fillis-遊佐）．
*16 拳と馬の口との接触：銜受．

備ができているバネのように，コンタクトを強めることが随時できなければならない．

スポーツホースは，誇張するのではなく，これら極めて厳しい姿勢を取る必要がある．柔軟なコンタクトで起き上がる頸はブレーキをかけやすい．つまり，障害を見るや，横木に立ち向かえるだけの柔軟性を保持しながら，直ちにストライドを縮めることができる．またその逆に，頸が伸びた状態でもコンタクトはそのままで，バランスを崩さず，暴走することもなく，すぐにストライドを効率的に広げることが可能である（写真3および4）．

踏み込みと押し出す力，つまり推進力が馬体の推進を確固たるものにする．これら両者はそれぞれ異質だが，ともに善隣関係の間柄でなければならない．互いに過度に働きすぎると，双方の調和がとれなくなる場合があり得る．つまり，踏み込みが足らなくて，押し出す力が強すぎると，馬体のバランスが崩れる．柔軟性のない馬に踏み込みができるようにするためには，より強い推進力を求める前に，まず馬体を柔軟にする．しなやかすぎる馬には，推進力を向上させる長期的な訓練を優先して行い，一層活力を与えねばならない．

持久力運動を繰り返すことによって，2段階の運動を行うことが重要である．肩を内へのような踏み込みの運動を，効果的にするためには，引き続き伸長歩度のような推進の運動を行う必要がある．踏み込みは，それが活発な場合にのみ効果があり，馬をひとつの姿勢にはめ込むことではない．一方，推進力でバランスを失ってはならない．踏み込みを犠牲にすることになる．歩度の伸長をまず行い，続けて腰角を内にして輪乗を行う．

つまり，同じ運動で伸長歩度の運動も行い，馬自身が制約から自由になるための要領を見つけるように促すのである．いろいろ目的の違った運動図形を続けて行うことによって，バランス運動と柔軟性ないし緊張緩和の運動を組み合わせながら，この落とし穴を避けて通ることができる．

扶助の一致は実のところ，複雑な法則を守るのではなく，簡単なルールに従うだけのことである．扶助の不一致は，最も重要な行為に対して副次的であるべき行為が優位に立つことである．たとえば，一部のエネルギーが推進力を新しい方向に向けるために間違って使われるとする．従来から対抗手綱と呼ばれている手法の効果は，その手綱が選手の両脚によって圧迫される後駆によりもたらされる銜への支持のなかからその力をくみ取る．推進力に制限を加えるこのような行為は，実行すべき運動と取るべき制御を考慮して加減することが難しい．同じく，反対手前の駆歩で回転するために，ときとして奨励される押し手綱は後駆を外方に押しやり，バランスを崩し，後肢を踏み込みから逃げるままにする．さらに，この逸脱に対抗するため，選手が外方脚を後ろに引くと踏歩変換を引き起こす危険がある（図2C）．

輪乗の扶助が正確であれば決して妨げとなることはない．馬体を引き立たせ，推進力を希望する方向に導く．

第1部　総合馬の調教

写真3：頭頚前下方姿勢における運動.
　　　これ自体ひとつの目的ではないが，この運動はウォーミングアップ中に筋肉を柔軟にするため，あるいは激しい運動の後，筋肉をリラックスさせるための一時的な方法である.

2．騎乗者・選手の姿勢

　扶助を正しく使うためには，適切な姿勢が必要不可欠である．

　効率のよい扶助と姿勢の美しさはセットになっている．

　初期の段階では，選手はリラックスすることに努めるべきで，緊張がとけたときにはじめて，馬の動きを感知し，それにうまくついて行くことができる．馬に乗るときはいつも，3つの軸（縦（前後）軸，垂直軸，横軸）に沿って行う運動と，それに伴う動き（縦揺れ，垂直揺れ，横揺れ）から感じられる加速を分析することが肝要である．このようなアプローチをすれば，選手の運動感覚は鋭くなり，トレーニング中，馬の歩法やその変化をより上手に感じ取ることができる．少しの間，目を閉じれば，歩法を感じてわれわれの感覚は向上する．馬の運動を感じながら前進するとき，選手はその一連の動きに先行することなく，ついて行くことがで

写真4: 起揚姿勢における運動.
この運動は馬が障害を飛ぶために重要な調教である. ナチュラルバランスで走る馬には難しい体勢で, 定期的に節度をもって実施しなければいけない.

きる. 速歩をさせるのではなく, 馬自身が進んで速歩をするように仕向ける. 駈歩発進では, 腰に力を入れて踏ん張るのではなく, 脚で誘い出す. 馬が選手をリードし, また馬が歩度を伸ばすのはこのような条件下である.

しなやかさは正しい姿勢の柔軟性から生まれる. したがって, これは基本理念でもある. つまり, 不測の事態 (たとえば非常に遠い踏切) に対応するときのように馬の行動にあわせて慎重に行う身のこなしである.

正しい姿勢は, 選手と馬の間で, 正確な約束事をやりとりするために必要不可欠なものである. したがって, あるひとつの同じ命令に対する馬の行動は, 場所, 長さ, 強さが変わっても常に同一である. 正しい姿勢は的確さを可能にする. 命令に対して余計な動きを減らそうとする馬は, 自分自身で発進の合図の基準をもっている. 選手が運動を正しく繰り返すことによって, 馬は, それを学び, 命令を認識する知覚作用を鋭敏にする. きめ細かく調教された馬は不安定な初心者が乗ると神経質になるのはこのた

めである．それゆえ，選手の誇りとしては誰でも使うことのできる基本馬術を身につけておくべきであろう！

正しい姿勢とはガチガチに固くなった状態ではない．しばしばそのように解釈され，理解されているが，馬の反撞（はんどう）を乗り手の全身で和らげるのである．頭は〈安定性の目安〉となる．つまり頭の動きは，脊柱の反りだけでなく，選手が鐙を支えにして前傾姿勢になっているときの下半身の関節によっても次々に吸収されていく．自動車は動きが大きくなるにつれ，道路から来る激しい反動を弱める極めて柔軟なサスペンションを備えている．自動車ほどではないが，選手も揺れ動く不規則な動きを調整しながら，揺れを吸収する緩衝システムである．

同様に，拳は軽速歩の際，身体の動きに応じて動いてはならない．拳を整定させることは乗り手の意志次第で可能になる．これによって馬も頭の動きを安定させることができる．

選手は自分自身柔軟になり正しい姿勢ができれば自分の体形に適した騎乗をすることが可能である．簡単に屈曲する馬の場合，選手は脚でくぼみを感じるほど脇腹を強く押さえる．踵は下がり，爪先は極端でなく少し外方に向き，こわばらずに馬体を抱え込むようにして脚の位置を維持する．

銜－選手の拳－馬の尻を結んだ線がわずかのひずみしか示さないように，拳は低く保つ．そうすることによって，命令の最良の伝達が馬の運動を妨げることなく確実に行える．両拳はそれぞれの独立性を維持するため，間隔をあける．しかし若い選手に対しては，両拳が対になっていることを十分感じとらせ，拳の安定を容易にするため双方をくっつけるよう指導するのも，ときに効果がある．ひじは手綱の長さを正しく調節するために，身体に密着させる．手綱が長すぎると，選手は何か問題が起きたとき，肩を使う代わりに，拳で解決する傾向がある．短すぎると，選手の上半身は前に傾く．よい姿勢の左右の拳はき甲をはさんで対峙するが，一方がき甲の上を越えて他方に接近すると困難が伴う．

上半身の動きが，拳に影響することは重要なポイントである．上半身の重みが拳の動きを増幅する．そのうえ，肩の動きの効果は，長いテコの腕（ひじ－肩）によって，指を握りしめる効果よりも，一層明確である．銜すなわち拳にかかる 1 cm の動きは肩の動き 3～4 cm に匹敵する．このことはより容易に加減し得ることを示している（図3）．

拳はニュートラルな位置を保つ必要がある．馬はその位置を認識し，わずかな動きを感じとる．騎乗者が拳を開くと馬は下顎を譲り，項が起揚し屈曲する．項の起揚が続くことは屈撓，つまり緊張の兆しである．発進に際し，騎乗者が拳を軽く起揚し直ちに元に戻すと馬は頭をじっとさせざるを得ない．馬にとってはこのような基準となる行為がなければ，これらの微妙な行動を察知できない．騎乗者のはっきりした動きに対してのみ馬は服従する．

騎乗者は母指を手綱に押しつける．母指を押しつけて手綱を握ることにより，馬場馬術の演技中，手綱を確実に保持し，その長さを一定に

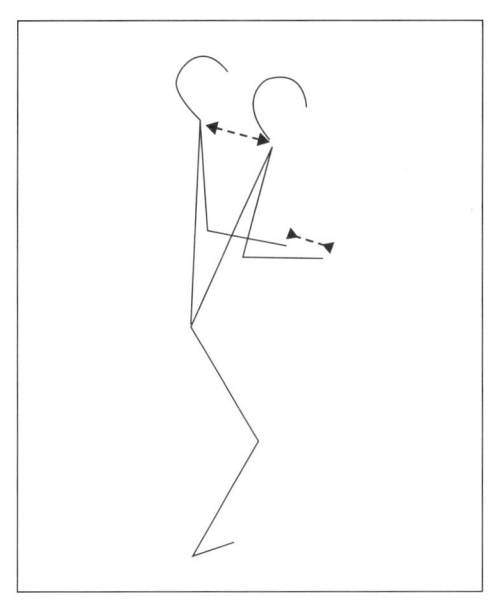

図3：両肩の動きは拳の動きよりも重要で，馬を導き，制御することがよりやさしくなる．

写真5：大勒手綱の持ち方
2本の指が，2本の手綱それぞれの違いをわかりやすくするため，分けている．母指の締めおよび手首の安定と垂直は極めて重要である．

することができる．このことは障害飛越の場合も同じである．選手は肩の異常なこわばりをほぐすために，頻繁に2本の指かあるいは半分力を抜いて手綱を握るとよい．拳がよくなければ，多くの場合，肩が硬直する．母指を封じると，手首がテコの腕の役割を，他の指は緩衝装置の役割を果たす．肩はキログラム単位で，指はグラム単位の力を調節することになる．関節は，いろいろな場所にあり，それぞれの持ち場で，その役割を果たす．しかしながら，指にあまりに強い力をこめると痙攣や，ひいては硬直をもたらすことがある．

両手首は親指を上にして垂直のまま操作することによっていろいろな命令を伝えることができる．選手が大勒で2本の手綱を使って騎乗し，手首で操作するとき，一般的に頭絡につけられた下側の手綱（訳者注：大勒手綱）は小勒銜につけられている手綱より長く持つ．双方の手綱に対してテコの腕はそれぞれ違った役割をもつ．手首のこの可動性は，手首が内方に曲がると縮小する．なぜなら，手首は前腕の骨，つまり橈骨*17 と尺骨*18 の骨が重なり合うようになるからである．この動きは常に調整されている主たる手綱上ではじまり，次に操作中は，第2の手綱，つまり頭絡の手綱（訳者注：大勒手綱）はその動きのなかで第1の手綱（訳者注：小勒手綱）を補強し，その驚くほどの力を発揮する．必要な運動が達成されると，手首は元の位置に戻り，頭絡（訳者注：大勒手綱）の作用をゆるめ，馬は再び主たる手綱，つまり小勒手綱で導かれる．この動きの違いを強調するため，これらの手綱の間に指2本を入れることを勧める．たとえば，一方を小指の下に，他方を中指の下に（写真5）．テコの腕それぞれに一

---

*17 前腕の2本の骨のうち母指側のほう．
*18 前腕の2本の骨のうち小指側のほう．

層違った役割をもたせるためである．

　実のところ，馬場馬術や障害など専門多種目にわたる選手の姿勢はすべての種目に容易に順応できなければならない．したがって，馬場馬術の姿勢は乗り手が鞍上で座りやすくなるようにほどほどに上体が起きた障害用の姿勢であるともいえる．馬にそれとわかるような特殊性のない中立に近い姿勢を追求すべく，集中すべきである．

3. 調教の手順

　われわれは，常日頃，実行しなければならない原理をふまえ，効率のよい姿勢を説明した後，馬の調教に進もう．馬は馬体が調和の取れた屈曲になることによって，一層上手に回転できるようになる．馬体を曲げるためには，一方の脇腹を締め，反対側を伸ばすことができなければならない．推進に役立つ筋肉はすべてにおいて踏み込みを可能にするためよく伸びる必要がある．そして引き伸ばされた筋肉はバネとしての効果を備えるために，さらに収縮しなければならない．伸長歩度はバウンドすることなく，ゆとりのあるスローテンポの運動によって得られる．効果的な収縮は迅速な運動を繰り返すことによって向上する．ある筋肉は，それが同じ範疇に属するトレーニング（輪乗運動，輪乗の開閉）で活動し，またいつもめざしている筋肉活動を続ける限り，ひとつの運動に対して収縮するためのより一層行き届いた準備となる．ところで，ある種の準備運動は，それだけでは完璧でないおそれがある．つまり，速歩でゆっくり行う障害飛越は，姿勢を教えるが前膝の反応性を鍛えることにならない．ゆっくりしたギャロップではストライドを伸ばすことはできない．後天的性質の価値を左右するのは，トレーニングの回数よりも質である．

　特殊なエクサイズではないが，成果を上げていると思われる調教法がある．輪乗で腰を内への角度で進行する，つまり馬は馬体を（屈曲しながらも）真直性を保ったままで，肩および前駆の挙筋を発達させるのである．レグ・イルディング（leg yielding）で馬を譲歩させれば，後肢を踏み込ませられる．肩を内への運動で馬体を湾曲にすれば，より効果的である．

　後退は負担を強いる運動だと考えられる．しかし，観点を変えれば，筋肉が前肢を持ち上げて，その力を馬体全体を通して後方に及ぼす動きである．

　馬は手綱（銜）のほうに向かい，銜とのコンタクトを保つことに慣らされる．脚の圧迫で馬は緊張が高まり，馬体が伸び，そのため歩様を高揚させる．こうして，手の内にある馬は外方手綱に支えを求めて前進する．それに対して障害の場合，大部分の馬は手綱のテンションがないと，ストライドを広げて前進することを拒む．

　馬が湾曲になるためには，馬体の下に内方後肢を踏み込まねばならない．初期の段階では，〈腰角を圧迫すること〉が馬体の湾曲を教えるには有効である．一方の脚で圧迫し同じ側の拳を下方に開くと，馬は後肢を交叉させながら，移動する．馬が自分で後肢を逸らして逃げることを覚えないようにこの運動は数歩で止めておくこと．

この運動は椎骨の横突起の重なり合いを導き出す．したがって，同じ側の側面を縮めることになる．一方の側に生じるゆるみは同じ湾曲を伴う他の運動すべて（巻乗，二蹄跡運動，駈歩発進）を可能にする．したがって，腹帯のところの脚の圧迫と内方拳の少しの開きは，巻乗あるいは二蹄跡運動すべての動きを準備するゆるみの布石となる．

　この調教を続けるにはスパイラル運動が理想的なトレーニングである．馬は同心円の曲線に従いながら，小さな輪乗から，大きな円に至るように動く努力をしなければならない．選手は内方手綱を下げて，緊張緩和を維持する．押し手綱は使わない．そして外方手綱をわずかに張り，屈曲を制御し移動を調整する．馬は腹帯のところで使われる脚の操作だけに従って歩く（図4）．

　特に硬直な馬に対しては，肩を外（contre-épaule en dedans）の運動が有効である．蹄跡上で，乗り手は外方手綱をためらわずに開く．すると馬は少し斜めになる．蹄跡上の外方脚で馬体が湾曲になるように腹帯のところを圧迫すると馬は斜めになる．ここでもまた，後肢を開き自由になることを馬に教えないため，数歩だけ要求し，まっすぐに前進した後，再度肩を外への運動をはじめる．馬の面前にある壁は，必然的に馬を制御するもので，乗り手が馬を制御する必要はない．湾曲の操作をした脚の力不足を補うため，あるいは脚を後ろに引いたときにその脚によって起きるバランスの乱れを立て直すために，選手は下方に開く手綱を押し手綱に変えてはならない．

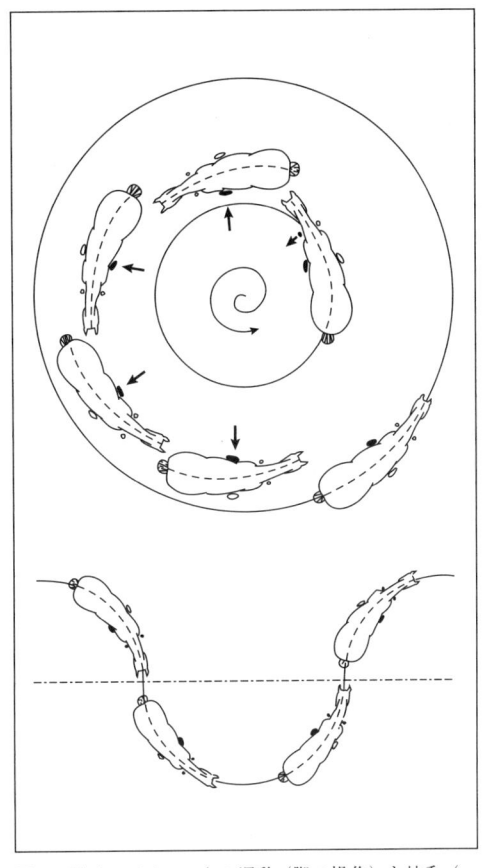

図4：馬はスパイラル上の運動（脚の操作）と蛇乗（一方の脚と他方の脚の交互の動き）の練習によって湾曲歩行を学ぶ．

　以後，馬は前進しながら，選手の脚に反応するようになる．馬には扶助を変えて，右カーブから左カーブへと何度も通過させて湾曲を理解させる必要がある．馬は無条件の状態よりも馬自身が必要に迫られたときのほうが，より事実を理解しやすい．それゆえ，蛇乗はひとつの方法である．選手は中央線を通過するとき，はっきりと扶助を変える．目標を定めながら，規則正しい回転に気を配る．馬が向かい合う線から真横に方向を転換すれば，運動は首尾よく実施されたことになる．

2つの問題点に直面する．馬の硬直と筋緊張の不足である．両肩を柔軟にし，運動の振幅度を広げるためには，ほんの少し屈曲を加え，運動させる必要がある．そして外方の肩に逃げるすきを与えず，大きな運動を余儀なくさせる．輪乗では，馬は両肩を曲線の外側に移動させる．頚はこわばらすことなく高く保つことで，前駆を軽くし，肢の交叉を容易にすることができる．馬をリラックスさせるには半輪乗で十分で，半輪乗の斜線上，すなわち直線に再び馬を導き入れる．それがチャンスである．

踏み込みの運動をすべて終えた後，馬に伸長歩度で，推進させること．最初の調教で得た成果を次の調教で活用するには，乗り手は馬の後肢を交叉させるために行う腹帯のところの脚の操作を継続しなければならない．これは馬が壁側の外方側対扶助（手綱と後ろに引いた脚）によって，力強い歩法で弾むように前進させるためである．

上記のような調教を回を重ねることによって天性をもたない馬でも，運動能力を発達させることが可能となる．いくつかの基本原則をもう一度思い起こすべきである．つまり，すべての収縮運動の次には一時的に緊張緩和や気晴らしの時間をおく．バネは常に最初の長さに回復し，蓄積したエネルギーを放出することができれば，その弾力性を維持する．運動を長引かせると馬に苦痛を与えるのみで，バネを壊し，頑なに運動を避けるようになりかねない．同じ湾曲について，2つの異なる運動を行う場合，これらは適切につながるものである．必要な扶助が次の運動でも守られるとき，最初の運動の効果は次の運動に影響を及ぼす．巻乗は肩を内への運動の準備段階であり，肩を内への運動はそもそも形を変えた輪乗から第一歩を踏み出したものである．そして直線コースではなく，外方側対扶助によって行う輪乗で締めくくる．

輪乗を連続して行う場合は，姿勢，歩度，半径を毎回変えると有益である．窮屈ぎみに歩度を詰め，項を高くしてすらりとさせた小さな輪乗の次には，より大きい，歩度も頚も伸ばした輪乗を続ける．馬は内方脚で支えられ，減脚は外方手綱のみで行う．内方への湾曲は内方手綱を下げて維持する．馬は維持されている外方拳と馬体を外方に押し出す脚との組み合わせで，歩度を伸ばし，馬体の収縮を解く．

馬は内方手綱に依拠し，肩に体重をかけることがあり得る．騎乗者は内方脚の圧迫を強めながら，かつ踵を上げないで下方で操作しながら，外方に体重を移すこと．サラブレッドについては，拍車が役立つときである．しかしながら，拍車なしで済ますことを，つまり拍車を使うために脚を持ち上げず，踵を下げふくらはぎの圧力だけで問題を解決することを学ぶべきである．再びバランスを取り戻すと，馬は内方手綱の張りをゆるめ，その張り具合は外方手綱と同等になる．

片方の後肢が弱いとき，馬は斜め反対側の手綱を張らない．そのとき，バランスを取り戻すために一層の活力を後肢に求めるのは内方脚である．これら2つの場合，他方の肢と同程度まで強くするためには，不均衡な手綱を持ち直す必要がある．

駆歩では，歩法がもともとアンバランスだか

ら，別の問題が生じる．馬が直線上に駆歩するとき，手綱は双方同程度の張りである．駆歩の手前側の手綱だけが，馬の肩が歩法のリズムに乗って前に出て，ゆるむ瞬間がある．逆に，バランスを保ち力強く駆歩する馬の場合は，反対側の手綱を張るのである．つまり，両手綱は同等の張りだが，一方はゆるむ準備が整い他方はピンと張る準備ができている．

収縮姿勢に近づくには，これらの原理に基づき容易に歩度を落とすことができる．選手は両肩を使ってストライドの振幅を縮めることを要求し，推進力が弱くなると，それを活気づける．駆歩では，馬が速歩に落ちないようにリズムに合わせて，歩法に一致させて，正確に操作する必要がある．馬が後肢を踏み込む動きのときに，選手は両脚を締めることで馬に後肢をより踏み込むように促し，バランスと踏み込みをしやすくする．けれども，後肢が着地し，前に出るタイミングに脚で押し出すとバランスを崩しやすくなる．

馬は収縮姿勢を求めるこの運動が不必要に長引かない限り，これをうまく実践する．巻乗で十分である．その後，続けて大きな輪乗を行い頸を下げ，伸ばすことで緊張を解く．騎乗者は馬に休めの姿勢をとらせるため，内方手綱を伸ばす．

柔軟性とパワーの運動の後，これら双方を組み合わせてみよう．たとえば……

最初は脚に譲歩する（レグ・イルディング）ことと中間速歩をつなぎ合わせることからはじめる．馬を押し手綱を使わずに脚だけで譲歩さ せ，歩かすには，腹帯のところに位置する脚で行う．選手の両肩で操作される手綱は前進運動を妨害するのではなく，制御するだけである．馬が馬体を曲げてうまく逃げないように，後肢の交叉を優先させるため，馬体をまっすぐにさせなければならない．後肢を交叉させるにはその一方を前に出さざるを得ない．交叉と推進を組み合わせるためには，直線上で歩度を伸ばし，この譲歩を続行させればよい．この連続運動において，選手は移動する側の扶助を強くする．そして反対側で，歩様を活発にする．この方向転換を頻繁に行うことによって，馬は用心しながら，側面のアンバランスを避けることができる（図5）．

他の運動は大きな方向転換を必要とする腰角中心の半回転を行い，次に直ちに中間速歩に移り数ストライド進み，新たに半輪乗に入ることからなっている．最初の運動は斜体肢に開くことと推進することを準備させる．終わりの半輪乗の運動は歩度を縮め，はずみをつけるのに適した踏み込みを容易にする．この運動の効果は前進するのではなく，輪乗上における移行がうまくでき，また馬が肢を交叉させる際，馬体をまっすぐに保つ必要があるだけに重要である（図6）．

肩を内への運動に取りかかるのはこのときだけである．すでに柔軟になった馬にとって，肩を内への運動は両肩の柔軟性と後駆の保持を組み合わせることによって，よりがっしりした馬にすることができる．調教は明確に区別される連続3段階で順次行う．
◆　2本の手綱操作により両肩の始動
◆　選手が肩を後傾してバランスと荷重軽減の

第1部　総合馬の調教

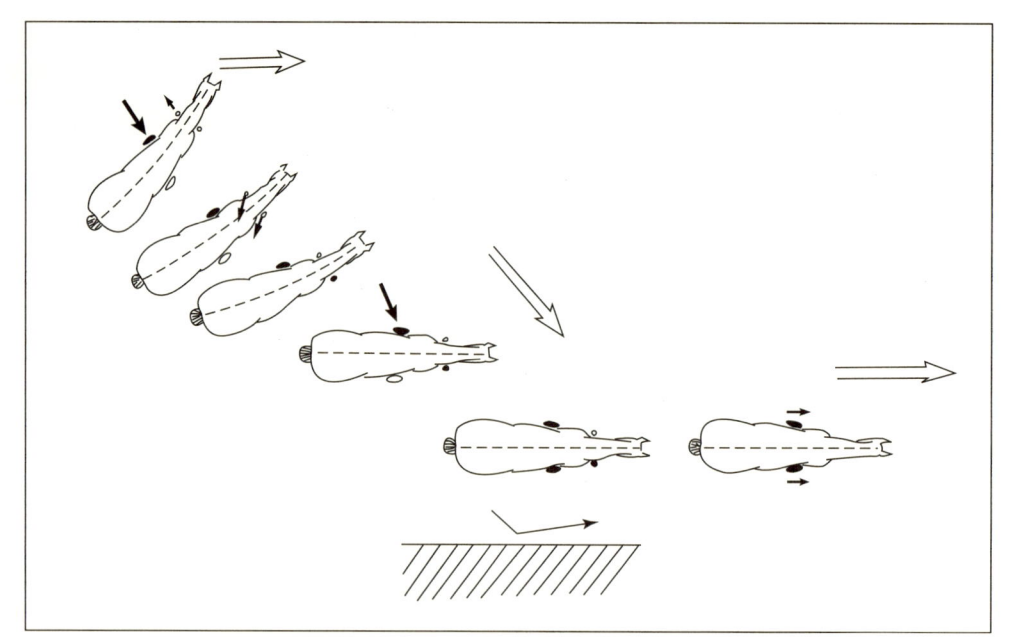

図5：この肩を内へ，レグ・イルディング，歩度の伸長運動は他の調教の基礎である．

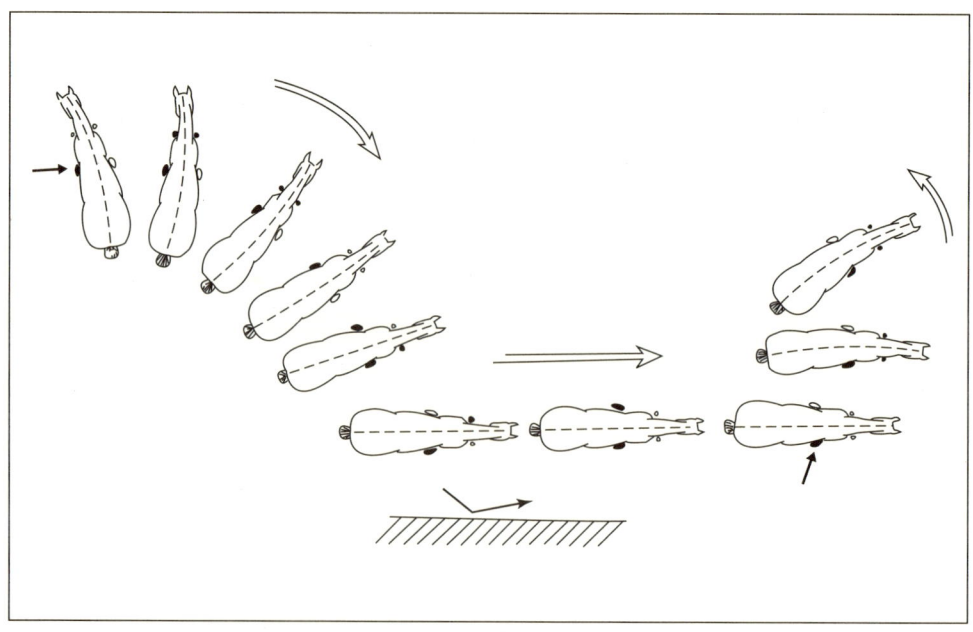

図6：斜対肢の動きは，輪乗の運動，肩を外への運動，扶助に基づく馬のはずみによる歩度の伸長によって向上する．同じタイプの新しい輪乗は減脚と踏み込みを容易にする．

促進
◆ 選手が片方の脚で圧迫する馬の横運動（図7）．

　脚の操作が早すぎると，馬はバランスを崩し，蹄跡の内方に前進させることになる．この場合，拳の操作で馬に減脚を促し，制御する必要がある．これには無駄な押し手綱の扶助を使わず，脚は馬体の中央部で操作し馬体全体を移動させる．

　このようにして運動をはじめると，選手は自分の肩で調子をとり，両手綱を手がかりに馬の歩様になじむことができる．もし図形運動の途中で馬にこわばりなどが起これば，内方拳を離して，同じ側の脚を操作して，元の状態に戻す．もし馬が過度に身体を曲げたり，前進を拒んだ場合，外方手綱を締めることによって，この同じ内方脚の働きを助け，馬体の曲げを正常にし，前進するように馬を促す．

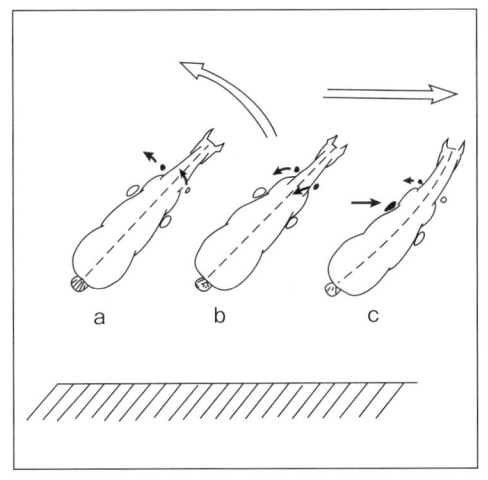

図7：肩を内への運動の準備．
　a：両拳で馬の両肩を始動．
　b：上半身を後傾してバランスの維持．
　c：内方の腹帯のところの脚の操作で移行．

　この図形運動に続けて，次に巻乗または横歩を行う．なぜなら，直進するとここで得た湾曲の利点を失わせることになる．輪乗は外方側対扶助を強めて行う．外方手綱は次に歩度の伸長を要求するときに，より一層の促進役を担う．

　このとき，手がけることができる横歩は調教というよりはむしろプレゼンテーションのための図形運動である．先に行った運動は横歩のリハーサルというよりは横歩を改善するためである．プレゼンテーションのためには，馬は馬体全体と肩を意のままに動くようにしておかなければならない．四肢が交叉できるように，歩度を落とし，反対側の肩を起揚し，開くのを容易にするため，選手は体重を外方に移すことが，あらかじめ必要である．選手は両肩を後傾することによって，馬の歩度をつめ，前躯の負担を軽くする．脚は横歩で進む側の腹帯のところに据え，項の軽い曲げは開き手綱で行う．選手は体重を少し外方にかけ，外方手綱を締める操作で運動をはじめる．同じ側の脚は運動に従い，好機を見はからって，圧迫する．しかし，強く刺激してはならない．肩を内への運動と同じく，準備のときと実行のときははっきり区別すること（図8）．

　屈撓による手綱のゆるみは，バランスと肩の自由を示しているが，速歩における歩法の空間期は左右が等しくかつ柔軟な2本の手綱の張りによって改善される．

　馬が運動中に屈撓をしなくなったとき，肩を内へや横歩を繰り返し行えば有効である．屈撓による手綱のゆるみを恒久的に維持するには常に手綱を下方に開いたままにしておく．非常に

第1部　総合馬の調教

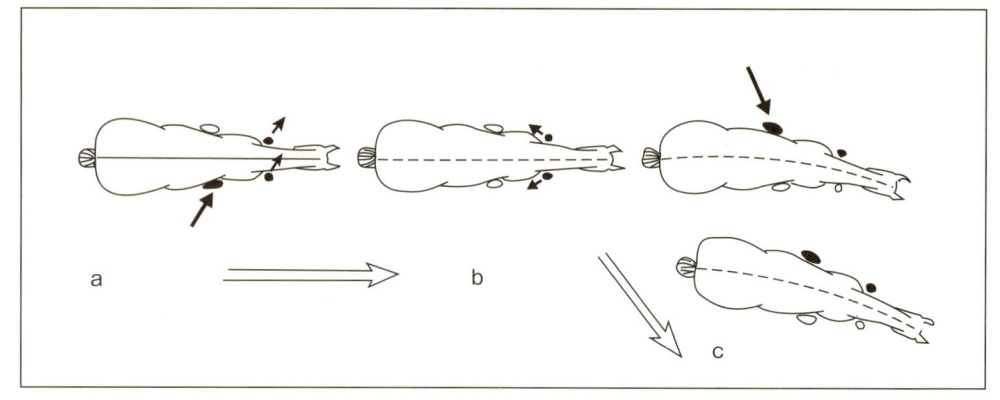

図8：右横歩の準備．
　　a：右肩の負担を軽減．
　　b：上半身を後傾してバランスを維持．
　　c：外方の扶助により斜め前に移行．

頑固な馬に，簡単かつきちんと運動を理解させるためには，半輪乗の図形上で，後躯を押さえながら横歩を完遂することが考えられる．このような運動は慎重でなければならない．なぜなら，やりすぎると踏み込みをしなくなるおそれがある．

横歩の場合，馬は後躯を先行させたり，また外方手綱がゆるむことによって，前進を拒んだりすることがある．各横歩の後は常に伸長歩度を行うことで，馬を再度強く前方に推進して手綱の方向に出したり，緊張させて推進力を保つことができる（図9）．

二蹄跡運動では，馬がバランスを失い，馬体を斜めにして移動しなくなることがないように常時注意する必要がある．まず，横歩と脚に譲歩することを進行方向を変えることによって連続して行い，次に横歩で往復手前変換を行えばよいテストになる．移行の方向を変える前に，馬の両肩が常に両腰角より先に進行するように気を配ることが重要である．つまり，方向を変える前に，馬は少し湾曲になって，1〜2ストライド進み，他方では正しく方向を変えて進む直前に両腰角は移行すべきである．

馬場馬術と同じく障害飛越でも，馬はバランスを維持し，直進することができなければならない．ひとつの運動で扶助の操作が終わると，すぐに馬をまっすぐ前進させる必要がある．

典型的な運動では，正方形の図形上で馬が4つの角で1/4ピルーエットを行う．回転するためには，選手は両拳で両肩を1/4回転させ，新たな方向に向かってから両肩の緊張を解く．選手は，愛馬がバランスを崩したままで，進路を変えることのないように，遠くに目標を定め騎乗することが重要である（図10）．

図9：横歩の改善．　　　　　　　　　▶
　　a：屈曲の喪失：肩を内運動，横歩．
　　b：後躯先行：伸長歩度，横歩．
　　c：収縮：後躯の押し，横歩．
　　d：不平衡：レグ・イルディング，横歩．

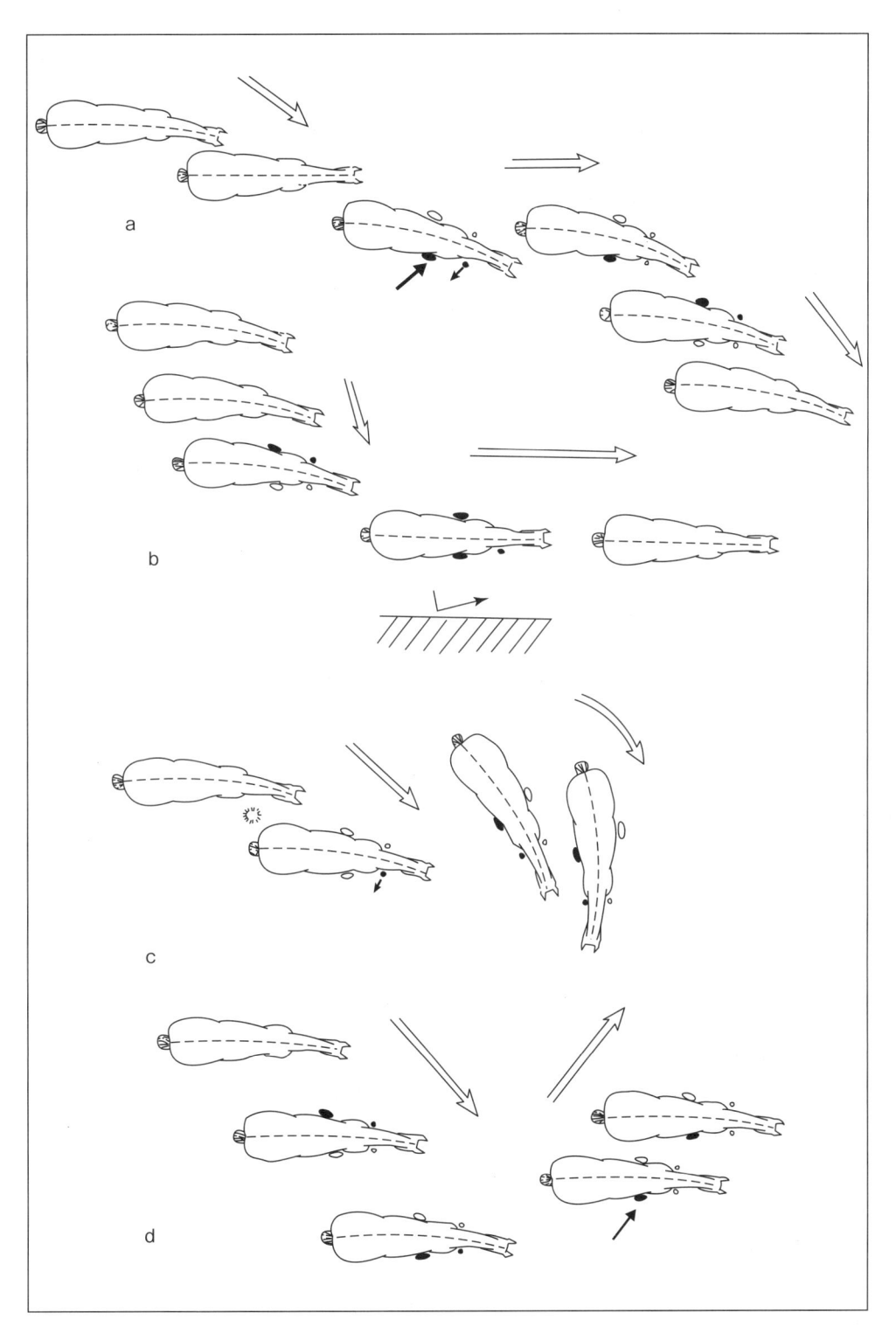

フラットワークにおける馬の調教

a

b

c

d

第1部　総合馬の調教

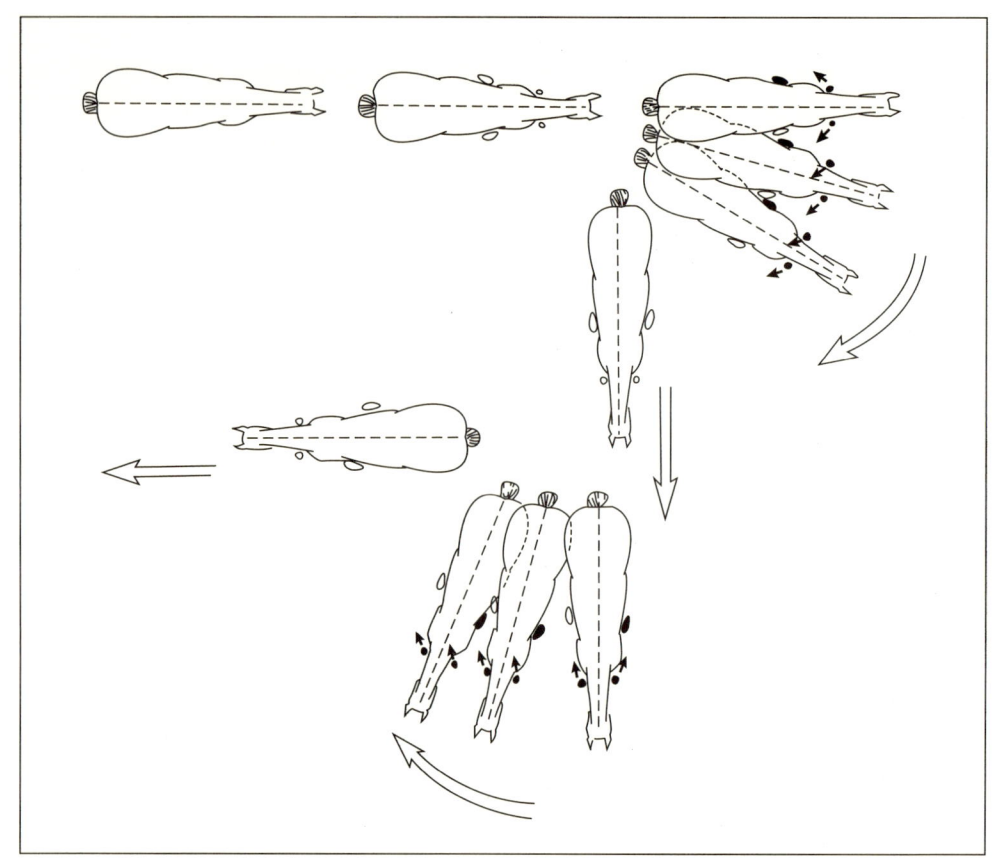

図10：馬との手綱のコンタクトなしに，直進し，両手綱の操作で回転する正方形上の運動は直進性を向上させる．

　このように調教された馬は，余計な押し手綱で邪魔されることなくカーブを通過し，まっすぐ進んで正確に障害に向かう．馬は自分の肩に負担をかけることなくバランスを保ち回転し，その際，容易にストライドを縮めたり伸ばしたりできる．

　前述と同じ理由で，馬が運動によって興奮しないようにするためには，1/4回転はこの程度の調教段階で最も必要なことである．馬が力不足であれば，回転を終えようとするとき，後肢が前肢の蹄跡上から離れることがあり得る．その際，回転をよりたやすくするためには，推進力を増す必要がある．

　反対駈歩と駈歩の踏歩変換は，調教によって非常に早く達成することができる．理論の通り実践すれば，混乱が起きることはない．駈歩扶助の非対称性を思い出そう．内方手綱をゆるめ外方手綱を張り，そして反対手綱の効果を利用しない．

　最初は，馬場の壁が運動の妨げにならないように，広い馬場で反対駈歩を行う．この反対駈歩は柔軟性とバランスが必要である．手綱によるコンタクトを最小限にして項はこの運動が許

容する範囲の高さにする．このように馬は段階を追って成長するため，自由な肩をもち，筋肉の発達のためには緊張緩和が必要である．

　項を下げ，あるいは銜に重る馬に騎乗し，反対駈歩で輪乗をつめても何も得るものはない．なぜなら，馬は馬体を内側に倒したり，あるいは背中でつりあいをとって，この運動から巧みに逃げるからである．

第1部　総合馬の調教

障害飛越における馬の調教

1．動作の分析

　障害飛越の過程を分解することは簡単である．つまり，踏切，飛越および着地である．

　踏切は垂直圧力，次に水平圧力を連結したものである．前肢は垂直圧力を担当し，後肢は障害の方に向かって推進力を加えながら，前肢の動きに追随する．障害の上をよりやさしく通過するためには，馬は前肢を高く上げて折り曲げる．この単純化した図式は問題点を提供し，理解し，そしてその解決を可能にする．

　踏切の肢の動きは，駆歩のストライドと異なり，特殊でそれは着地の際の歩様に似ている．馬体は減速に耐え，次に垂直に加速する．これらをないがしろにしてはならない．前駆の起揚には2つの根拠がある．
◆　踏切の際，前肢は地面に着き，両肩の間に胸郭がはまり込み，馬体を支えている筋肉帯（背筋等）が伸びて前駆を高く押し上げる．
◆　上昇運動は，伸ばされたばかりの前肢の筋肉によって，上昇の不足分が補われる．球節が重みで沈むのと同時に肩の関節が開き，前肢の着地の衝撃を和らげる．前肢を伸ばすことによって，筋肉の運動効率のバランスをとる．

　前肢の動きは肢を上げる動きと折り曲げる動きとに分解される．肩は上部筋肉の働きで上がり，頚の付け根の筋肉で前に引っ張られる．肩，ひじ，前膝や球節の関節を曲げて，前肢の屈折が可能となる．このような動きによって，折り曲げる運動は勢いを増して肢の先にまで力が及ぶ（写真6）．

　後肢の動きは踏み込みの段階からはじまり，後肢がバランスのよい位置で支えとなり，推進に入る時期で終わる．後肢の踏み込みでは，後肢の通過先を見通しながら曲げ，次に遠く着地すべき地面に届くように伸ばす．筋肉が一瞬弛緩し，強く収縮できるようになった後，全関節の屈折角が次々と開くことによって緊張が緩和する．球節だけがそれに付随している腱の動きに従って少し折れ曲がる．

　馬は放物線軌道の上をバスキュール[*19]する．馬体は頑丈だが，変形可能で，飛越弾道に従って，その姿勢を変えていくことができる．頚や四肢の使い方を変えることによってミスをおかすこともあれば，障害の配置の悪さに対応することもできる．

　運動学的な特に動力学的な研究は力学法則の

[*19] 馬が障害を飛び越える飛越軌道体勢．

写真6：障害飛越の踏切（カリスマ号／Charisma，マーク・トッド選手／Marc Todd）．
背中を強く丸めて，後肢は前肢の蹄跡よりも前の位置で踏み切る．

助けを得て，緒についたばかりだが，その初期の成果や重心の軌道の観察結果は映像分析技術の発展とともに今後の障害馬術に大きな功績をもたらすだろう．幅広い障害を飛び越すために馬は項を上げ，背中を縮めながら，後肢を広げ，バランスを崩さないようにバスキュールすることが観察されている．障害通過において，前肢の折り曲げを促進するために，馬は頚を下げ，腰角をたわめる（図11）．後肢の通過も容易にするため，なかには後肢を横に曲げ，頚を反転させ，反対方向に曲げることによってこのねじれを食い止める馬がいる．このようにバスキュールの間も，選手はよい放物線軌道を飛び，改善できることもあれば，逆にそれを乱すこともあり得る．

降下中は，馬は前肢を伸ばし，頚を上げ，馬体を上手に調整する．後肢の通過をたやすくするため，背中を全身にわたってへこませる．次に馬は効率よく馬体のバランスを取り戻すために，後肢ができるだけ前方の地面に着地できるように，馬体をたわめる．ある微妙な瞬間に椎間円板とそれに結びつく靭帯がさらされる強い圧迫に注目しなければならない（写真7）．

強いられた伸張と強烈な屈曲状態の相互の繰り返しによって，元気旺盛な馬の背中が重大な傷害をこうむる恐れがある．これを軽減するた

第1部　総合馬の調教

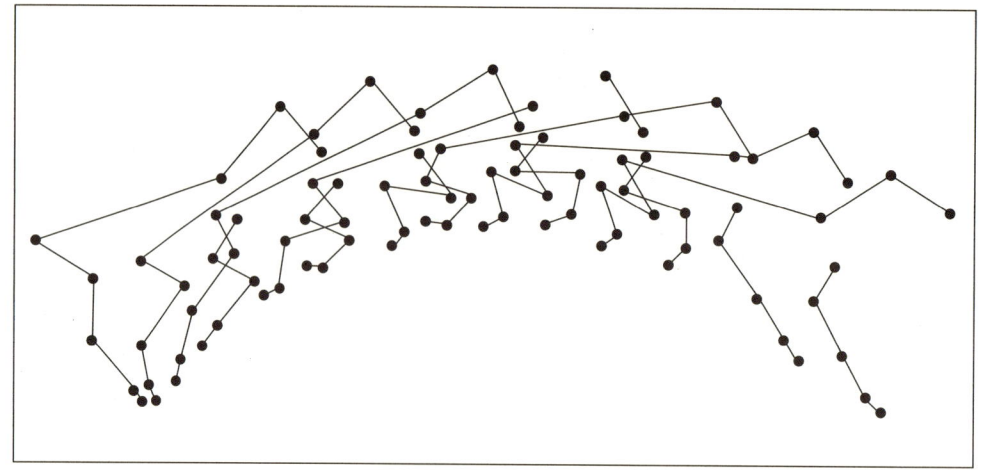

図11：障害馬の運動のキノグラム（Kinogramme）（J. L. Force, ENE：国立馬術学校）．

めに頸を下げる馬がいる．しかし，これでは両肩のバランスを取る役割と緩衝機能は縮小する．特に調教の運動ではこの柔軟な背中に気を配る必要がある．

われわれは，馬場馬術で望まれている端正な姿勢になるように，馬体の上部の線に丸みをもたせ，再度伸ばすようなことはしない．障害馬には特にウォーミングアップの際，その柔軟性を育成し，また障害飛越の練習で誘発する背中の痛みを消すために，特殊なトレーニングが必要である．

緩衝機能は胸郭の筋肉帯と四肢や球節の関節によって行われる．両肩にも緩衝材的役割を果たす準備をさせながら，球節を大切に扱う．着地などの圧力で球節が抑えられるとき，これを取り巻く靭帯や腱，特に浅指屈筋腱は強く引き伸ばされ，馬体全体から来る圧迫ないしショックを感じる最大の重圧下におかれる．

写真7：障害飛越の着地（ナドル・ド・ロゼル号／Nador du Rozel，ジャン-イヴ・トゥゼン選手／Jean-Yves Touzaint）．
着地の際，椎柱と球節は伸びることによって強い圧力下に置かれる．

後肢は折り曲げられると従来の力が弱くなる

が，それだけ一層早く踏み込むようになる．後肢は着地すると下降運動を前進運動に変え，馬体を再びバランスの取れた状態に戻す．関節は異例な踏み込みのため強く曲がる．飛節は強い刺激を受けると痛みを感じることがある．

この分析は簡素に障害飛越に関係する特殊な要因を浮き彫りにしている．トレーニングの目的は調教としており，運動器官や障害に対応する動作に関係のある原動力の強さや規模をもちあわせていないため，馬，自ずからによる限度もある．

2．原理

障害飛越のためには，選手は自分の馬を誘導し，踏切を調整しなければならない．普通の状況（垂直障害，オクサー障害）から特別な実態（斜めに飛ぶ，回転しながら飛ぶ，急回転して飛ぶ，歩数の定まったライン飛び）に対応するために，飛翔体勢を変えることが可能である．馬は障害を前にして，当然ながらよいアプローチ（スピード，バランス）の利点を維持できるように調教される．それゆえ選手は，難しさを克服するための余裕をもち，馬には状況の変更に対応できるように少しの動機を与えさえすればよい．つまり簡単にいえば，130 cm の障害の場合，馬自身が負担するのは 120 cm で，残り 10 cm を選手が入念に仕上げるのである．これが〈援助的誘導〉で，絶妙の技である．

馬はフラットワークにおける正方形の運動図形で，真直性を理解した．選手は各隅角を両拳で（馬体を）屈曲させず回転し，新たな方向に向けてコンタクトをゆるめる．以前の調教で馬は開き手綱に従うことをすでに学んだ．つまり，大・小輪乗を連続して行い歩様を変化させる．

ジムナスティックに向かう馬は同じ速度を維持し，ラインを逸れることなく前進する．着地のときもこの精神状態を保持している．普通の障害を前にして，選手は適切なバランスとスピードの条件下に馬をおき，馬はその状態を最後まで維持しなければならない．

障害飛越の基礎ができあがると，馬は大きかったり予期しない障害でも非常にやさしく飛越する．調教された馬は街に重ることはない．より高い障害を飛越するには，より推進力を増せばさらに力を入れる必要はない．

踏切を調整するためには，バランスを崩さずにストライドを広げたり，あるいは柔軟性を損なわず推進力を失うことなくストライドを縮める必要がある．よく調教された馬だけがコンビネーションを難なく，確実に通過することができる．したがって，上記した 4 つの姿勢（頸を高く，あるいは低く，手綱の張り具合を強くあるいはゆるく）で運動ができなければならない．

柔軟運動やウォーミングアップのときを除いて，障害の調教は主として駆歩で運動する．ウォーミングアップによって馬は，脊柱の完全な伸長と背中の弛緩が可能となり，すべての関節が最大限可動できるようになる．馬が選手の要求にすべて服従するようになれば，フラットワークでの運動は分速 350～400 m の競技スピードで行うべきである．

いろいろな運動がある．たとえば，決まった運動図形で頻繁に方向転換をするが，馬にまかせてはいけない．選手が頭に描いた障害の経路を実行する．スピードを変えるのも運動のテーマのひとつである．馬は推進力を増しても，項を低くすることなく，前駆に体重をかけないでコンタクトがきつくならない状態で，後肢が前肢の蹄跡を踏み，頚を上げてストライドを広げることができなければならない．この運動は，先の運動（頭頚を下げて，輪乗上で歩度を伸ばす）と規則的に交互に行い，筋肉の均衡・調和を取り戻す．

より難しいが極めて重要なことは，馬がぎりぎりのところまで減速できなければならない．つまり，強い推進力を保持しながら，ストライドの収縮を続けていくのである．選手にとってこれらを操作する拳と推進力を怠らない脚を共存させるには訓練とある種の技能が必要である．馬は調教によって，表面上反対に見えるこの状態に順応する．

選手は馬を止めることなく動きを抑制できるように，感覚を養う必要がある．コンタクトを強くしないで馬の減速を加減することができるのは，両肩を後ろに引くことと拳を握りしめることのみである．手の指を握りしめたままなら腕はこわばらない．拳は上がらないし，コンタクトは固くならない．したがって，運動の邪魔をしない．完全に体重を移動させながら両肩を効率よく作用させるために手綱を上手に調整する．

選手の拳は手綱が長すぎると，自分のベルトのところに位置して，コントロールがしにく

い．拳の位置が高すぎれば馬の口から腰角までの運動の伝達ラインを壊してしまう．脚は拳と同じように継続して操作する．前進運動をスムーズに継続できず，とぎれてしまうような運動では，選手の力量不足か自信のなさを立証するようなものである．鐙革が長すぎる選手は自分の体重を正しく活用できない．

要するに，選手は障害飛越の直線の踏切まで真直性と推進力を馬に維持させて，次の運動に移らせることが可能だと確信すべきである．たまに馬はパニックに陥ることがあり得るが，選手は最後の3ストライドを維持させるために，馬が十分落ち着くようにすればよい．

手綱の持ち加減のコツは馬の口の強さよりもほんの少し強いコンタクトで応えることである．次章でこの感覚をどのように向上させるかを検討しよう．

3. 障害飛越における選手の姿勢

選手が追求すべき姿勢とは，自分の馬を制御し，導くのみならず，障害コース中に選手が行う加速や減速が容易に行えることが可能でなければならない．そうすることによって，選手は障害コース中においても馬を誘導するための扶助の安定性に加えて確実性および独立性を確保し得るのである．

この姿勢は力学的状況のなかでとらえ直す必要がある．スピードが一定のとき，選手の脚が垂直になっていれば，バランスを取りやすい．ただ，この姿勢では大きな障害の飛越には不十分でうまく対応できない．つまり，馬は障害を

踏み切るとき，速度を抑え，エネルギーをため込み，馬体をたわめ推進力を確保する．その際，選手は馬の前躯が上がるとき，勢いにまかせて「先飛び」をしないようにタイミングを合わす必要がある（図12）．

この減速に耐えるため選手は脚を垂直にし，つま先を上げて踵で踏ん張る．選手は確固たる姿勢で動きに連動する．馬体を完全に包み込むために膝とつま先を少し開く．

膝を締めることは止めるべきである．つまり，選手のバランスが崩れた場合，膝に体の支えがあると上体が（後ろや前に）倒れやすく，バランスを崩しやすい．バスキュールの際，選手は自分の馬の重心より前に乗っていると馬を勢いづけるため，極端に踵を上げてしまい，拳で追いながら騎乗しがちになる．

選手は障害飛越のすべての局面で，尻を鞍つぼに極めて近い位置に維持しなければならない．その位置が鞍つぼに近ければ近いほど，選手の身体に与える障害飛越の反動の影響は小さくなり，バランスを崩す危険は少なくなる．鐙革を長くして騎乗しても解決策にはならない，なぜなら扶助の操作において，まったく体重を利用できないからである．選手の身体が安定していなければ，各障害を隔てているコースにおける馬の駆歩走行が妨げられる．鐙革が長すぎると選手は身体を起こすとき，鞍に座らざるを得ない．もはや上体と肩－腰角間の長さに限定されたテコの腕が使えるだけにすぎない．

鐙を短く履くことで選手は自分の身体全体と，より重要なテコの腕（踵と肩）を利用できる．銜にかかる馬はこのように乗らなければならない（図13）．

お尻を鞍つぼの近くに保持し，鐙を短く履くには鐙を強く踏み下げながら，バランスを崩さ

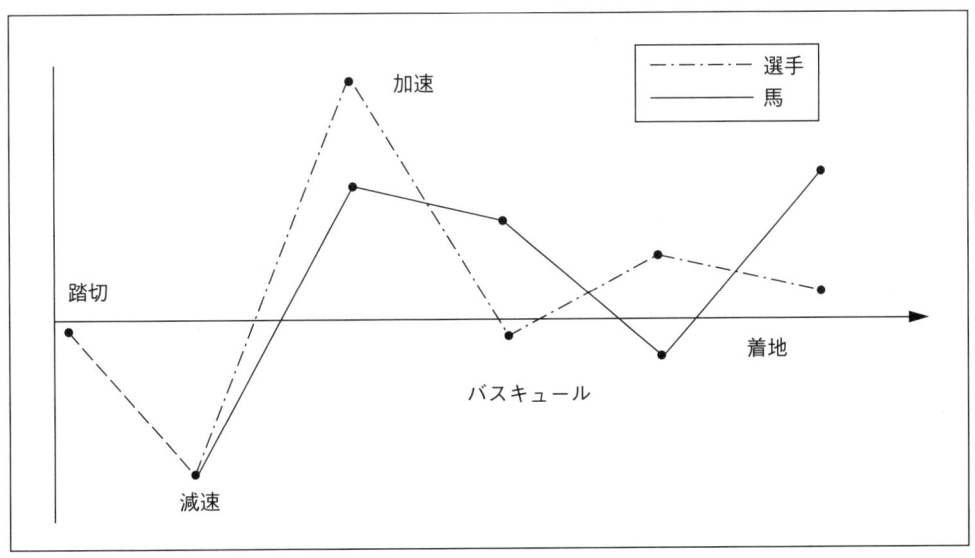

図12：このグラフは選手と馬が受ける上昇加速度を示している．これは障害飛越時の減速を示し，これら2本の線のずれを研究する意義を示している．

ず，拳を引くことなく，上体をほんのわずか前に傾ける（図14）．

馬の頭頸は向きを変えやすいように，両肩の間から出ている．そして障害を見定めることができるよう安定している．脊柱全体は一連の動きを和らげることに寄与する．選手の柔軟性は，馬の背中が硬くなったり，やわらかすぎるときに大きく揺れる馬の頭で判断される（図15）．

要約すれば，障害飛越の選手の姿勢は脚で支えられている．そして力強い背中，不動の拳，柔軟な肩，さらに選手自身衝動に左右されないしっかりした気質を備えている．

4．騎乗トレーニング

姿勢を改善するためには，一般的にいって，鞍のブロックなどの凹凸がなるべく少なく，平たくて滑らかな，馬術用鞍を準備する必要がある．とはいえ，速歩やギャロップで障害を満足に飛越できるバランスの取れた鞍を見つけるのは難しい．そこで，重心を後方にずらしてある障害用の特殊な鞍は，速歩で飛越するのに適応しやすく使いやすいと考えられる．クロスカントリー用の鞍は運動には使用すべきでない．なぜなら，このタイプの鞍はブロックが原因で騎乗姿勢にある種の悪い影響を及ぼし，選手を枷にはめ込むようなものだからである．

選手は毎歩，足首を折り曲げる運動をする．

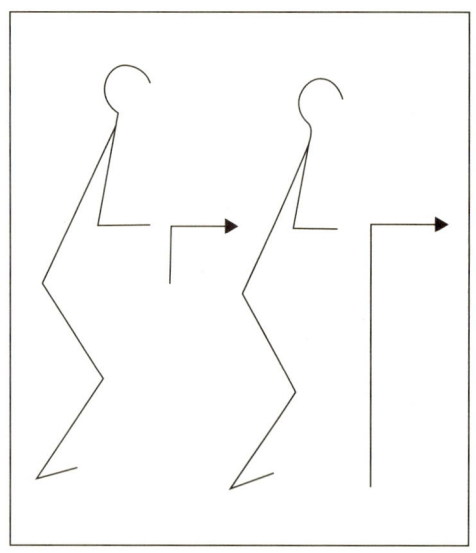

図13：選手は鞍に座して短いテコの腕を浮遊するかのように操る．そして，短い鐙で立てればテコの力の効力は一層力強くなる．

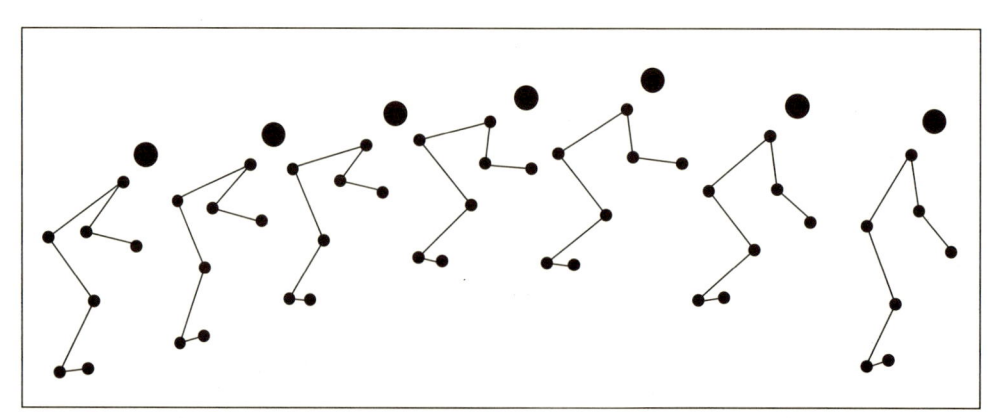

図14：障害に向かう姿勢のキノグラム（J. L. Force, ENE：国立馬術学校）．

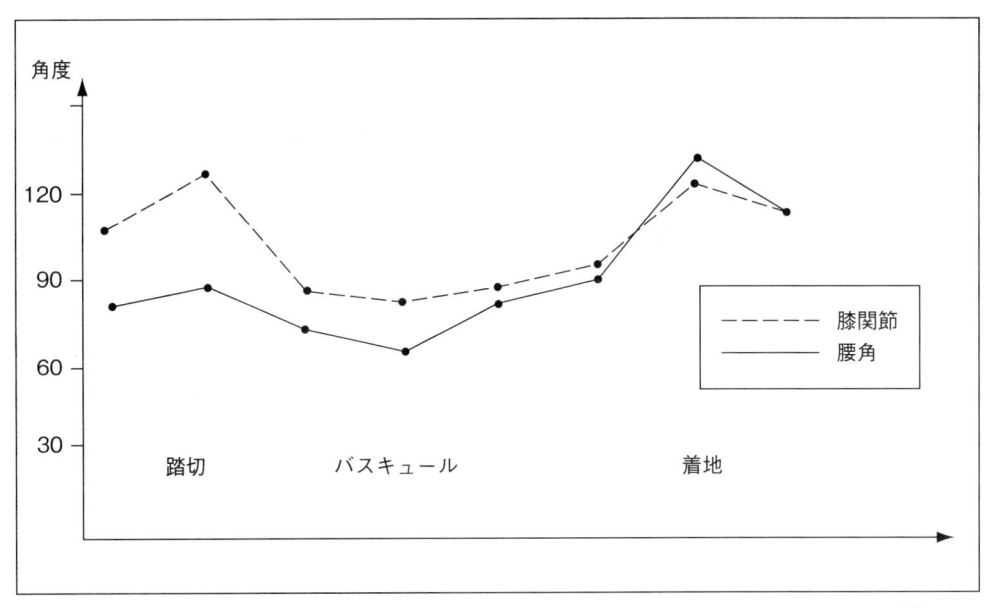

図15：このグラフは選手の膝関節と腰角の動きを示している．各選手はそれぞれ自分自身の角度と角速度[20]の値をもっている．

軽速歩の各踏歩では，鐙のステップではなく脚の上部を支えにしながら踵を強く踏み下げる．選手は馬をより歩かせるために，頻繁に各空間期[21]に踵で馬体を締めたり，踵を上げたりする．このような行為は馬にも悪いので，拍車を外すなり，〈踵に脚の重みをかけて踏み下げる〉と効果的だということを選手に自覚させ改めさせる．

特別なトレーニングは選手の大腿と背中の筋肉を発達させる．たとえば，鐙を外した軽速歩や障害飛越，非常に短い鐙を履いてのギャロップ走行である．

選手は，軽速歩でつま先を上げた活気のある姿勢での運動と，速歩の正反撞でつま先を下げ，力を抜いたゆったりした姿勢の運動を交互に行う．

選手は膝を曲げ，つま先を上げた同じ姿勢で，鐙を外し，あるいは鐙を履いて障害を飛越する．できる範囲で両手綱を持たず，ときにはむながい[22]につかまってもよい．このエクササイズは大腿と脚の挟む力を強化する．

選手は非常に短い鐙を履き，場合によっては，競馬用の鞍で騎乗し，関節の曲げ具合や自分の重心の下げ方を学ぶ．このときできるだけ拳を下げたまま小障害を飛越するのが最良のエクササイズである．

---

[20] 物体がある直線の周囲を回転する速さの程度を表す量．この直線を回転軸という．
[21] 選手のお尻が鞍を離れて空中に浮くとき．

[22] 鞅，鞍ずれ予防頚輪．

これらのエクササイズは特に総合馬術競技の選手に勧める．彼らは10分以上バランスの取れた状態のままでいることがある一方，頻繁に数秒にわたって，内転筋を使って強い等尺性収縮*23 の状態でいなければならないからである．

選手は踏切のショックに耐える，つまり落馬しない能力をもっている．落馬することなく運動を続けられることを確かめるために，選手にかなり幅のある障害に速歩で，わき見をしながら接近させる．視線を逸らすことで踏み切りたいという気持ちを抑えることができる．

選手の思いがけない動きすべて，たとえばコンタクトの混乱，骨盤の動き，あるいは上体の前のめりは間違いなく馬にとっての障害拒止の原因となる．ふくらはぎの徹底的な強化を考えた練習は冷静になるよいエクササイズである．

障害飛越の着地姿勢はなおざりにできない．なぜなら，この姿勢は連続障害やコンビネーションの成功を左右するからである．上半身がぐらついたときは，骨盤を前腕の間に進め身を起こし，脚は正確な位置に止めておく．

選手はしばしば前傾が深すぎて，元に戻すのに1ないし2ストライド必要となる．その時間を短くしなければならない．あるいは選手は鐙を前のほうで踏み，鞍から離れて立ち上がる．騎座は後退し鞍の中心から遠ざかり，そのまま後橋のほうに移動することで，選手はその揺れによってバランスを崩すことがあり得る．これらを改善するためには，選手は〈昔の〉姿勢（鞍に座し，上体を後ろへ）で鐙を履かずに障害飛越を練習すればよい．

選手はかなり安定し，運動に慣れてくる．残るはもはや乗客ではなく真の〈パイロット〉になるために，馬の口とのコンタクトに磨きをかけることにある．

まず最初に，手綱を持たずに障害飛越ができるかを確かめる．選手は腕を使っていろいろな姿勢で障害を飛ぶ．突進する傾向のある者は前で腕を組む，その逆の者は後ろで腕を組む，硬くなる者あるいは身体を半ば折り曲げる者は，最初腕をだらりと下げる．

次の段階では，コンタクトを取ることを学ぶ．指を入れられるハンティング手綱（写真50：151頁），結び目を付けた手綱，短くした手綱などをしっかり握って操作する．後者の手綱では拳を下げたままで維持せざるを得ない．

さて，最後の段階でコンタクトに磨きをかけることが可能となる．コンタクトはゼロまでいかなくても，ゼロに近づかねばならない．選手が有用なコンタクトをよく感じとり，その弾力性が障害飛越の成功のカギを握ることに気付くには，ゴッグ*24 の手綱または手綱の一部がゴムになっている手綱を使って，ジムナスティックを飛越することだ．

運動の全行程を通して，手綱の張り具合と脚

---

*23 contraction isométrique：筋の長さが変わらずに筋長力が増加すること．

*24 Gogue：馬の頭頚の伸展を調教するための調教用具の一種（写真28, 29：各62, 63頁）．

の圧力を測定することは非常に有益である．乗馬クラブにも設置が見込まれている馬術用シミュレーターを用いることで，選手の実際の動きの測定が可能になり，その結果を分析し，技術水準の高い選手と比較することもできるだろう．欠点や他の選手との相違点を分析した後，従来の育成段階におけるトレーニングを利用したり，リアルタイムに選手の行動を映し出すシミュレーターを用いてスクリーン上の運動を見ながら，一連の運動を修正することができる．選手の全体の動き，つまり，左右の対称，時宜を得た操作あるいは歩様との調和を明らかにするため，それを映像化することもできる（写真8）．

5. 手順：速歩による障害飛越，ジムナスティック障害

クロスカントリーにおける拒止の主要な原因のひとつは，かなりの高さの障害を速度を落として飛越しようとする馬ないし選手の能力不足にある．それは馬の調教あるいは選手の教育の不足および両者間の信頼の欠如や疲れから来ることがあり得る．

馬は障害に正しい姿勢で顔を向け前進し，飛越をやり遂げることを学ぶ必要がある．以下に記述する手順で競技に必要な性質を向上させることができる．

障害飛越の回数を減らすためには指導（調教）を明確にすることが適切である．馬は同じ障害飛越を繰り返し，要領を体得すればそれだけ一層早く覚える．厳しい意志があればアプローチや着地への道筋の困難を乗り越えることが

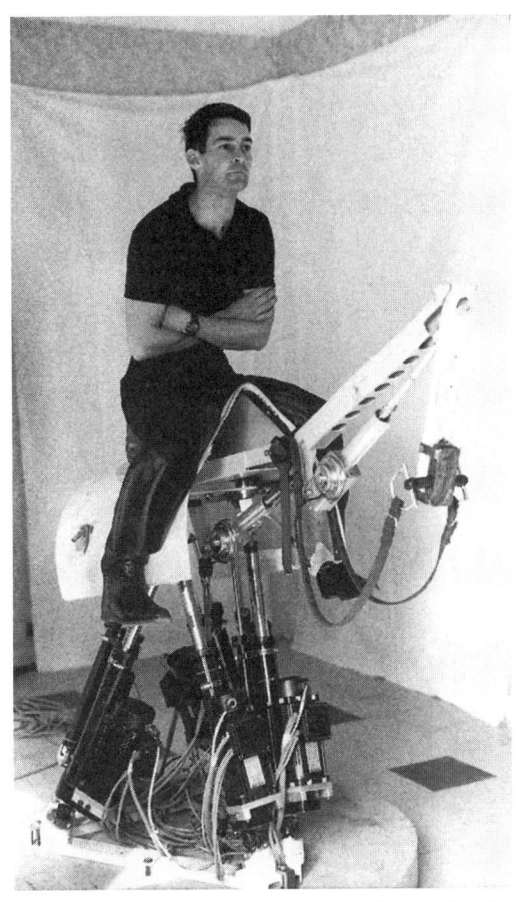

写真8：乗馬用シミュレーター PERSIVAL（ペルシヴァル）．ソミュールの国立馬術学校では，このような機器が選手の姿勢を改善し，正しい動作を身につけ，馬術感覚を把握させるために使われている．

できる．

速歩で低いクロス障害，次に垂直障害の通過という順ではじめる．馬は障害を見ても歩度を速めようとしない．また選手は，背中に力が入り，脚を強く締めて，気合十分に障害に向かってはいけない．

後肢の片方が弱い馬は斜めに進む傾向がある．選手は飛越の前とバスキュールの全行程

第1部　総合馬の調教

写真9：片方の手綱を開き，輪乗の蹄跡上の障害を飛越．手綱を開くことによって馬の肩を抑え，コンタクトを強くすることなく，軌道の傾きを修正し，あるいは着地後，よい体勢で回転することができる．

中，一方の拳を開き，馬を障害に向かって直角に飛越するように促す．こうすれば馬は不均整を正して両後肢を使い，より高い障害を飛越する．選手は安定性を確保するため踵をしっかり下げて，ふくらはぎを締め，腰を浮かして障害に近づく（写真9）．

第1段階で手綱を使ってコンタクトを求めることは，馬が同じリズムを維持し，自らの意志で飛越して学習させるやり方に反する．次に，馬がバスキュール中，馬体を伸ばしながらその伸張を続けようという意欲を育むには，コンタクトは軽快かつ柔軟にする．

選手は自分の姿勢を研究するためには，スピードを落として障害飛越すればよい．つまり，選手は前腕の間に骨盤を持ち上げる感じで，障害に向かって上半身を起こす．コンタクトをしないで前傾して〈四つん這い〉の姿勢で臨むのは，初期の障害飛越だけにする．このやり方の場合，バスキュールの頂点時には，上半身を前傾するだけで，骨盤は鞍つぼの本来あるべき位置にとどめ，頭は水平線に定める．膝を締めずに脚は正しく着地できるように垂直にする．着地のとき，上半身を起こし，骨盤は腕の間に滑り込ませ，両脚はやや前方に位置し，着地と同時にすぐ操作できるように本来の位置に戻す．

コンタクトを求めずに障害飛越をするには，選手はあらかじめ手綱を調整して，障害飛越の前，数ストライドのところで拳を頸の方向にためらわずに出す．そうすれば着地してから上半身は元の位置に戻り，手綱は簡単に取り戻せる．そして正常な状態に復帰する．このように拳は固定され，コンタクトは飛越の間は存在しないことになる（写真10）．

オクサーの飛越はさらに重要である．馬は馬体を持ち上げるとスピードが落ちた状態になるが，障害を飛び越えるためには，同時に推進する必要がある．選手と馬との間で，互いの信頼が保たれなければならない．馬はバランスが崩れることで自分の飛越が〈失敗〉してしまうのをおそれる．この運動はまず飛越の間，選手は馬の動きと一体になってなければならない．

オクサーは従来から横木2本からなっており，その上に3本目が斜めに置かれ，これによって，馬は障害の幅を見極めやすくなる．他のシステム*25，つまり他の調教では，前にクロス障害を，後ろに水平横木障害を組み合わせて

写真10：手綱をゆるめたままの飛越．
トレーニングにおいて，馬は通常の大きさの障害を飛越するのに，自分のスピードとバランスを調節できなければならない．選手は拳をたてがみに沿って馬の耳のほうにもって行く．こうすれば飛越を邪魔しない．そして着地後，馬を制御できる．

設置する．高さを低くすれば，両方向から飛ぶことができ便利である．逆方向からの飛越では，この障害物が変化したことを馬に気付かせ，かつこの不自然な姿に向かうことで，一層の落ち着きが必要となる．また，クロス障害を2基併置すればひとつのオクサーとなる．この段階における運動は多かれ少なかれ両肩の上昇あるいは完全に飛び越えることへの追求を重視する．そしてその選択は提起される問題に応じて決まる（写真11）．

---

[25] 障害の高さ，距離，間隔，組み合わせ，その並べ方などを含めたハード，ソフトのすべて．

馬を用心深くさせるため，あるいは逆に不安を解消させて安定した精神状態にするためには，多種多様の仕組みがある．踏切の調整を行うには，障害より2.5 m離れたところに横木を配置する．最適の距離に配置すること．トレーニングの当初，障害と横木の距離が短すぎると馬は自信をなくし，推進力を失いローソク飛びを招くおそれがある．障害の高さを上げる場合，正常な踏切をするためには地上横木の距離を広げる．

ジムナスティック障害は選手のスタイルに関する問題に対して様々な解決策を提供してくれる．前述のシステムがもたらす効用のほかに，馬には着地後のバランスを再度取り戻すコツを教えてくれる．つまり，将来出会うことになるコンビネーションの一連の列に，おそれることなく挑んで行くための初歩となる．選手にとっては常に自分の馬の動きに遅れないように，すばやく元の体勢に戻る練習になる．いろいろなシステムを提案しよう．

最初のシステムは2ないし3の連続障害で，クロス障害とその後ろに横木を配置する．クロス障害は4 mの横木で組み立てられており，したがってその先端を高くすると，角度は簡単に狭まる．後ろに置かれる横木は一般に非常に軽くできている．最悪の飛越の場合でも，折れるなどして，馬がその上を踏んでも，怪我をしない．コンビネーションの最初の障害は簡単なクロス障害で，すべて低い飛越練習用である（写真12）．

最初のクロス障害はできるだけ低くする．そして，その障害の後ろの地面に横木を置く．幅障害の支柱は接近させて，幅が1 mを超えな

第1部　総合馬の調教

写真11：障害飛越の例.
　　　　　速歩で通過するこのタイプのジムナスティック障害はバスキュールでの馬の両肩の上昇運動の改善調教であり，障害の基礎である．

いようにする．1番目と2番目の障害の距離は5.50 m，後続の障害との間は6.50 mとする．通過するごとに支柱の高さまで徐々にクロスバーと後ろの横木を上げる．もちろん後方の横木も上げるが，クロスバーの中心点の高さを越えてはならない．常に障害のバスキュール幅の有効範囲を勘案して肩の上昇具合を重視する．

　次に，オクサーの幅を急がずに徐々に広げる．そうすれば馬は馬体を伸ばして飛越し，2基の障害の間では身を縮めなければならなくなる．なぜなら，オクサーの支柱の間隔，つまり幅が長くなるぶん，障害間の距離が短くなるからである．

　この時期における調教中に，選手は馬がゆるやかに成長していく間，動作の質の保持にほんのわずかな質の低下や馬の達し得る限界の兆しに細心に把握する．急ぐことで，き甲を上げないで，前肢を曲げながら，馬体をねじり，巧みに切り抜けるか，あるいは止まることによって障害を避けようとする．したがって，馬は肉体的あるいは精神的可能性を越える困難を前にして，最後の手段としての馬との闘争は許されない．進歩を害する雰囲気をかもしだすだけである．横木を直ちに下げ最初の調教の段階に戻す．各障害の間の距離は馬の可能性により，飛びやすいように対応するように調整すればよい．たとえば剛直な馬は自分のストライドの長

写真12：ジムナスティック障害
　この運動は柔軟性とパワーを向上させる．馬はバスキュール中，馬体を伸ばし，着地後の1歩目のストライドからすばやく後肢を元に戻し，前肢を地面につけ馬体を起こす．

さを変えるための素質をほとんどもちあわせていないことに，またその馬の性格にあった対応策を用いる必要があることにも留意しよう．信頼も緊張緩和もないところには，柔軟性も肉体的発育も存在しない．

　ジムナスティック障害は馬にとってまことに推奨すべきトレーニング方法である．比較的低い障害でも馬には十分に内容のある運動である．トレーニング中の最良の体力回復の歩様は常歩であり，障害通過ごとに常歩を行うと，平静は保たれ，エネルギッシュな熱の入った動きに対しての機能回復が妨げられることはない．

　ここで提案するシステムのメリットは2方向から通過できることである．手前のクロスバーと奥の水平横木からなる2基のオクサーは6m間隔で互いに背中を向かい合わせて配置する．その中央の地面に置かれた横木は中間のストライドの弾みを助長する．この組み合わせでは馬は手前のクロスバーで前肢を通過させることを，奥の横木では，後肢を上げて無事通過することを，つまり自分流に放物線を描きながら後肢を上げることによって，想定される飛越を完遂することを学ぶ．このシステムでは，配置された障害の前後2.60 mのところに補足として横木を置く．これは馬に飛越開始を安定させ，着地のストライドの調整を促すためである（写真13）．

　さらにクラシックなシステムはトリプル障害で構成されており，最初は低いクロス障害を速歩で通過する．最初の障害間は9 m，後は2ストライドで約10.50 mの間隔である．バランスの調整はコンビネーション，つまりクロス障害，幅の広いオクサー，高い垂直障害を使って

第1部　総合馬の調教

写真13：ジムナスティック障害の他の例．
この連続障害と地面に置かれた横木の組合せは踏切のストライドのフォームを改善し，そのストライドが作り得るエネルギーを増大させる．

効果的に行われる．逆に，巻き込む馬や重い馬，馬体を伸ばすことを好まない馬には，クロス障害，垂直障害，幅の広いオクサーのコンビネーションが利用される．馬体を曲げたり，柔軟性を向上発達させるには障害間の距離を短くし，あるいは遠くまで飛ぶことや，気力をもつことを促すにはその距離を長くすればよい．

もっと斬新的なバウンス[*26]（写真14）は前肢の踏切を鍛え，また肩の筋肉でできている筋肉瘤の弾力性を発育させるためには最良のトレーニングである．最初の障害は垂直障害で，2番目をオクサーとすると，補足的な余力が要求される．このトレーニングでは馬の志気を失わせないように，上手に加減することによって障害馬の筋肉を著しく発達させる．アプローチは速歩と駆歩で行う．距離はそれぞれ3.20 mと3.50 mである．特に駆歩の場合，最初低い（0.80～1 m）障害でも，選手は体勢を整えている馬とのコンタクトを最小限に維持して通過できるように設置する（写真14）．

以上のシステムはすべてゆっくりしたスピードで力を養う．競技のための運動を十分かつ技巧をこらすことなく実現するためには，より特殊な段階が必要である．問題は障害の高さとペースによって要求される反応の速さで，総体的に全関節を働かせることである．そのためには，一般的に次の順序で選択された3基の障害の正しいラインを利用する．つまり垂直障害，オクサー，垂直障害である．それらの間隔は3ストライド（3×3.50 m＋2×1.80 m＝14.10 m），4ストライド（17.60 m）あるいは稀に5スト

[*26] ジムナスティックを構成する障害間が5 m以下の場合（フランス語：ソ・ド・ピュス／saut de puce：蚤飛び・バウンス）．

写真14：バウンス（ジャンシ号／Jhansi, ピエール・ミシュレ選手／Pierre Mic-helet）．
この障害が競技で自然に行えるようになるためには，あらかじめトレーニングで実践しておかなければならない．この障害は馬のバランス調整とともに反応の速さを向上させる．

ライド（21.10 m）であり，これらは3.50 mのストライドと1.80 mの踏切に基づいている．

　選手はラインの中で，せき立てることなく駆歩でそのペースを守りながら前進する．目的はストライドの決まりを守ることである．今度は，距離を馬に合わせてはならない．提起される問題を馬に解決させねばならない．これは先に述べたトレーニングと違い，より分析的目的をもつ総括的トレーニングである（写真15）．

　選手の務めを容易にするため，つまり馬の能力を競技会の水準にまで引き上げ，かつ余裕をもたせるために，障害をいろいろ違った形で設定する．両袖に横木が置かれたクロス障害は，システムに安定かつ重量感をもたせ，丁寧な通過を促す．横木を少し斜めに置いたクロス障害は馬を高く，かつ遠くに飛越するように促す．最後に，オクサーの上に斜め横方向に置く水平の横木は，馬を混乱させないで幅の広い障害を飛越する力をつけることができる．

　これらのジムナスティックは馬のみならず選手にも相互の能力について自信を与える．競技が近づくと，いつもより力を入れた実践的な練習を行いがちである．試合に備えた一層特殊なジムナスティックは，ときとして調教過程が遅れている感じを起こさせないが，過度なトレーニングは馬の学習能力を減退させる．姿勢，冷静さ，および余裕と自信を生みだす能力を再認

第1部　総合馬の調教

写真15：ライン上に置かれた垂直障害の例である．
　　　　オクサーの次に置かれたこの障害は馬に自らのバランスを取り戻させる．クロス障害は注意深く通過を促す．

識できるジムナスティック障害を行うこと（写真16，17）．

　成熟馬については分析と総括の作業が続けられている．それらがもたらす成果は，すべて選手が示す厳しさ，思考法および手加減にかかっている．すでに問題になっている事項については特別なトレーニングで対応する．つまり，事前に事態を把握しておけば，問題の半分は解決するのである．

6. 野外騎乗

　ソミュール*27（国立馬術学校）の公認インストラクター，バルディネ氏（Mr. Bardinet）は移動式野外用障害の一式を考案した．目的は競技で行われるコンビネーションを編成するため，すべての障害を準備することにある．また総合馬が体験しなければならない様々な困難な事態を作り上げることもできる．扱われている課題は馬の自主性，経路図面，操作，バランス，活力に及んでいる．

　小さな起伏の多い適度な広さの土地で，自然の横木でつくられた支柱に加え，移動式生け垣障害，バンケット，水濠，ディチ*28，コーナージャンプ（写真18，19）を作るための高さ

---

*27 Saumur：フランス西部，ロアール川沿いにある郡庁所在地．
*28 乾壕あるいは窪地．

写真16：ライン上のオクサーの例.
幅が広い場合，横木の上に斜めに置いた横木は馬にひとつの障害であることを示す．斜めに飛越するのであれば，接近する角度を変えることによって，容易に踏切を調整することができる．

0.80～1mの支え棒を備える必要がある．ピアノバンケット*29（写真95：223頁）を備えると便利である．説明を図16に示す．

　障害の高さは低くすることを提案する．馴致（スクーリング）はレベルや能力よりも純粋に技術の追求に徹し，かつ厳密さにこだわる．各障害飛越の前に，選手は自分の心の中で，解決しようと努力している問題点を想起する．つまり，要求されているのは無過失通過ではなくて，決められたルールを守ることである．信頼関係は常に求められ，活力を伴って最大限に生かす．選手は変わることのない必須条件である鐙上のバランス，脚の位置，肩の力を抜くことと，拳の位置，つまり（馬の）頭の方向づけなどの技術的に決められたことと，先の精神的なことを守る必要性を自分自身に課す．

　連続障害通過の前における経路の諸問題は，次のトレーニングによって解決される．選手は踏切線と着地線が直角に交わる直線に沿って，まず速歩で，次にギャロップで垂直障害に近づき，飛越する．飛躍期の飛越弾道の修正はすべての段階で片方の拳を開くことによって行う．なお，後肢のアンバランスが強く感じられるときには，スピードを出さずにオクサーを飛越するトレーニングが効果的である．この点が解決されれば，飛越する角度は60度以下で，次に45度まで狭めて斜めに飛ぶことができる．選手はもはや障害よりも遠くに置いた目印を見定

---
*29 段々状のバンケット．

第1部　総合馬の調教

写真17：ラインに設置する大型障害の例．
　　　　　総括的なトレーニングでは，馬を競技の高さに挑戦させると実益がある．そうすれば人馬双方の能力についてお互いに自信をもつ．重量感のある障害は，近づきやすくし注視することを促す．

めることに慣れてくる．

　いろいろな障害の角や端を次々と飛越する連続障害，たとえば平行して設置されている障害，ラインをずらしてある障害，あるいは直角に置いた障害などの飛越練習を勧める．

　より実戦的にするために，かつ拒止，逃避など馬が行う不服従がないように，障害の支柱の丸太には2つの切り込みをつけて2段の高さが調整できるようにする．障害の足元に目印（たとえば木の円板）を置くことによって，走行ラインの正確さを確かめることができる．

　次に述べるトレーニングはコーナージャンプに関するものである．最初のうちはV字に置かれた2本の横木の角度をあまり広げず，選手が飛越幅の問題を気にせずにラインに注意を集中することができるようにする．いろいろな角度に設定されるV字の横木が分岐する根元の部分を飛越できなければならない．つまり，最も開きの少ない角度を垂直に飛ぶのは極めてやさしい．60度角の飛越は，障害が直角の場合に必要とする飛越に準ずる．次にコーナージャンプ2基を同じ方向にまたは逆の方向に向けて，1ないし2ストライドあけて並べることもできる（写真18および19）．

　当初から問題なく学んだ馬は，ライン上で何が起ころうとも走行中の問題はすべて解決してくれる．馬は明確に任務を示されると本気でそれに没頭する．無過失が目標ではない．選手は

障害飛越における馬の調教

写真 18 および 19：コーナージャンプの例．
　　　　馬は，コーナージャンプの分岐点に最も近い箇所を手綱とのコンタクトの助けを借りずに飛越するように調教される．

第1部　総合馬の調教

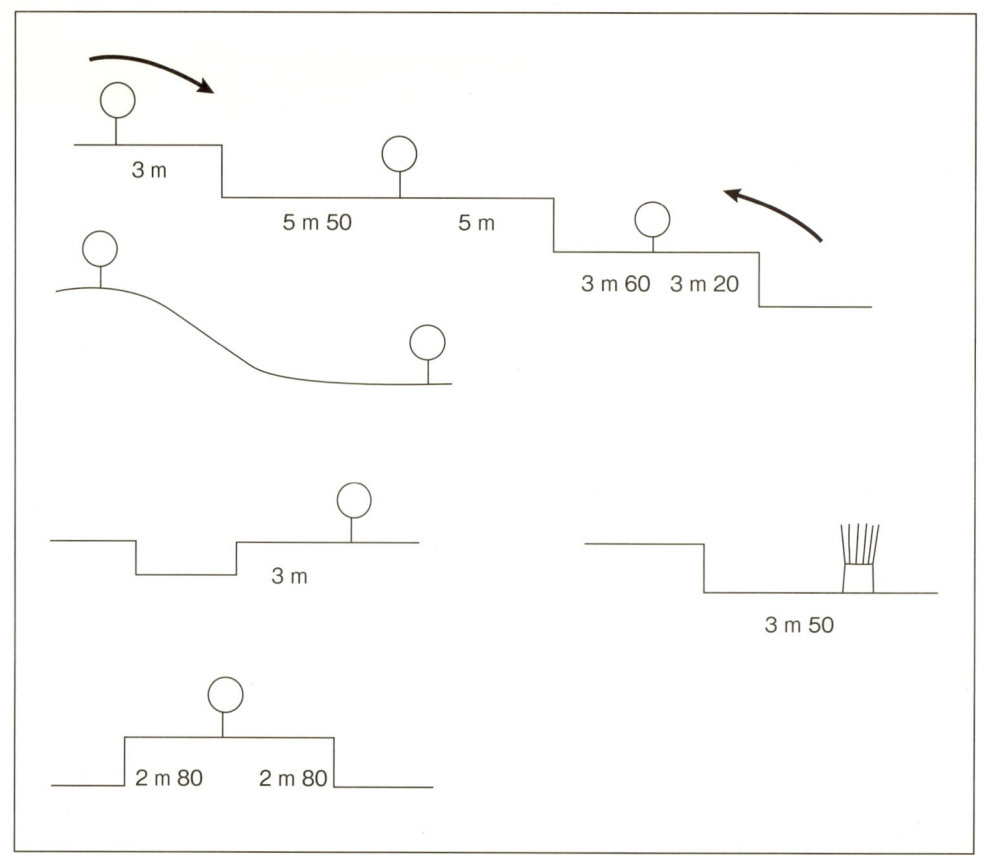

図16：クロスカントリーのトレーニング経路には次の障害などが含まれる．ピアノバンケット，坂，乾壕，バンケット，ディチ：障害飛越競技用障害や生け垣障害で，すべてのコンビネーションを作ることができる．

障害拒止を修正すべきではない．騎乗に不手際があった場合，落ち着いて止まり，次に馬を正確なラインに戻す．〈危機管理〉は競技にはつきものである．

第3段階では，選手はカーブ上で障害飛越を行う．このシステムは3ストライド，次に2ストライド離して直角に置かれた2基の低い垂直障害からなっている．直角に曲がりながら，障害の中央を通過する．着地側に置かれた丸太あるいは横木によって，選手に経路のデザインを十分注意するように仕向けることができる．外側の支柱に斜めに立てかけられた横木があるので，障害の中央を飛越せざるを得ない．このトレーニングはゆっくり飛越し，着地後身を起こすこと，つまり直ちに力を発揮するため，開き手綱が有効になるように外方手綱の張りを維持することを習得する（写真20）．

内方拳を開くことによって，馬はまったく自由になり両肩を上げる．反対に拳を固定すると，馬は拳に抵抗して，両前膝の低下を招く危険がある．踏切のストライドで馬が身を起こすだけで済ますことなく，1/4回転まで完全に終

写真20：カーブおよび斜行を配慮した連続障害．
このシステムは馬の両肩の動きを発達させ，馬がバランスを崩すのを抑制する．選手には着地後，力を発揮し，推進力で回転せざるを得ないようにする．

わらせるのが至上命令である．簡単な障害で，若馬はすでによい体勢で踏み切ることが調教されている．よい体勢で踏み切るためには，馬は2つ目の障害に向かう回転で体重を外方に移す必要がある．

システムは垂直障害とオクサーを組み合わせることで複雑になる．垂直障害を飛越した後，選手は活力を維持しながら，カーブを小さく回り，オクサーに近づく．そうすることで人馬ともに踏切が近い状態で，大きく飛越することで馬の自信が高まり，つまり人馬はオクサーのほうに回り込むために推進力があるまま，回転に努めながら次の方向に向かって行く．1つ目の障害の着地後，選手は上半身を両腕の間に挟み込み，頭は自然に回転して次の障害に向いており，この技術はコーナージャンプ2基を飛越することも可能である．

経路と誘導の難しさが解決されれば，馬の大胆さの問題に取りかかることが可能となる．というのも，拒止の多くは正しく飛ばない馬の反抗の兆しであり帰結である．

全体像の中でまず取り上げるのは丸太で作られた障害である．この飛越では不手際は問題にはならず，ほんの少しのバランスとスピードだけが必要である．牧場の囲い障害（写真60：169頁）は解決すべき問題として大きさが加わる．垂直障害はバランスとパワーの問題をあわ

第1部　総合馬の調教

せもつ．

　丸太は速歩で手綱を張らずに通過する．選手は脚を馬体に密着させて舌鼓で励ます．選手はあらかじめ障害飛越だとは考えない．後肢の通過を邪魔しないように，着地してから座骨を鞍に戻す．脚は馬の両肩の方に前進させないでそのままの位置にとどめる．馬は選手を信頼して容易に空間を飛越するはずである．牧場の囲い障害については少しペースを速めて丸太の飛越と同じ気持ちで通過する．大胆さをテストするのでない限り，パノラマ的垂直障害は競技会のように柔軟に活気のある小さいストライドで通過する．

　馬が上手に自分のバランスをコントロールしているかを確認するためには，パノラマ障害の次に小型障害を1基置くとよい．たとえば幅2mの生け垣障害であればその動きをきわだたせることが可能である．フィニッシュの大型オクサーを飛越するために，特に曲線上の連続障害にすれば踏切のストライドの調整が容易になる．

　プリオメトリ（馬体重を加重して行う筋肉運動）のトレーニングは飛越筋肉を著しく強化する．馬は馬体を上方に再び持ち上げるため，その重力にあわせて着地を調整する．ディチ－バウンス－垂直障害の連続は典型的な例である．方法としては垂直障害－ディチ－垂直障害の連続でより厳しくなる．そして同時に馬の大胆さのテストにもなる．

　しかも，国立馬術学校に設置されている連続ピアノバンケットはすべての障害を網羅している．つまり，3ステップからなっており，その中央のステップには垂直障害が置かれている．この連続障害は下り坂にある．最初のステップでは垂直障害から入り，バウンスを飛ぶ次のステップでは，1ストライドの距離をあけ2つの垂直障害が並ぶ．最後のステップには2つのバウンスが設置される．このようなシステムは多少起伏があればどこでも作ることができる．高低差が不十分なら，最後のステップは地面を掘ればよい．

　最初の垂直障害の通過は，すでに説明したパノラマ障害に類似している．障害飛越をはじめると今度は，選手は手綱を自由にし馬が駆け下りるにまかせる．馬は非常に早く自分でやるようになる．また，かなりの高さから下りることができる．馬は滑り落ちるのではなく，バランスを取り戻しながら，障害飛越をする．

　上記の運動と並行して，ピアノバンケットのコンビネーションを登ることによって，体力を増進することができる．トレーニングを受けた馬だけがこのコンビネーションを端から端までリズムを乱すことなく登ることができる．選手は馬の口とのコンタクトをやわらかく保ち，引いてはいけない．馬体は四肢を土台にしたよいバランスが必要である．最初のうちは，コンビネーションはバンケットと続けて垂直障害を1基に簡略化してもよい．

　大きさと曲がり具合が調和したシステムにディチがあり，障害がその後ろか前に1基配置してあるので，独特の難しさがある．選手はディチを越えた後，次の障害を飛越するため，身を起こさねばならない．一方，逆方向に通過する

場合には遅れないように身を起こすべきである．踵の上で身を支え，しっかり自分の場所に位置する選手のみが容易にこのトレーニングを実施できる．

水濠の通過によってこのプログラムは完了する．水濠障害には直接水の中に飛び込むか，水中に飛び込む前に1ストライド距離をおいたり，もしくはバウンスで水に入るように水への入りをずらすことができる．水濠障害は大胆さをテストし，馬がうまくできるようにゆとりを与えるために，手綱をゆるめてコンタクトしないで通過する．競技会での事情は異なり，水濠の入りのアプローチはコンタクトをする．

馬は着水後，数歩のところで停止することを学ばなければならない．水の抵抗によりバランスを崩して，コントロールが難しくなるので，水濠出口の障害や水濠の中にある障害の通過は難しい．水濠の馴致は忘れがちだが，競技会では山場の障害である．大きな池や水濠の出口の障害は絶妙である．

第1部 総合馬の調教

馬 具

1. 銜

各種目やトレーニングではいろいろな銜が使われている．その各々は非常に短期的に見て，たとえば運動の開始のために，あるいは長期的には，筋肉の強化や動きを修正する利点をもっている．単なるアクセサリーと感じないように，銜は頻繁に飽くことなく時代によっていろいろと形を変えながら，利用されている．

銜の正しい使用法はそれらの変わりゆく厳しさのなかで浮き彫りにされる．若馬は，自分の力で多くの要求にこたえられるようになり，つまり自分が従順になることによって，増してくる要求のレベルが徐々に簡単にできるように促す結果となって，調教が完成するまで適度の快さを享受する．

銜を区分すれば，簡単な銜つまり小勒銜，それから大勒銜，ペラム銜[30]，ギャグ銜[31]，ハッカモア[32]がある．

エッグ・ビット銜は銜の両端に銜鐶がついていて，最も基本的な銜である．エッグ・ビットは安価だが，古くなるにつれて口角，つまり銜と銜鐶との間に皮膚が挟まれて傷をつける恐れがある．銜鐶の直径にはいろいろある．8 cmもしくはそれ以上になると，口を両側から挟み手綱の張り具合を安定させ，また，たとえばボルトとナットで物を締めつけるときに一緒に使う座金，つまりワッシャーと同じ役割を果たす．これらの鐶は小さなテコの腕の役割をもち，馬の屈撓をきわだたせるのである．それを効能の順序でいえばヴェルダン銜，ボシェ銜すなわち小勒の頬革に付ける枝付き銜となる．

銜にはつなぎ目がなくまっすぐのものがある．手綱でコンタクトを均等にすることによって，安定性を欠く馬を一定の方向に向かわせる．その逆により意欲的にするため，すなわち緊張を解きほぐすため，1つないし2つのジョイントでつないだ銜がある．緊張緩和の目的のため，銜はいろいろな金属で作られたり，あるいは遊具（口中に入れる金属片）を付けることができる[33]．馬が銜を受けるようになると，緊張緩和は永久の課題となる．これが得られると運動を改善するための筋肉組織の調和の取れた発達が可能となる．しかしながら，運動は口の弛緩だけではなく，馬体全体のリラクゼーシ

---

[30] 写真21（56頁）参照：兼帯銜．
[31] 写真26（60頁）．
[32] 調馬用端綱：銜がなく鼻革だけの頭絡．障害用の比較的敏感な馬や若馬の調教に使う（写真27：61頁）．

[33] 遊具付き馬銜：馬が顎を食いしばらないように馬銜の中央に鍵束のようなものをつるしたもの．新馬調教用．

ョンの状態の証でなければならない．

　銜身は，唾液の分泌と推進力の落ち着いた制御によって，後肢の踏み込みと総体的な緊張緩和をもたらす運動を生み出す．一方，選手の命令をすべて馬に伝えるためには，いつも項を柔軟にし，自由に口の開閉ができるようにしておく必要がある．この難しさは，調教が進むにつれて，硬さが弱くなるいろいろな銜身を使うことによって，解消される．障害飛越では，銜が強すぎる場合，容易にそれに気付く．馬場馬術では横木による懲戒，つまり拒止がないからなかなか気付かず，間違いのまま放置される．

　銜身に利用される材料の種類は非常に多い．スチールは最も伝統的である．銜身の直径は銜への明白なコンタクトを確保するため，デリケートな口，ふっくらした口，あるいは鈍重な口それぞれに対して，細い銜から太くてへこんだ銜まで多種多様である．皮革で被われた銜はより快適である．特に冬は敏感な馬にとっては受け入れやすい．細い大勒銜は皮革で包むことができるが，ゴム製の太い銜は不可能である．皮革は老朽化すると，ざらざらになり痛みを感じるようになる．樹脂製の銜は快適さと効率のよさをかね備えている．非常に軽く快適な銜は神経質な馬によく受け入れられ，この種の馬を制御できる．なぜなら非常にしなやかで，口角に触っても折れ曲がるからである．

　銜には単独で使うものや，あるいは2種類の銜を併用し得るものがある．後者は頑固な硬直した馬に一層適している．しかし舌に大幅な自由を残し，また舌に不自然な動きを強いるような銜では，馬に舌を出すことを促してしまう．間違いにはいろいろな解決策がある．だからといって，間違いをおかす前に自分の馬に口篭（くつこ）をはめるなどして先手を打たずに，はじめて従順でなかったときからその行動に注意する必要がある．小勒の頬革を短くするとか，口蓋（こうがい）に銜を押しつけることで舌の逃避は避けられるだろう．しかし，この方法では口角で銜を支えるのが恒常的になり，求めようとしている緊張緩和に反するのである．

　舌越し防止片（antipasse-langue）つまり銜に固定されたゴム製舌状小片は，美的かつ精神的観点から満足すべき良策の一つである．しかしその効果には限度があり，調教にはならない．革製またはゴム製の舌止め（attache-langue）は目立たないが禁止すべきである．馬が舌を動かすたびにきつく締まり，ゆるむ可能性がないからである．それに対し，ナイロンストッキングもしくはチューブ状のゴム紐は効果的で，調教としては良策である．結び方は8の字型にする．つまり，一方を顎に，他方を舌に巻きつける．そうすれば舌は自分の居場所を確保することができ，一定の範囲で自由を享受し安定する．トレーニングのときは常にこのように縛りつけ，馬場馬術の競技では解き放す．これで実用的になる．

　以下，2本の手綱を必要とする銜身の複合状態を検討しよう．

　一般的に，幅のある手綱（ゴム手綱）は小勒銜の鐶またはそれに準ずる鐶に付ける．そして細い幅の手綱（布手綱など）は他の銜の鐶に付ける．それによって選手は通常小勒でコンタクトを確実に行う．あるひとつの姿勢を取った

第1部　総合馬の調教

り，あるいは修正するためにのみ一時的に幅の細い手綱を使う．しかしながら，手綱を従来からの古典的位置で持った場合，小指の下の小勒手綱と薬指の下の大勒手綱が交叉することから，選手はそれらの長さを区別することが難しい．この持ち方は大勒を使ったり，緊張緩和を求めるために振動で操作し，ハッカモアを使う際にも適している．そして手綱を平行に持つ場合，手首を縦に曲げることによって大勒手綱を強く操作することが可能になる．手首を垂直に戻すと，その操作は終わり，再び小勒で馬を誘導できる．この手法はギャグ銜やいろいろな調教用具に利用される．手首を垂直にしたり，各操作の後，直ちに譲られた中立的位置に戻す場合や，母指を締める場合，極度の厳密さが要求される．

　このようなタイプの銜の使用を容易にするために，コンバーター*34 が利用される．しかしながら，このタイプの効率は，弱い前後運動によって著しく抑制され，操作や特に譲りを遅らせる原因となる．技術の高い選手や力の強い馬であれば，ギャグ銜は直接つなげて1本の手綱で操作できる．

　ゴム製のペラム銜は体格に難点のある弱い馬に効果がある．銜の正確さやゴムカバーのおかげで，馬は最良のコンタクトができる．大勒手綱はウォーミングアップや移行，特に停止や駈歩発進では，それらにふさわしい姿勢を維持することができる．手綱を張り，コンタクトを十分とらない馬の場合，幅が広く太い鼻革を選び，それをよく締める．グルメットにゴムのカ

バーを付けると馬は容易にグルメットを受け入れられる．

　ペラムの銜身は障害飛越には十分である．しかし，野外でスピードを出して飛越をするには禁止すべきである．その場合銜受が非常に重要で，この銜では不十分である．錆やすいやわらかいペラムの鎖は，定期的にその耐久性を検査しなければならない．極めてデリケートな馬には，強いものよりも弱いペラムが好まれる．ゴム製やベークライト製の頑丈なペラムあるいは金属製のものであれば，力の強いわがままな馬を御することも可能である．しかし真の調教は，デリケートな口の安心感を求めるため，最も弱いペラムを使うことからはじめる（写真21）．

　大勒銜はあらかじめ決めたひとつの運動を，その準備に必要な緊張緩和を確保するため，あ

写真21：ペラムの手綱の持ち方．
　手綱は平行である．下がペラムの手綱，つまり銜の操作は手首を縦に曲げることによって行う．グルメットの強さはおとがいとの間を指1本空ける．

---
*34　149頁 * 21参照．

るいは調教中に緊張の緩和が妨げられたとき，その回復のために使う．それ以外のときは，馬は小勒銜で操作する．古典的馬術はこのような原則を重視する．顎の譲りと項の屈撓を実行させるためには，ごくわずかな力と動きが必要なだけで，中指などの働きで十分な場合が多い．

快適に騎乗するためには，〈手綱を大きく操作する拳〉は必要でなく，手綱を微妙に使えればそれでよい．手綱は美しさに加えて，より一層よどみのない使い方，および2つの銜の操作の最も上手な使い分けが加味される．選手が手綱の長さを保持することが困難になった場合，必ず大勒手綱がきつくなる．そのため，持ち方を安定させるために小勒手綱の内側をビニールテープ等で裏打ちする必要があり，選手は親指を強く締めざるを得ない．

この基本は経済的理由や怠慢によってないがしろにできない．大勒は正しく調整されているときのみうまく活用される．大勒銜の幅は，口角の外側で動き回るために必要な遊びを残し，口角を締めつけることなく最適な状態でなければならない．ある種の馬は，ポニー用としか思えないような非常に幅の狭い銜を必要とする．激しい動きに耐えられなければ，繊細さを壊し，すばやい動きの妨げとなる．

小勒銜は，馬が軽妙で，かつしっかりした銜受をすることによって快適さを見出せるように，十分太くつくられている．その鐶は大勒銜の動きを邪魔しないように狭小でなければならない．だからといって，銜身は口の中に遊びがあってはならない．

大勒銜はまっすぐかわずかに反りがある．概して舌の動きが窮屈すぎたり，高すぎるが，そのカーブは舌に，一層快適な感触を与えることができる．遊動銜は，ある種の馬にとってすばやく緊張を緩和してくれる．しかしその銜が可能にする動きは一層精度に欠ける．大勒銜の銜枝の長さは8cmである（CCI：Concours complet international：国際総合馬術競技では最長10cm）．その効用もしくはやわらかさはその長さにかかっている．銜枝が長ければ長いほど，影響は口を犠牲にするだけでなく項にも及ぶ．

頬革は2つの銜が互いに邪魔しあうことのないように，銜が銜受部（あるいは馬の犬歯）の上に位置するように正しく調節する．

グルメットは手綱の操作で，銜枝が45度に傾いたときに効果があるように調節する．もし傾斜が不十分であればテコの効力を発揮しないうえに，舌が口蓋に触れて馬をいらだたせる．グルメットを締めすぎると，きつくなって顎を開くことができなくなる．グルメットはゴムを巻きつけたり，革でカバーすると一層快適になる．鼻革は馬の顎が少し開き，緊張が緩和されるように指が2～3本挿入できる程度にゆるく装着する．しかしながら，演技が難しい馬や，特に手綱に反抗する馬の場合，ゆったりした太い鼻革を選び，強く締めるとよい．

大勒は，馬に項を譲る準備ができていれば，それだけ受け入れられやすい．いくつかのやさしいトレーニングで馬は騎乗運動にすぐ慣れる．最初は馬の頭を回す運動からはじめる．選手は拳で小勒手綱を操作し，項を最も高い位置

第1部　総合馬の調教

で保持する．もう一方の手綱で大勒を張り，その操作で顎の開きを調整し，拳を引かない．そして，操作をそのままの姿勢で続けて馬の緊張緩和を待てばそれで十分である．馬が腰角を移動させたり，第3頸椎のところで頸を折り項を下げるのを避けなければならない．この運動は両側面から行う（写真22, 23）．

さて，次に2本の手綱による譲歩に取りかかろう．選手は馬の横に立つ．小勒手綱を鼻梁の前面上方に持っていき，馬を静かに停止させる．手にした大勒手綱で顎を折らせる．頭と頸の角度を狭くする．先に述べたやり方によって，耳下腺が適切な位置に落ち着くからである（写真24）．

第3番目のトレーニングとして項と顎の譲りを仕上げる．選手は馬の前に立ち，銜の両側を拳で，つまり小勒の鐶に通している指と大勒の銜枝を押さえている親指とで操作する（写真25）．

これら3つの基本的トレーニングにより，時間が大幅に削減でき，幾多の失敗が避けられる．これらの調教を通じて大勒は，すでにかなり進んだ整置[*35]を仕上げるのを可能にする．

調教用具は，後ほど説明するが，調教の運びを容易にし，屈撓と軽快性の第一歩として貢献し得る．しかし整置を達成するものではない．

[*35] 馬が手の内にあること．脚の扶助で生じた屈撓によって，得られ，かつ維持される活発な推進力をもった平衡状態（Fillis-遊佐）．

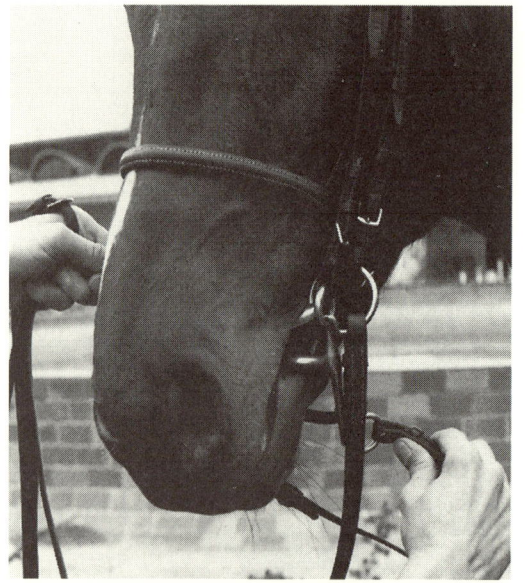

写真22と23：側面屈曲．
　　　屈撓した姿勢で移動するためには，馬は項が柔軟でなければならない．選手は両拳は引かないで，静定し，馬の顎の服従と緊張緩和を待つ．

ギャグ銜は主としてクロスカントリーで使われる．この銜は粗暴な馬や筋肉隆々の力強い古馬に適している．

ギャグの効力は特別ではないが，その口に対

馬具

する作用は強くて，漸進であり，微妙かつ自然な歩調の調整ができる．実質上のブレーキ補助装置で，その操作は馬の抵抗に見合って加減する．しかし，馬は減速時に〈クラッチを切ること〉をせず，馬体を曲げて収縮するため，後駆は頑健でなければならない．選手はうまく操作を加減し，減速に逆らわないよう上手にバランスを取る．

これは，すでに言及した制約付きではあるが，その効能によってクロスカントリー用の代表的な銜身になる．もし馬がこの銜で調教されていなければ，これを減速用としての範疇(はんちゅう)にとどめ置くことはできない．硬直した馬は弾力性をもたず，障害を踏んづけて通過する．そして収縮を試みることもなく，踏切まで，手綱とのコンタクトを常に維持することはできない．反対にこの銜身がうまく受け入れられると，非常に早く他の銜との組み合わせにも合う．互いに邪魔することなく選手は拳を下げて，肩を後ろに引くだけで，馬を柔軟な状態に保ちバランスの回復を図れ，ペースを乱すことなく，徐々に歩幅を収縮することができる．

この銜が2本の手綱で使われるときは，その操作に限界がある．しかしコースが終わりに近づき，馬が元気をなくすころ，この銜は小勒との最良の組み合わせぶりを発揮する．ギャグ銜の手綱は小指の下に位置しテコになる．障害飛越や荒っぽい着地の際，馬の動きがどうであろうと，手綱を適切な長さに維持するため，母指はきつく締めつける（写真26）．

コンバーターや，指を入れられるハンティング手綱（二重手綱）を使い，手綱の持ち方や使

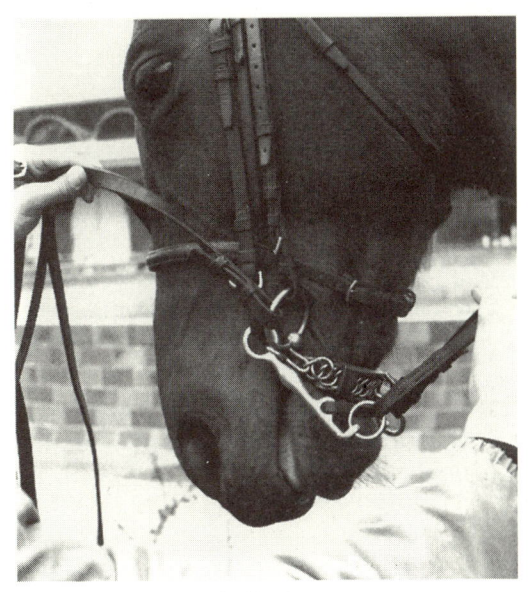

写真24：直接屈曲．選手は横に立つ．
　　　　かくして，耳下腺の適切な位置を知る難しさがわかる．項は常に最も高い位置にとどめる必要がある．

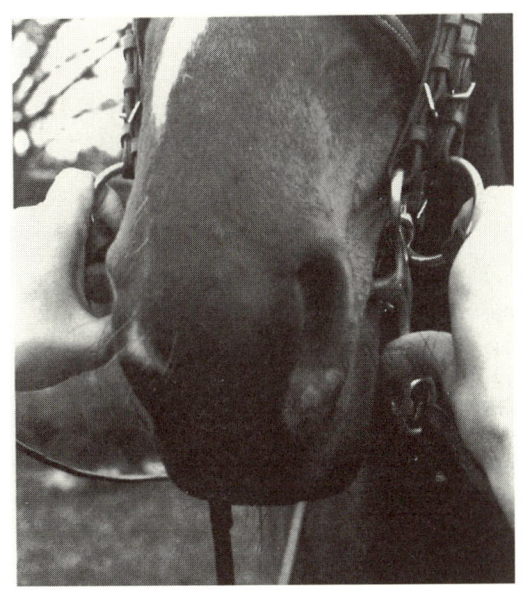

写真25：直接屈曲．選手は馬と面と向かい合う．
　　　　調教用具を用いる場合と同様に，徒歩調教により，選手が馬に期待していることをより一層早く馬自身に発見させる．

第1部　総合馬の調教

写真26：ギャグ銜の2本の手綱の持ち方．手綱は平行で，ゴム製手綱は小勒用．ギャグ銜の操作は手首を縦に曲げて行う．

い方を容易にして，材質も布でなく革にすると手綱をしっかりと握れて銜身の動きに対応しやすくなる．

　要するに，操作はギャグ銜に直接つながっている手綱だけで，最大限行われる．しかしながら，手綱とは関係なく銜の鐶を通して滑るのでは，飛越弾道を外れようとする馬をすばやく修正することはできない．この銜は逃避する馬や馬体を傾ける馬には好ましくない．

　ギャグ銜は頬革が頬骨突起の上の鼻梁の上部を締めつけるよう可動できること，鼻革はクロスノーズバンドか，もしくは幅のある鼻革を使用する．馬が顎をずらせるような鼻革は避けなければならない．

　銜には，非常にきつい2種類併用のものからプラスチック製のものまで，いろいろな銜を利用することができる．その選択は馬から引き出すべきエネルギーよりも，馬の力そのものにか

かっている．なかには競技のときだけ手綱が1本のギャグ銜を受け付ける馬がいる．トレーニングでは他の選択，つまり2本手綱かあるいは他の銜身を選択する必要がある．たとえ興奮する馬で，障害飛越ではこの銜に耐えるだけの力がない馬でも，無理のないギャロップをさせるためには，この銜には緊張を解く作用があるので使用をお勧めしたい．

　とても独創的なハッカモアは単独で，あるいは小勒銜と組み合わせて使用することができる．多少の改善が必要である．上部に詰めものをすることとグルメットを簡単な細い革帯に取り替えることである．ただし，この革帯は銜枝を45度斜めにできるように調節する．

　ハッカモア単独なら，敏感な口をもつデリケートな馬や過去の苦い経験からバスキュール時に，まったくコンタクトができない恐れのある馬に勧められる．横木に馬体をぶつけたり，選手の拳の操作にいらだち抵抗する子馬は，この種の調教用具を使って騎乗すれば成功する．しかし誘導が容易な若馬でなければならない．なぜならハッカモアでは拒止などを防止したり，誘導に問題があった際に解決できないからである．

　一方，ハッカモアと小勒銜を併用して，騎乗すると，障害飛越でもフラットワーク同様，手綱で制御し，保持することが可能である．ウォーミングアップや推進の運動では，選手は2本の手綱をよく張り，小勒手綱で馬の緊張緩和が得られるまで継続する．ときには，輪乗の蹄跡上で，外方拳で外方の小勒手綱とハッカモアの両手綱を持ち，内方拳で小勒の内方手綱を下方に開いて保持する．このような運動は実用的で

馬具

写真27：ハッカモアの手綱の持ち方．
手綱は大勒手綱と同じように持つ．回転では3本の手綱で操作する．外方の2本の手綱と内方の小勒の手綱1本を使って馬の屈撓を維持しながら，緊張緩和を探ることができる．

はなく，項の譲りまではいかないのではないだろうか．重要なのは選手が両手綱を保持し，腹帯のところを両脚で徐々に刺激することで，馬自身，背中を丸めて項の緊張を緩和しなければならないと悟るようにすることである．また，馬体に構造上の問題がある馬[*36]に対しても，同様に障害飛越競技の経路上で2本の手綱とともにハッカモアが使用される．この銜によって，障害と障害の間で調和の取れた走りを取り戻すことができる（写真27）．

2．調教用具

調教用具を上手に使えば，馬の筋肉の発達のための貴重な時間の節約が可能になる．調教用具は強制的な手段というよりも，むしろ馬を一定の方向に導き，つりあいのとれた筋肉を維持させる仕組みだと理解すべきである．強力な調教用具には機能的欠陥がある．過度の使用あるいは誤用をすれば取り返しのつかない馬体の損傷を招く恐れがある．最終目的は競技での使用を禁止し，これがなくても済むところまで行き着くことである．調教用具の使用を止めるにあたり，その利点は小勒に取り込み維持すべきである．

運動において，調教用具で使う手綱は，馬があらかじめその馬に定められた枠組みからはみ出たときにのみ張るのである．枠組みとは，課題になっている運動のタイプ，進歩の程度，すでに実現し，かつ常に追求している調和のとれた筋肉に見合う筋肉組織の質を勘案して選択しなければならない．馬が適切な姿勢を見つければ，その時点で調教用具の操作を止めて馬を再び小勒で誘導すべきである．そこで，拳の厳しい姿勢が要求される．母指を強く締め手首を垂直にしてテコとし，調教用具の手綱を小指の下を通してうまく調整する．

調教用具は強力で，かつ有効な手段である．これらを使うときには馬にとっても最小限の筋肉が必要である．多くの子馬や最も体格のよい若馬でも最初の間は，調教用具に耐えられない．それゆえ，使用は慎重に臨むのが望ましい．ランニング・マルタンガールは実効のある姿勢でこれらの馬を適切に運動へ導くことができる．他の調教用具とまったく同じで，これはガードレールであってテコではない．したがって，馬が拳から逸脱するときだけ，機能するように長さを調節すべきである．

[*36] たとえば極めて敏感な馬とか，どうしても銜を受け付けない馬など．

第1部　総合馬の調教

　調教用具の選択および利用する時期は馬のみならず特に選手の資質にもかかっている．

　次の考察課題は調教用具ゴッグと折り返し手綱である．

　調教用具ゴッグは調馬索運動で使うことができる．騎乗前に馬の緊張をほぐすことが可能である．背中のやわらかい馬や頚の付き方が偏っている馬に対して，あるいは硬直した馬でさえも，これを使ってウォーミングアップをすれば，騎乗運動にとってよい準備となる．馬体の筋肉を伸ばし，緊張をほぐすのを促すことで背中の筋肉組織を整える．調教用具が強制的ではなく，単なる促進者となる程度に調整されれば，馬の背中の状態がよくなるのである．このような理由でゴッグは強く締めないで，数分の速歩運動の後，適切と判断される長さまで徐々に調整すべきである（写真28）．

　真のしなやかさを維持するために，クラシック・ゴッグは次の事項に適応する．ゴム紐は馬体に装着した調馬索用腹帯の両側とゴッグの先端に付ける．この仕組みは頚が水平となり，鼻梁が垂直位置からわずかに前に傾くように適切に調整する．これには2つの利点がある，つまりその弾力性はより多くのしなやかさを馬に与えるので，拘束せずに訓練が行われ，またその運動性は緊張緩和の効果をもたらす．従来の調教用具よりも頚を高い位置に据えられ，維持できることによって，馬は一層実用的姿勢をとることになる（写真29）．

写真28：ゴッグとゴム紐を組み合わせ，調馬索を取り付けた調教用具．
　　　　馬は緊張がほぐれたときにのみ，自分の筋肉を発達させる．調教用具は柔軟な枠組みであって，〈ひもで縛りつける〉ものではない．

騎乗運動において，ゴッグを手で操作するのは馬が手の内から離れたときのみで，より時宜を得た活用が可能となる．母指を強く締めながら，手首を垂直に保ち縦に曲げることによって，ゴッグを操作する．

ゴッグを張り両脚を締めれば，馬は数ストライドでバランスを取り戻すことができるはずである．成果が得られれば，選手は直ちに操作を止め手首を元の位置に戻し，小勒の手綱だけを再び張り脚をゆるめる．

調教用具（ここではゴッグ）は頚と項の関節に作用する．頚の圧迫つまり頚のよくない曲がり（ここでは第3頚椎のところで頚を折り，項を下げる）を避けるため，次の方法を実行する．手綱をある程度短く持つことに加え，項革の留め金の穴を2つ詰めて最もよい位置に固定する．そうすると調教用具（ゴッグ）は鼻梁付近にのみ作用することになる．その結果頚は調和を保ちながら動き，き甲の両側の下部筋肉を膨らませ，上部筋肉に幅をもたせた状態になる．頚の上部3分の1のところで突起するのは，筋肉の欠如かよくない状態の筋肉によってできる過度の収縮を示している．

屈撓することで推進するのが難しくなる馬がいる．そこで，ゴッグは徐々に狭まる項の関節とそこに連結する背骨を適切な配置で組み合わせることによって整置を改善することができる．さらに，歩様の移行，姿勢を崩さない停止，駆歩発進および後退の習得までも簡単に手助けしてくれる．

すばらしい調教用具でも，その効能には限界があることを知るべきである．つまり，ゴッグを使っても，真の頚の起揚は不可能である．障害飛越では，ゴッグは正しいフォームと従順さを向上させることができる．走って障害を通過する繊細な馬は，ゴッグの柔軟さによって硬直させずに制御できる．選手は馬を速歩あるいは駆歩で小障害に導き，バスキュールのとき，常にコンタクトを維持する．調教用具でうまく誘導される馬は障害の飛越に自信をもち自由になれる．馬が緊張しすぎている場合は，拳を下げてゴッグの手綱を張るだけで飛越すればよい．調教用具は障害飛越を正しく成し遂げるため，馬にその正しいフォームを駆使させ，馬体を丸くするように促す．頚を下げて障害を通過する馬の姿勢は障害を飛越するために必要とされる姿勢ではない．たとえそれが特別な場合でできるとしても，110 cm以上の高さを飛ぶのは避けるべきである．なぜなら，馬は困難を避ける

写真29：ゴッグの手綱の持ち方．
　　　　ゴッグの手綱は下にあり，手首を縦に曲げることによって操作する．ゴッグのロープは，手首を開くとき，その運動を邪魔しないように，内側から外側に向かって銜を通す．

第1部　総合馬の調教

ために，き甲を持ち上げることよりもむしろ膝を上げ，折り曲げることをいち早く覚えるからである．

折り返し手綱は違った仕方で作用する．これはより強い頸を使って運動し，より大きく飛越することを可能にする．概して調教を進める過程で，ゴッグは折り返し手綱よりも先に使用され，この手綱がその成果を完全なものに仕上げる．それを胸の下かあるいは馬体の両側に取り付けることが可能である．それで得られる姿勢は調教が進むにつれて変化する．折り返し手綱は，頸を希望する方向に向けられる．たとえば馬体の伸長のために下方に方向づけたり，あるいは障害の通過や移行では姿勢を維持するために，頸を一定の方向に定められる．横木に向かっては，馬は目前の数ストライド手前で正常な状態を維持し，馬体を伸ばさずたわませたまま，障害飛越を終えざるを得ない．しかし，なお馬が正確な障害飛越の動きが感じ取れないならば，ゴッグを使って非常にやわらかいコンタクトで行う．

2ᵉ PARTIE
LA MISE EN CONDITION ET LA PRÉPARATION PHYSIQUE

第2部
コンディションの調整および身体の準備

第2部　コンディションの調整および身体の準備

トレーニングにおける生理学の基礎知識

　次章以下で詳しく述べるトレーニングに関する技術について読者にも十分理解していただくために，生理学の基礎知識について，まず説明したい．

　すべての読者を満足させることは難しい．そこで本書では，馬術のトレーナーの誰もが知っておくべき最低レベルの知識を述べるにとどめる．これらのデータが簡単すぎると考える専門家には，われわれが別途作成したより詳しいデータをご参照願いたい．

1. エネルギーを生む代謝の種類

　競技用馬のエネルギーおよび心臓血管の特性が，現代人のそれに非常に近いとされていることは周知の事実である．そこで，トレーニングの最新技術をさらによく理解するには，生理学に関する簡単な知識を思い起こす必要がある．

　筋肉が収縮するにはエネルギーが必要である．そのために，筋肉は細胞内に存在するアデノシン三リン酸（ATP）を利用する．しかしATP生成能力には限界がある．力を持続させるためには，エネルギー3系統すべてを使いながら，それらを統合しなければならない．

　それらは次のように区別される．

◆　非乳酸嫌気性回路：極めて短時間で非常にきつい運動が実施でき，障害飛越や競馬のスタートに絶大な影響力をもつ．
◆　乳酸嫌気性回路[*1]：極めてきつい運動を可能にする．そのエネルギー源はグリコーゲンの形で備蓄されている糖分である．そしてこの経路は酸素を必要としない．しかし，この過程で乳酸が生産され蓄積されるので，短時間で運動を止める．この過程は3000 m以下のレースで力を発揮する．
◆　好気性回路[*2]：酸素を必要とする．グリコーゲン，脂肪酸および前述の過程でつくられる乳酸塩も使う．この経路は始動に時間がかかる（3～4分．しかし調教された馬なら1分30秒）が，適度にきつい活力を非常に長く持続できる．耐久力のある馬の特権的過程である．

　総合馬はこれら3回路を使う（図17）．これらは次のように配分されていると考えられる．
◆　10%　　非乳酸嫌気性
◆　40%　　乳酸嫌気性
◆　50%　　好気性

　強調すべき点が多い．

[*1]　解糖系．
[*2]　クエン酸回路と酸化的リン酸化経路．

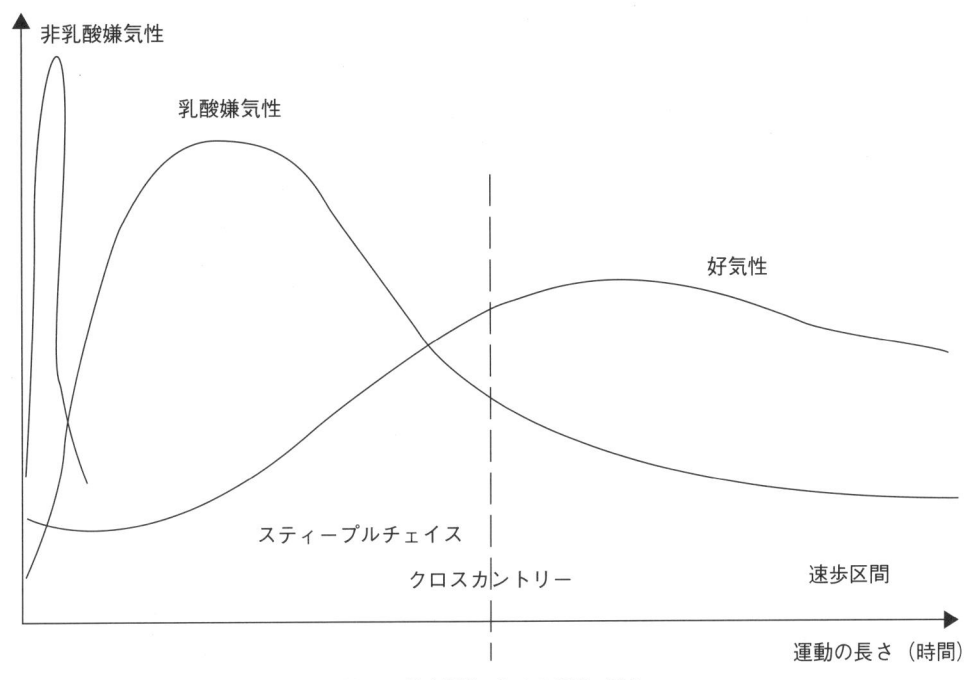

図17：筋肉運動における代謝の関与.

　好気性回路は最も経済的である．馬が好気性回路を利用すればするほど，乳酸過程の利用は少なくなる．

　好気性回路は絶え間ない酸素の供給と炭酸ガスの排除を必要とする．赤血球はその輸送を担う．その数量はトレーニングによって増加する．馬が若ければ大幅に減少する．より早く体内に酸素を循環させるためには，血液の流量を増加させる．それは（心）収縮期の回数と血液を送り出す量（心臓の鼓動ごとの）にかかっている．心拍動数は運動の負荷によってそのグラフの動きが変化する．ゆえにこれは好気性代謝の活動のよい証拠である．

　トレーニングは血液搬送の質と筋肉の活動効率を改善できる．同じ程度の活発さを繰り返していたのでは逆に心拍動数は下がる．馬が自分の最高の好気性代謝によって，最多の心拍動数に近づくとき，酸素の消費量は最大に達する．トレーナーは２つのことを追求する．つまり，最大の好気性パワーを発揮させること，および馬がかなりの期間パワーを維持し得るこの潜在能力の比率を上げることである．好気性能力といわれているのがこれである．

　逆に，好気性能力が需要に十分応じられなければ，運動中に課せられる負荷に耐えるため，嫌気性のシステムがその不足分をうめる．その結果，血中乳酸の率は増加する．馬体はそれを除去しようと試みる．血液にのせてそれを送り出すのだ．つまり，生じた乳酸は運動でさほど刺激を受けていない筋肉によって消費されるか，肝臓に送られグリコーゲンに変えられる．

したがって，血中乳酸と呼ばれている血液中の乳酸の秤量は，嫌気性代謝の刺激のレベルの，確実かつ間接的だが注目に値する反応を示す．

しばしばスピードという言葉で指摘されている一定の運動の負荷未満で，筋肉中でつくられる乳酸塩は直ちに，あるいは他の筋肉線維によって再利用される．したがって，血中乳酸は増えることなく，安定している．この閾値いわゆる〈嫌気性閾値〉[*3] 以上になると，バランスは壊れ，エスカレーションがはじまり血中乳酸が勢いよく増加する．

筋肉線維にはいろいろなタイプがある．
◆ 遅筋線維（type I）は強い好気性能力をもっている．この線維はエネルギッシュではないが疲れにくい．
◆ 速筋線維（type IIA および type IIB）は逆に強い嫌気性能力と弱い好気性能力をもっている．この線維は力強いが疲れやすい．そして多くの乳酸を生成する．生じた乳酸は遅筋線維に利用されたり，刺激が少ない場合（たとえば体力の回復中）には，この線維自身によっても使われる．

サラブレッドは多量の速筋線維（90％）を保有する．この比率は半血種の馬では下がる．乳酸の大量生産者である競走馬はトレーニングを通して，大量の乳酸を抱え込む習慣を身につける．しかし，成果に変化を及ぼすことはない．

要するに，速筋線維の好気性能力は特に血液流の増加によって，改善し得ることがわかった．けれどもその逆をすることは実際には不可能である．つまり純血種馬は耐久力を改善できるが，平凡な馬は決してスピードを出せる馬にはなれない．

2. トレーニングの効果

総合馬術競技の特徴は競技に対する耐久性が重要なことから，好気性回路は優先されなければならない．

まず好気性能力と好気性パワーの違いを見分ける必要がある．パワーとは自動車エンジンの〈排気量〉に当たる．筋肉は好気性最大パワーの活力を利用し，好気性システムの資源すべてを協力させることによって運動する．このような活力は4～6分間持続できる．つまり3000 mに匹敵する距離かそれ以下である．耐久競技のスティープルチェイスは好気性最大パワーに近い強さで行われる．

このパワーの重要性を評価するには，酸素の最大消費量を測定すればよい．これは肺が呼吸する空気の量ではなく，継続する息の流れとそれを利用する全能力の指標となる．

トレーニングは次のことを可能にする．
◆ 利用できる肺胞数の増加
◆ 血液中の赤血球による酸素搬送容量の増大
◆ 筋肉線維内の好気性代謝の効率化

これらの要素はいずれも，十分刺激されることを条件にその潜在能力を開発させることができる．そのうえ次のことがわかっている．まず，馬はトレーニングによって肺の容量を大き

[*3] 閾値：生体反応を起こさせる作用因の有効な最小値．

くすることが困難であること，および馬は歩様のリズムで呼吸するから競走馬の呼吸の頻度は非常に早く，限界に達する．したがって，求めるべき成果は酸素の連続搬送および最高の効率（たとえば最もゆとりがあり，経済的な歩法による）にかかっている．走行する距離に応じてこの酸素の利益がもたらされる．

馬：$\dot{V}O_2$ 最高 = 130 ml／分・kg [*4]
　　　$\dot{V}O_2$/km = 150 ml/kg・km [*5]

心拍動数210回／分で走行する速度のときに好気性最大パワーが発揮されていると推測されている場合が多い．

トレーニングを行えば，赤血球の数と心拍出量の増加によって酸素の搬送は容易になる．

トレーニング中に，骨髄が大量の赤血球をつくる．静脈からの採血による血球数測定法は，有益な情報を提供する．しかし，極めて弱いストレスが脾臓に作用することを認識しておく必要がある．つまり，この脾臓はストレス[*6]によって内蔵する赤血球の大部分を放出し，結果を狂わせるのである．一般的に，総合馬の赤血球は冬季は600万〜700万／mm³，シーズン中は800万〜900万／mm³と指摘されている．これらの数字とトレーニング中の競走馬の1000万〜1100万／mm³を比較する必要がある．

もっと大量の赤血球を循環させるためには，出量を増やす必要がある．それは心拍動数と収縮期の量（1回の心拍出量：心臓の鼓動ごとに排出する血液の量）にかかっている．スポーツ用馬の心拍動数には休息時の低い場合（30回／分）と最高のものまで幅がある．最高は225〜240回／分と考えられる．好気性代謝のもうひとつの特徴は運動の開始時（3〜4分）に影響を及ぼす不活発性である．トレーニングによってこの時間を半減させることができる．

さらに，好気性能力は，馬が一定の時間に発達させることができる好気性最大パワーの比率を表す．たとえば，高速度で走行するクロスカントリーにおける10〜13分，あるいは低速度で走行する速歩区間（ロード＆トラック）における30〜50分はそれぞれ異なる程度の好気性能力が必要となる．

平均的継続時間のトレーニングでは，巡行制の考え方が働く．つまり，この考え方は，馬にとって必要な好気性筋収縮の需要に応えるための十分な酸素補給と，ある程度の負荷に基づく必然的な乳酸の消費に通じる．典型的な好気性能力のトレーニングは刺激を受けすぎた筋肉線維から乳酸を排除し，搬出した後，それを利用することを馬体に習得させるのである．

下記事項を明確にしておく．
◆　好気性閾値とは，乳酸が生成されはじめる運動の負荷と同じ概念である．
◆　嫌気性閾値とは，生成される乳酸がその排除とつりあいがとれる運動の負荷の限界値と同じである．そのとき血中乳酸は，4〜12分の運動の間安定している．

[*4] 馬1kg当たりが1分間で摂取する酸素量が130 ml．
[*5] 馬1kg当たりが1km走る際，摂取する酸素量が150 ml．
[*6] 情動興奮または運動時にアドレナリンが放出され，これが脾臓を収縮させ，赤血球を放出させる．したがって，ここでのストレスは情動興奮および運動刺激ということになる．

好気性閾値は V_2 で記され，血液中に 2 mmol/l の乳酸を生成する運動の負荷に相当する．

嫌気性閾値は V_4 で記され，一般的に血液中の乳酸が 4 mmol/l であると認められている．トレーニングによってこのスピードは分速 10〜30 m 上がるだろう．

特殊なトレーニングを行わなければ，V_2 と V_4 は一般的に次の範囲にある．
V_2：分速 450〜510 m.
V_4：セル・フランセ：分速 500〜540 m,
　　　半血種：分速 540〜560 m.
　　　アングロアラブや AQPS：分速 560〜600 m.

体力が順調に回復できることは，トレーニングのレベルに応じて運動の負荷をうまく調整した証拠である．体力回復の指数を調査すれば，馬があらかじめ選択された適正なレベルにいるかどうかを確認することができる．指数の急激な上昇は，きつすぎる運動か，筋肉の緩慢な疲労の結果である．

この体力回復の指数として心拍動数が挙げられる．運動後，速歩で 1 分間走った後は心拍動数は 130 回／分以下まで下がるはずである．到達する数値は各馬によって異なり，したがって，これが正常な体力回復の目安となる．高い場合は現況の水準から見て，過度な運動によるもので，低い場合は運動不足を示す．

トレーニングが続くとき，エネルギーの備蓄が問題となり得る．好気性代謝は脂肪と糖分を消費する．運動がきつくなればなるほどブドウ糖の割合が増える．トレーニングによって筋肉線維の内部にますます糖質[*7] が備蓄され，特にそれらの利用率が改善される．

馬が新たな要求に応えるためには，良質の飼料が必要である．

耐久競技は好気性が重要なことを強く示しているにもかかわらず，総合馬は乳酸を生成する嫌気性代謝も働かせることができなければならない．つまり，好気性代謝の不足を嫌気性システムで補うことが必要となったとき，難しいトレーニングで強く刺激された馬は，この能力によって活力を出し続けることができる．

厳密な意味の好気性トレーニングは，馬の順応性を抑制する．ほとんど刺激のない準備テストで要求される程度の活力の開発は，馬の潜在的な能力でできる．しかし，非常に程度の高い競技や特に困難なこと（たとえば意地悪く作られ，また起伏の多すぎる経路），あるいは一時的な体調不良の時期（たとえば輸送，飼料あるいは寒さによるもの）に直面したりすると馬は新たな条件に適応できない．

一層きついトレーニングを経ることで，馬は自然にあるいは求めに応じて，さらに多くの乳酸を生成することによって不断の力を呼び起こすことを学ぶ．先行して好気性能力タイプのトレーニングを行うことで，馬は容易にかつ安全にこの新たな運動に耐えることができるようになる．

[*7] 炭水化物およびその誘導体の総称．

各トレーニングの合間における馬の体力回復は常に心配の種である。この回復については、基礎的な耐久力に関する2〜3ヵ月のプログラムで準備されている。この期間は速歩とゆるやかなギャロップをベースにした伝統的なトレーニングと多少一致するところがある。連鎖する呼吸器官全体を活気づけることによって、馬体に活力を出す準備をさせ、筋肉線維を取り巻く毛細血管網の質を向上させる。この事前の準備期間は不可欠である。これは次に行う特殊なトレーニング中に馬が必要とする体力回復のプロセスを改善する。

　各トレーニングを済ませた後、乳酸をよりうまく排除するには、体力を回復する運動の強さとその長さが最大限活用される。われわれが推奨するトレーニングでは、速歩が適切な歩様である。速歩走行では、生成される乳酸を筋肉が消費することによって、2倍の速さで排除できる。また馬が馬房に帰ってからは、飼料を効果的に与える必要がある。なぜなら、馬はこの間に大量の糖質を備蓄する能力をもっているからである。非常に激しく発汗する場合、最初に与える水の中に電解質を入れると、失ったイオンを補うことができる。

　このように訓練された馬は、自分にとって補足的な活力を供給することができる〈ターボチャージャー〉を高い巡行速度で利用する。つまり平均的な負荷で効率のよい体力回復を図ることができる。

3. 耐久審査のエネルギー・コスト

　科学的研究によって総合馬の競技に必要な活力に関する対応策が示された。この研究の対象は心拍動数の記録、血中乳酸の測定、および生化学の一定の要因の調整である。

　以下に示す心拍動数（Fc）の記録のなかで耐久競技の4区間に注目しよう（図18）。

　A区間のロード＆トラック（速歩区間）の心拍動数は約130回／分である。これは、選手

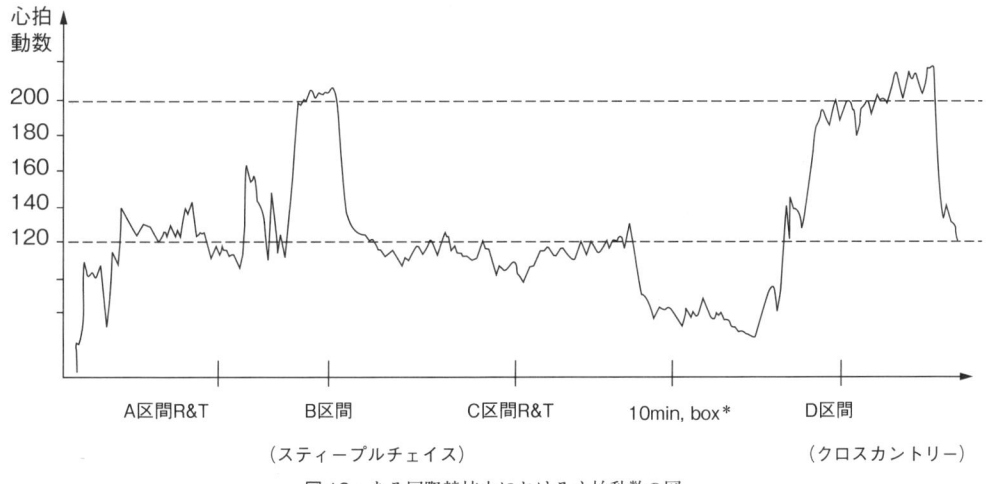

図18：ある国際競技中における心拍動数の図.
＊ 強制休養地点

がウォーミングアップを行うためギャロップをしたときのピークを示している.

　スティープルチェイスの高い心拍動数は, ペースが安定しているときは水平になるべきで, 平均して210回／分である.

　C区間のロード＆トラック（速歩区間）では, 心拍動数は急減している. 130～140回の間を変動している, つまり馬がトレーニング中に速歩で運動しているときより30回／分多い. この差はスティープルチェイスから元の状態に戻るために必要な補助的な活力を示している. そして,〈10 min, box〉の休憩に到達する. 停止し再出発のとき, 心拍動数は60～80回／分まで下がる.

　クロスカントリーでは, 心拍動数は疲れが現れるにしたがって, 徐々に上がる. 最高値に達し, スティープルチェイスを上回る. これはコースの距離ときつい活力を要した結果である.

　馬の調教や選手の巧みな技によって心拍動数の線形は変化する. 波乱に富んだコースで乱れがちな場合でも, まず馬が扶助にうまく反応し, 選手が巧みに難しい障害を乗り越えたときには調和の取れた線となる（図19）.

　よく訓練された馬の心拍動数の線形には, 起伏のあまり激しくないコースでは乱れが現れないはずである. つまり, エネルギーを生む刺激を同じ程度に維持するため, この線は一定の巡行リズムで支えられたに違いない. スピードは上りよりも下りがより速く, 心拍動数は傾斜地で乱れてはならない. 最終的に負荷を左右するのは複合する障害であって, グラウンドの起伏ではない.

　クロスカントリーを終えた後の血中乳酸は10 mmol/l が一般的である.

　馬が最初の準備プログラムの中に含まれている運動経路を走行するとき, 最終の血中乳酸は4～8 mmol/l である.

　シーズンのはじめで体調が最良の状態に達していない馬に多くを要求する場合, 血中乳酸はより高い数値, つまり15 mmol/l 以上に達することがあり得る. 運命を決する重大な局面で, このようなストレスにおそわれる馬は, 捻挫または腱の傷害を起こしかねない. そのとき大事に至らなくても, 数ヵ月後に悪化するであろう.

　森の中の曲がりくねったコースでの競技はスピードに限界がある. 体力の回復が容易であるこの森林コースの競技は過酷さが少ない. シーズンはじめにこれらを適切に選択すべきである.

　スピードを競う競技は非常によい運動になり, 選手権大会をめざす準備に組み入れればよい. 短距離で行われる競技（約3500 m）はエネルギーの基盤となる資源を使い果たすことはないので, トレーニングとして役立つ.

　技術的に難しくあるいは起伏の多いことから, 刺激の多い競技は, 国際大会と同様に特別な準備が必要である. 競技前のトレーニングは最長10日ないし15日に達する. そして馬が習

トレーニングにおける生理学の基礎知識

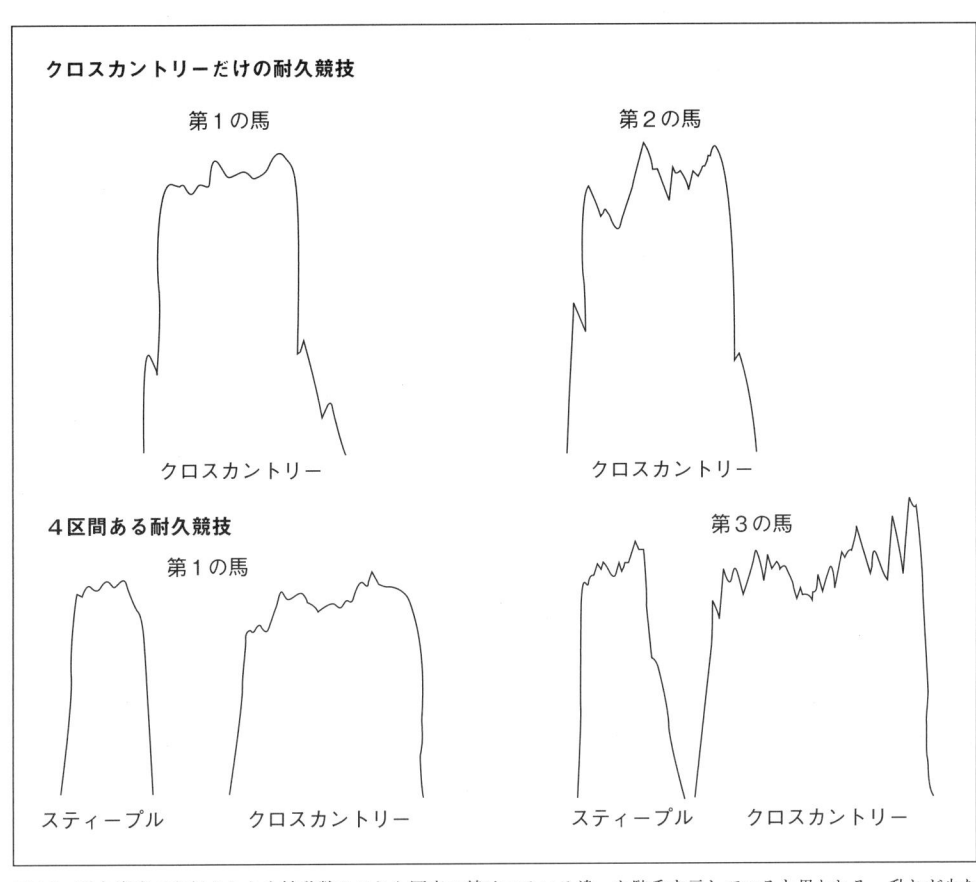

図19：耐久審査で記録された心拍動数のこれら図表の線はいろいろ違った騎乗を示していると思われる．乱れが少ない第1の馬の線はその選手が他者よりも無駄の少ない技術をもっていることを示している．

得した能力を保持しながら，疲れを残さないために，訓練をゆるめる．そうすれば馬は準備を整え，はつらつと走る．そして競技で求められる活力に十分応じられる力を出す．

スリー・デイ・イベントでは血中乳酸が平均でおよそ 10 mmol/l になる．これに対し，血液の流量に変化がないと思われる場合，乳酸塩の総生産量は確実に増加する．そのぶん体力回復の間に観察される減少率はさらに長く継続する*8．クロスカントリー後の2時間はなお，4 mmol/l である．そして次の日から減少率は高止まりになる（>2 mmol/l）．少し長い散歩程度の外乗をすればその除去は容易になり，休息時の数値（1 mmol/l 以下）に早く立ち戻る．

スティープルチェイスで消費した活力は 10 min, box に到達したときに，補われる．その血中乳酸は 1～2 mmol/l の間になるまで下が

---

*8 乳酸塩は，肝臓でグリコーゲンとなり再びエネルギー源として血液循環に戻っていく．この過程はコリ回路と呼ばれている．激しい運動下では酸素不足となり，乳酸の蓄積速度が，この乳酸の分解速度を超える（乳酸蓄積閾値）ので，減少率が小さくなる．つまり時間がかかる．

る．けれども，馬はエネルギー資源を使い，自分の元気を失っている．障害飛越に要する並外れた活力を馬に要求することは不可能である．

国際大会のクロスカントリーは距離もさることながら，単純なワン・デイ・イベントのクロスカントリーとは障害の数の多さにおいて区別される．エネルギーを生む能力の水準，つまり耐久力，抵抗力，スピードは最終的な段階で一層重要性をもつ．25の障害が非常に接近した3500 mのクロスカントリーだけの耐久競技における障害飛越では猛スピードのギャロップを出せない．巧みな障害通過が優位となる．飛越による1秒のロスは25秒のロス，つまり分速30 mのスピードの損失ないし半拒止に匹敵する．これに対して距離が2倍のフルコースの場合，このような減速は拒止を意味し，より多くの不利益をもたらす．これらの各競技間で共通して馬に同じ長所を発揮させるためには，クロスカントリーだけの耐久競技ではスピードを平均化するのでなく，タイムペナルティを増やす必要があろう．

結論をいえば，4区間あるフルコースはよく調教された馬にとって，十分我慢のできるエネルギッシュな活力が体現できる場である．

他方，短距離のクロスカントリーだけの競技は安定して走行できる．たとえ結果的に優れた騎乗技術であったとしても，外傷を引き起こすことのないように，準備運動をないがしろにしてはいけない．クロスカントリーだけの競技を安定して行うことはフルコース競技の準備に寄与する．しかしながら，フルコース競技は長距離トレーニングを行い不足分を補う必要がある．

競技会で肉体的に苦しむ馬は気力を失い，次の競技を怖がるだろう．

4. 試験室のデータ

われわれは総合馬の体調を評価し，かつトレーニングを監督できる人物に興味をもつ．

参考になる数値だけを考慮する．それらのなかで修正されたものについての説明は省く．そのような分析は臨床検査によるテストの結果に常々接している獣医が扱うことである．

結果は慎重に利用しなければならない．各研究所によって採用されている秤量技術が異なるので，結果にばらつきがあることを見逃してはならない．2頭の馬の間でも，微妙な程度の差はあり得る．

さらに，これらの結果は各々個別に考察してはならない．トレーニングを監督するなかで，採血の時間（運動の前もしくは後），そのときの馬のストレスの程度，外気の温度，体調，連日の運動および以前の総括的結果を考慮して解釈に幅をもたせる必要がある．

次に示す表は正常と考えられる数値を総括したものである．

トレーニングにおける生理学の基礎知識

血球数測定法					
赤血球容積率*：％	赤血球：100万／mm^3	白血球：／mm^3	血色素：g/l	VGM**：mu^3	CGM***：％
40〜50	7〜10	6〜8000	12〜16	50	30〜35

* ヘマトクリット（全血液中に占める血球成分の容積比％），** VGM（Volume Globulaire Moyen）平均血球容積（血球容積の平均値），*** CGM（Concentration Globulaire Moyenne）平均血球濃度（血球濃度の平均値）

白血球組成*					
顆粒球：％			リンパ球：％ 10〜20	単核球：％ 5〜10	単核細胞：％ 2〜5
好中球	好酸球	好塩基粒			
60	2〜4	0〜1			

* 血液1mm^3 中の白血球数

イオノグラム*					
カルシウム	塩素	マグネシウム	リン	カリウム	ナトリウム
112〜134 mg/l	3.4〜3.7 g/l	0.015〜0.2 g/l	25〜35 mg/l	107〜136 mg/l	3.2〜3.4 g/l

* 体液中の各種イオンの組成表示

タンパク質の電気泳動				
アルブミン*：％	総タンパク質のグロブリン**：％			
	$α_1$	$α_2$	$β$	$γ$
37〜44	4〜5	9〜12	18〜22	21〜29

* 生体細胞や体液中に含まれる単純タンパク質の総称，** 単純タンパク質群

酵素： UI/l*

骨組織：		PAL<40（アルカリ・ホスファターゼ：ALP：alkaline phosphatase）		
筋組織**：		正常	最高値	病気
	ASAT（GOT）	100	200	>400
	CPK	40〜100	400	>1200
	LDH	400	500	
	aldolase	9〜25		
肝酵素：（活力に結合）	SGPT	6〜10	20	>40

* International Unit，** ASAT（aspartate aminotransferase：アスパラギン酸アミノトランスフェラーゼ）：筋逸脱酵素，GOT（glutamate-oxaloacetate- -transaminase：グルタミン酸オキサロ酢酸トランスアミナーゼ），CPK（creatine phosphokinese：クレアチンホスホキナーゼ）：筋肉内の酵素，LDH（lactic dehydrogenase：ラクチックデヒドロゲナーゼ）：乳酸脱水素酵素，aldolase（アルドラーゼ）：六炭糖を2つの3炭素単位断片に開裂させる酵素，SGPT（serum glutamopyruvate transaminase：血清グルタミン酸ピルビン酸トランスアミナーゼ）

第2部　コンディションの調整および身体の準備

飼　料

1. 飼料の管理

　筋肉の原動力であるエネルギー資源は，筋肉自体の運動効率を左右する．総合馬の飼料は，馬がそのエネルギー資源から活力を取りすぎることなく，きついトレーニングにも耐えられるように，慎重に調整しなければならない．体重を快調に維持する必要がある．太りすぎて，無駄な体重を支えたり，逆にやせすぎで備蓄脂肪が足りないことがないようにする．

　さらに，輸送や競技でのストレスや，飼料の質の悪さ，トリートメントに対して注意を払うこと．

　馬の消化器官は特殊である．馬の胃袋は小さいうえに，その3分の2しか使っていない．飼付ごとに，わずか3〜4リットルの飼料を受け付けるだけである．余剰分は消化されない．胃液で十分処理されずに腸内で発酵し，疝痛を引き起こす危険がある．

　腸の各部は専門化されそれぞれ〈飼料のうち1種類〉だけ処理する．したがって，秣，顆粒物，穀類を混合するのはよくない．乾草は胃と小腸の中を非常に速く通過し大腸で処理される．したがって，乾草は穀物飼料の次に続けて与えてはならない．なぜなら穀物飼料は通常胃と小腸内で消化されるのだが，乾草はそれらが消化される前に外に押し出してしまうからである．穀物飼料と乾草は2時間の間隔をおいて投与しなければならない．

　疝痛を起こさないようにするためには，濃厚飼料の後に水飼を与えることも忘れてはならない．

　最終的に確認すること．消化管の運動機能[*9]は1日の飼料の量に対応する．したがって，秣はたくさん与えねばならない．しかし，トレーニングの際，筋肉組織は大部分の血を自分の役に立つように循環させる．そうなると消化作用は不完全になり，効率が悪くなる．乾草の投与ときつい運動との間は3時間あけるのが合理的である．

　競技の際，推薦される時間の割り振りは次の通り：7時30分飼付，8時30分運動，10時乾草，12時飼付，14時運動，16時飼付，19時乾草．

　飼料投与の方法は運動量と関連させて考える．運動の停止あるいは低減が予測できる場合，数日前から飼料の量を減らしはじめる．それに対して長期の休養を必要とする大きな国際競技会の後は，試合の次の日から，日々の飼

[*9] 筋収縮を引き起こしたり，協調させる神経器官の機能．

を徐々に減らしていく．馬が消費したエネルギー資源をまず元に戻すのである．すべての運動が予告なく突然中止された場合，1日分の濃厚飼料（穀物または顆粒物）の量を減らす．その代わり乾草を大量に補給する．通常は，休息の日でも，1日分の飼料は普段通りで，特に乾草は十分与えなければならない．

月曜日の疝痛は，運動量が減ることよりも，むしろ次の理由で多く発生する．つまり，土曜日の朝は，寝わらを掃除する人手が足らない場合がしばしばあり，日曜日は飼料や秣までも減らされ，馬は退屈して糞尿で汚れた麦わらを食べるからである．

秣の質にはいろいろある．ほとんど麦わら同様の価値しかないのもある．一方，クロ地方（Crau）の牧草[*10]やウマゴヤシのようにエネルギーを生むのに良質なものがあり，たいして運動をしない馬にはたくさん与えないようにとむしろ注意されているほどである．現在では，乾草を数時間水に浸した後，ヘイネットに入れて馬に与える傾向がある．こうすればアレルギー反応が出にくくなるようだ．ヘイネットを使うとその消費量が管理され，無駄が少なくなる．高いところにつるしておけば，空になっても馬が寝転がって網に肢を取られることはない．

輸送の際，乗り継ぎを容易にするため，馬の腸を満たしておかねばならない．また，トレーニング中の餌は秣がかなりの割合を占める．しかし，乾草は水がたくさん必要で，胃をいっぱいにして重たくなるので，耐久競技の前日と当日の朝は供給量を控えること．

穀類を過剰に与えるのは危険である．これが負担となり競技中，特にC区間の後，筋肉炎（筋肉細胞の破壊）を引き起こすことがある．飼料係が割合を設定するがそれを超えてはならない．

総合馬はやせていてはいけない．脂肪の備蓄が少なすぎると，筋肉の鍛錬中に脂肪や糖分の利用が制限される．高度なトレーニングでは競技本番のときよりも，備蓄されたエネルギー資源を多く使うことを知っておくべきである．配合飼料の成分中の脂肪が不足すると，植物油，特にブドウ種の油を補充する[*11]．馬体重は馬の健康状態およびトレーニングや競技に対する餌の処し方についての，非常によい指針となる．

2．1日の飼料の計算

馬の要求に応えるために，与えねばならないものは次の通り．
◆ 砂糖（糖質）と脂肪（脂質）[*12]の状態でのカロリー
◆ 細胞の成分をつくり出すための窒素系有機物
◆ ミネラル
◆ 細胞の活動を調整するビタミン
◆ 運動し，排泄し，体温を調整するための水

[*10] 南仏，ローヌ川下流のデルタ地帯．秣用牧草地で有名．

[*11] 一般的にフランスでは，配合飼料（規格品）を各馬に一定量与える．運動が激しくて配合飼料に含まれている脂肪分だけでは不足する場合，馬はやせる．そこで，ブドウ種の油などを補充してやる．

[*12] 糖質やタンパク質とともに生体を構成している主要な物質群．

1日の飼料を評価すると，
- UFC（unité fourragère cheval）：馬の飼料単位，この単位は大麦1 kg（＝2700 cal）の消費に相当する*13.
- MADC（matière azotée digestible cheval）：馬用の消化のよい窒素を含むもの．より明確にいえば，馬の消化能力を働かせる物質である．

各飼料にそのUFC（またはMADC）が加えられて，1日の飼料となる．

1日の飼料は，馬体重と，時間や負荷を勘案した運動量に応じて，体力維持に必要なエネルギーを供給する．

馬体重は直接計量台で量るか，次の数式によって得られる．
$$P = 4.3\,Pt + 3.0\,H - 785$$
Pは馬体重（kg），Ptは胴周り，Hはき甲の高さである（cm）．

500 kgの馬の体力維持に必要なもの．
4.2 UFC，300 g MADC
100 kg増加するごとに，0.5 UFC，30 gMADCを追加する．
- 散歩程度の外乗には0.5 UFCを追加
- フラットワークまたは速歩走行：0.5〜1 UFC および 100 gMADC
- 特殊運動（障害飛越）：1〜2 UFC および 250 gMADC
- トップレベルの競技馬または多くの競技に参加：2〜3 UFC および 430 gMADC

あなたの馬に毎日与えねばならないエネルギーはこのように計算すればよい．

次の比率で秣と穀類を分ける．
- シーズンオフの運動：秣 70%，穀類 30%
- 通常の運動：秣 50%，穀類 50%
- 競技馬の運動：秣 30%，穀類 70%

ミネラルとビタミン投与の不均衡は重大な影響を及ぼす恐れがある．配合飼料の回数が少なくて伝統的方法で飼料を投与する場合や，馬の発汗がひどい場合（トレーニング，競技会など）には，特に気を配る必要がある．岩塩を使ったり，飼料の中に電解質の添加物を入れるとその不足を補うことができる．

カルシウムとリンの比率 Ca/P＝1/5を尊重すべきである．不均衡は他のミネラルの吸収を妨げる．カルシウムの欠乏は人工カルシウムで補充したり，秣の飼料を増やすことによって補うことができる．逆にからす麦はこの不足を増大させる．

完全な飼料は次の目安を満足させる必要がある．
- セルロース 13〜15%
- 窒素を含む物質 12〜13%
- 脂肪性物質 3〜5%

要するに，馬にビタミンCを与えることは無駄である．馬はその欠乏を示していない．また，きつい運動の前に早々と砂糖を与えるのは危険である．

---

*13 大麦1 kgが有する牛乳などの生産効果を1飼料単位とする．

運動部位の治療

　総合馬の運動部位の故障（骨折，捻挫，脱臼や靭帯，腱，関節などの障害）は，トレーニングや競技において日常茶飯事であると病理学上認めざるを得ない．

　一般に，診断は最新の検査方法（放射線医学，エコー断層撮影，サーモグラフィー*14，カメラ，赤外線，シンチグラム検査*15，関節鏡検査法）を駆使することで，獣医の診断の力量を引き上げている．実務経験を必要とする内科や外科の治療もまた獣医の力量による．

　とはいえ，選手は病理学の一定の基礎知識に通暁すべきである．選手は自分の馬に対し，正しい検査を確実に行い，かつ馬の競技生活を守るためにもこれらの知識を必要とする．運動部位への優れた監視の目が，病巣の早期発見と高い確率での治癒を保証する．選手はこれらの情報やすばやい応急手当を習熟する以外に，馬の選択と利用に関するルールを知っていなければならない．

1. 骨と腱

　四肢の運動を司る筋肉は腱を介して骨に付着する．骨は靭帯によって互いに連帯している．腱はあまり伸長性のない線維質で構成されている．推進および着地運動の際の伸長は筋肉によって行われる．腱は非常に長くて，それぞれの筋肉から遠く離れた骨に付着することができる*16．浅指屈筋腱は第2中手骨に固定されており，深指屈筋腱は蹄の内部の第3中手骨に固定されている．一定の伸張によって手根骨と橈骨の小靭帯のように，それらを直接骨に連結しながら，しかしその遊びを少なくすることで腱はさらに強くなる．これは筋肉の疲労を抑制する（写真30）．

　関節は自由度，つまり可動性の度合によっていろいろなタイプがある．骨はその程度にあった形で軟骨に覆われている．その軟骨の上にさらに滑膜が付着している．多くの脈管を含むこの膜は，擦れ合う軟骨の動きを滑らかにする液体を分泌する．関節靭帯はしっかりとこの構造を維持する．柔軟な組織（筋肉，腱およびそれらの滑膜，結膜，腱膜など）は多くの脈管を含み，複雑な神経が分布している関節を取り巻いている．

---

*14 物体，生体の表面温度の分布を色別の画像で表す方法．
*15 放射性同位元素による器官影法．

*16 腱は一方の端が筋肉，他方の端が骨にくっついている形をとっている．長いものは2～3個の関節や骨をまたぐこともあるので非常に長い．

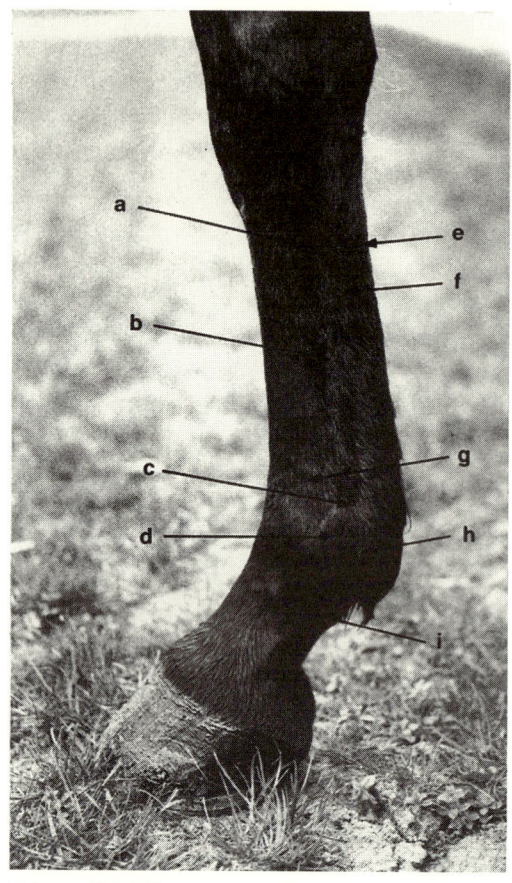

第2部　コンディションの調整および身体の準備

写真30：腱と靱帯.
　　a：手根小靱帯の位置, b：球節の中骨間筋（繋靱帯）, c：中骨間筋（繋靱帯）分岐, d：中骨間筋（繋靱帯）, 総指伸筋への連絡腱, e：浅指屈筋腱, f：深指屈筋腱, g：小中手骨端, h：種子骨上の中骨間筋（繋靱帯）の付着点, i：種子骨靱帯.

2. 炎症

われわれは，下記の2つの理由から炎症の現象を説明することが非常に重要だと考えている．

◆ 頻繁に起こる．つまり衝撃によってすべての組織，部位が調子を崩すたびに炎症を起こす．

◆ できるだけ早く，これを探知し，完治に努めることが重要.

　外傷性傷害（打撲傷，筋の伸張，肉離れなど）に引き続き，関連組織内における血液反応によって熱をもつので，炎症であることがわかる．やがて損傷を受けた箇所は多かれ少なかれ腫れ上がり，炎症性浮腫になる．組織の血管構築[*17]の程度や病変部の症状に応じて，細胞が瘢痕組織をつくるための態勢を整える．

　健全な組織は，炎症の具合によってその数が変化し，質の劣化した組織にとってかわられる．この硬化性組織は次のような特性を現す．

◆ 弾力性はなく，線維が乱れ，もはや健全時のように，基本構造に従っては動かない．逆に伸張性が不足することで，新たな障害を増やす危険がある．

◆ 脈管が少なくなる．このことは血流を妨げる．これは脈管のトラブルによる再発の最も重要な原因のひとつである．

◆ 乱れた線維組織の内部に癒着現象が起こる．これは他の線維組織との関連や隣接する腱組織との間で，腱の遊びを抑えることにつながる．

　その恒常化を防ぐために早期に手を打つことが重要であると考えられている．

[*17] 生体のある部分の脈管の分布や密度，あるいは脈管の形成や発達のこと．

3. 検査

検査

検査は毎日行う．まず，馬房で四肢の局所的腫脹すべてに注意を払う必要がある．次に歩行にぎこちなさがないことを確かめるために，曳き馬で常歩と速歩をさせる．

触診

触診は検査のあとすぐに行う．その目的は炎症（腫脹と熱）の局部的兆候を明らかにするためである．蹄から膝まで触診する．過去の病変部に関する知識はぜひとも必要である．つまり，（四肢の）骨瘤，腱肥大，線維症などである．一般的に〈自分の馬の肢に関しては用心深くなることを習得する〉のが望ましい．この触診を定期的に行うことは，観察すべき兆候を客観的にとらえることにある．なかには，ある種の運動や外気の状態にわけもなく反応する馬がいるからである（写真31）．

触圧診

触圧診は痛みの存在を明確にできる．球節の腱や中骨間筋（繋靱帯）に傷がないかどうか検査するため，四肢を地面に付けた状態，それから前膝を曲げた状態で診察する．この位置は2つの腱の全長をそれぞれ個別に診るためである．管の中間に特に敏感な部位があり，そこは圧迫に対し馬が反射運動で防衛反応するということを忘れてはいけない（写真32）．

フレキションテスト

球節は曲げることが重要である．肢を曲げて，膝に支点をとり，蹄を上に反らす．このテストは，馬の左右の反応を比較するため双方の

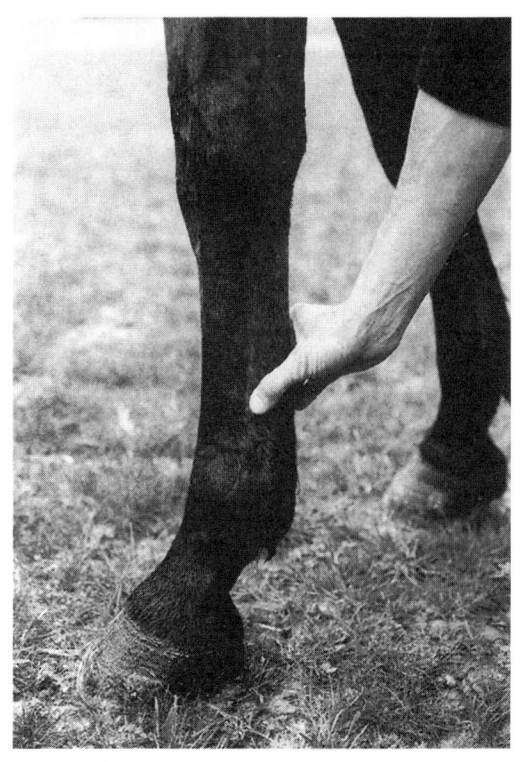

写真31：肢の検査．
各腱はその全長について，深指屈筋腱と浅指屈筋腱の溝と球節のまわりの中骨間筋（繋靱帯）の付着点を含め，検査する．

前肢について行わねばならない．テストはデリケートなので，専門家が行うのが望ましい（写真33）．

すべての怪我は腱の組織の〈脂肪分〉を一層増やすので，蹄の熱を検査し，思わぬかすり傷や毎回非常に痛みを訴える亀裂[18]の存在を調べておくよう留意する．

4. 治療

馬に何か疑いがあれば，その都度休ませて獣

---

[18] 馬の肢の繋の部分にできる炎症性の亀裂．

第2部　コンディションの調整および身体の準備

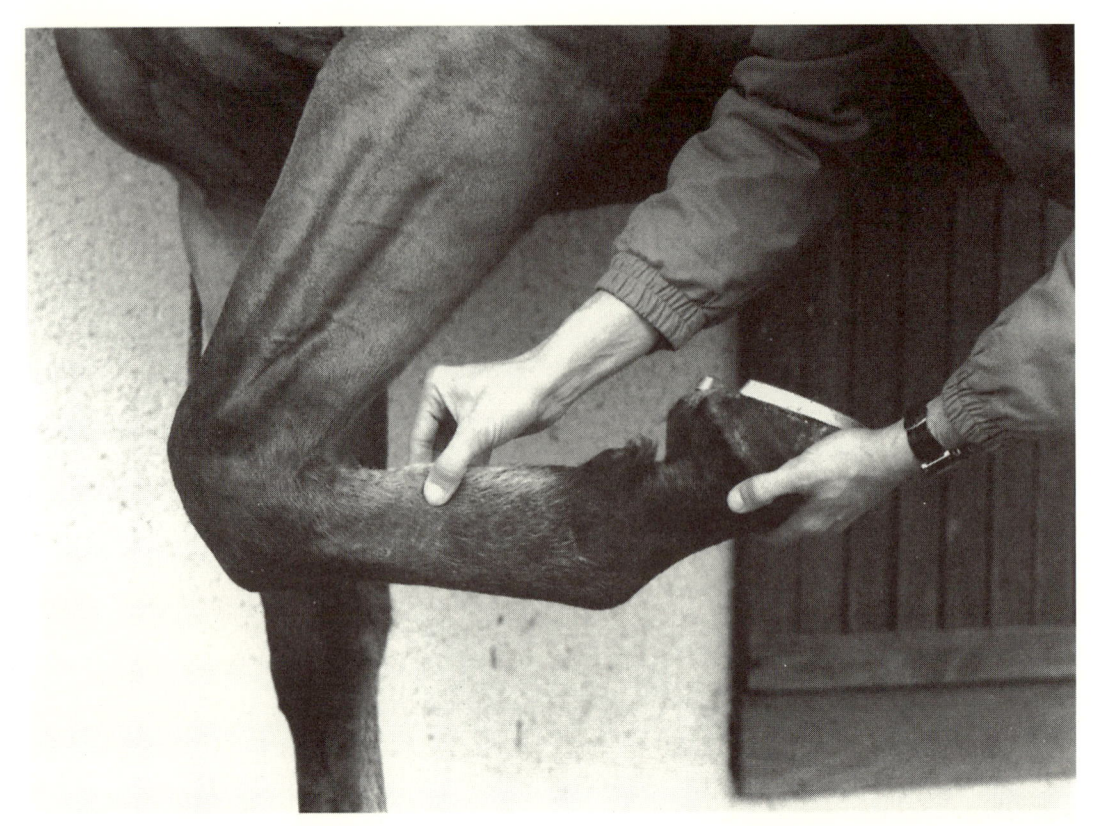

写真32：各腱の触診.
触診は深指屈筋腱と浅指屈筋腱を区別して，双方を十分検査することが可能である.

医の診察を受けさせる．章末の表はすべてではないがよくある損傷のリストである．

5. 予防措置

　馬に関する一定の要因は運動部位の事故に影響する．

＊遺伝
　弱い組織をもつ馬の血統がある．生気のない牝馬を計画的に生産するのは誤りだということは，容易に理解できる．

＊構造
　繋の寝た馬はよく腱の故障に見舞われる．外向肢勢や内向肢勢の馬は球節の中骨間筋（繋靭帯）が損傷の危険にさらされる．

＊年齢
　若馬の骨格は特にもろい．5歳になるまで，無理に服従させてはならない．

　影響の強いその他の要因は周囲の環境に深くかかわっている．

＊飼料
　質的あるいは量的に不十分な飼料は，運動部位のトラブルの原因になる．ミネラルの欠乏やその補充に気を配る必要がある．

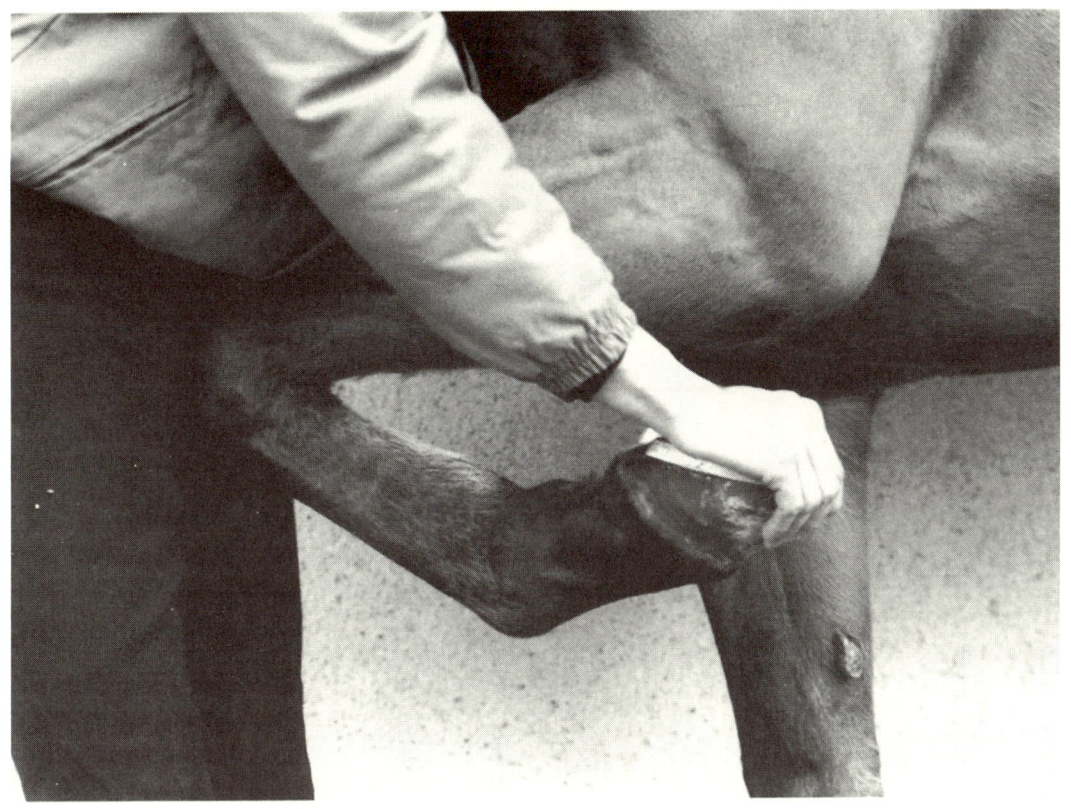

写真33：球節の感覚能力の検査（フレキションテスト）．
このテストは，馬が驚き，習慣的に抵抗しないように慎重に行うべきである．

＊装蹄

　自然の肢勢や蹄尖上の足の長さは重要視しなければならない．深指屈筋腱や球節の中骨間筋（繋靱帯）をそれぞれ刺激する鉄臍[*19]／蹄踵[*20]を上げたり，下げたりすることは装蹄師と獣医が協議のうえ，決定する事柄である．この修正を馬体には無害と軽く考えてはいけない．

＊外傷性傷害

　優れた予防策を講じることでほとんど避けることができる．

＊土質

　泥深い，べとべとした地質は腱部位を傷害の危険にさらす．乾いた土地は骨‐関節部位を刺激する．でこぼこの土地は腱や繋の中骨間筋（繋靱帯）を損傷する危険性を増加させる．ゆえに，ギャロップのトレーニングは整地され，手入れの行き届いたある程度やわらかい地面で行う．

＊運動

　スピードを出す運動では浅指屈筋腱の捻挫を起こす危険が多い．馬の飛越力を養う運動は深指屈筋腱を刺激する．上手なウォーミングアップと優れた運動は，筋肉の不適切な酸素療法による痛みを伴う痙攣を避けるのに役立つ．多く

[*19] talon：Ｕ字型蹄鉄の両端．
[*20] ひずめの最後部．

第2部　コンディションの調整および身体の準備

構成	損傷の部位	臨床所見	初期の手当（常に休養）	予後診断
◆腱： ※浅指屈筋腱：	※橈骨小靱帯 ※腱の本体 ※浅指屈筋腱の輪とゴマの実の形をした大型の腱膜の膨張	非常にきつい跛行，患部の肢に体重がかからない状態 軽い腫脹（鱒の腹），患部の症状の程度により熱か痛みをもつ 球節の真上の変形	※出血およびリンパ液の集中を止めるため氷で冷やす（2時間）．この集積を軽減し，瘢痕組織の生成を抑える ※液体類の集中を防ぐため包帯で圧迫する．30分ごとにゆるめること ※24～48時間継続的に包帯をする．綿の包帯で3～4重に巻く ※6～8日包帯をして石膏で固める．血行を止めないようにし，球節全体に包帯を巻く ※抗炎症性パップ剤 ※抗炎症薬	非常に深刻 問題は損傷の部位よりも病状の深刻さにかかっている
※深指屈筋腱：	※手根骨の小靱帯 ※腱の本体	膝の下の感覚と腫れ 概して散在性または目立たない跛行患部の症状の程度による熱か痛みを伴う軽い腫脹（鱒の腹）	同上 注意：この損傷は頻繁に貫通腱の病変部と結びつく 跛行は散在性で，鬱血はわずかである．手当の経験が豊かでないものは病変部を見逃す この腱は血管が非常に少ない	回復期は長い 回復期は長く，予後はよくない
◆靱帯： 　球節の中骨間筋 　（繋靱帯）	※膝の下の付着点 ※靱帯の本体 ※2枝の分岐点 ※種子骨の上の付着点	ひどくなる可能性がある跛行，熱，痛み，2～3cm腫れ上がる	同上 注意：実はこの靱帯は骨間筋肉である．これにかかわる血液循環は腱よりも活発である	治癒は早い
◆靱帯： ※中骨間筋（繋靱帯） 　総指伸筋への連絡筋 ※種子骨	※長さ全体 　（繋から管まで） ※種子骨の下部から繋の後部の数点まで	腫脹	※包帯 ※抗炎症パップ剤 ※抗炎症薬 同上 注意：神経が非常に分布していて，血管がほとんどない	 非常に痛む 治療は長引く
◆骨瘤	※骨膜の炎症	熱，痛み，しこり	同上	損傷の部位による

の屈腱炎や腱断裂は痛みが原因である．

＊介入疾患

　腺疫*21と腱の局在性寄生虫は運動器官の事故を助長する．

＊脈管の原因

　心臓性呼吸疾患は筋肉の疲労を助長する．過去の病巣に起因する瘢痕組織の不十分な洗浄は再発の危険を高める．

---

*21 特に仔馬の連鎖球節菌属による伝染病．

トレーニングの基本的技術

　現在まで受け継がれてきた方法は次の4つの範疇に分けられる．
- 競走タイプのトレーニング
- ショート・インターバル・トレーニング
- 長距離・トレーニング
- ロング・インターバル・トレーニング

　トレーナーは客観的管理方法によらないで，自分の観察能力を信頼していた．トレーナーの経験，気質，および自分が調教を手がけた馬の性質が自分の調教技術の選択に影響を与えた．たとえ的確さが不足していても，これらの方法で，大競技会をめざす馬の調教ができた．われわれはこれらの創始者の考えを変えることなく，客観的にまず提示する．そして，それに代わる現在の方式を説明する．

　われわれはトレーニングを，スティープルチェイス用の馬のトレーニングに近い方法，短い間隔をおく運動，継続する運動，長い間隔をおく運動に区分する．次頁の表はそれぞれの方法の主な段階の要約である．トレーナー全員が自分のトレーニング法を書いているのではないが，その精神を歪曲することなく，すべてをひとつのファミリーにまとめあげることは可能である．

1. 競馬のトレーニングに類似する運動

　第2次世界大戦後，発展した馬術は，総合馬術競技の軍人選手から gentleman-rider（アマチュア選手）に転向した者の過去の物語であり，当然その証でもある．

　競馬と同じく，馬は毎日の〈運動〉のなかで500〜800 m のギャロップ走行をしている．稀にしか立派な走路が使えない場合は，ギャロップは週2回に減らす．スピードは分速400 m を 600 m に上げ，1000〜1500 m を走行する．

　この最初の1ヵ月が過ぎると，〈インターバル〉運動をはじめる．これは馬が激しい運動後に体力を回復させようとする心臓の働きを利用し，心臓血管の容量を発育させるためである．つまり，最高速度で500〜800 m のギャロップ走行を2度，その間に3分間の常歩運動を入れて行う．このトレーニングは非常に良い走路で体重の軽い選手が週1回行う．

　競技前1ヵ月の最終準備期間では次のテストから始める．馬は3000 m の最後の300 m を分速700 m のスピードに加速できなければならない．この場合，週2度の軽いギャロップを含む体力維持運動で綿密な準備をすれば十分である．そうでなければ，5日ごとに，800 m を最高速度で走行する必要がある．

第2部　コンディションの調整および身体の準備

1960年から現在までのトレーニング

トレーニングのタイプ：	"競馬馬"	ショート・インターバル	長距離	ロング・インターバル
期間	1960〜67	1970〜74	1974〜78	1967〜70
トレーナー	(不在)*	M. コシュネ (M. Cochenet)	C. E. レフラン (C. E. Lefrant)	ジャック・ル・ゴフ (Jack Le Goff) 1978 J. P. バルディネ (J. P. Bardinet)
コンディションの調整				
期間	1ヵ月	1ヵ月	2ヵ月	6週間
運動のタイプ	限界速度	ショート・インターバル	長距離	ロング・インターバル
回数	1度/週	毎日	規則的に	5日ごと
速度	最高速度	分速400 m	分速350〜400 m	分速400〜450 m
距離	500〜800 m×2回	1分×5〜16回	20〜30分	3〜5分×3回
体力回復	常歩で3分	常歩で1〜1分30秒分		常歩で3分
最終調整	**			
期間	1ヵ月	2〜3ヵ月	1ヵ月	6週間
運動のタイプ	限界速度	ショート・インターバル　長距離	長距離	ロング・インターバル
回数	15日間に3配分	週1回***　　週1回***	週2回	5日ごと
速度	最高速度	分速600〜700 m　分速300〜400 m	分速500 m	分速400〜450 m
距離	800 m	2〜5回　　　　12〜15分	15〜20分	3回
		500 m		(5〜7, 8分)
体力回復		2〜3分		常歩3分

* シュヴァリエ将軍作成のプログラム
** コンディションの調整運動が不十分な場合
*** 週の残りの日，馬はコンディション調整運動を続ける

2. ショート・インターバル・トレーニング

　これは，疲れを抑えるため，運動の時間を細分するという考え方である．つまり，走行の時間を短くし，完全に体力を回復させる時間を間に入れて，再度走行するという考え方である．

　体力の回復は停止の状態で心拍動数を計ることによって判断する．馬が〈正常な〉脈拍に戻ったときにのみ，新たなセッションを再び行う．大量に発汗した場合，持久力トレーニングは終わりにする．

　コンディションを調整する，一息入れる，スピードを出す（心筋強化），これらをそれぞれ区別する．

　コンディションの調整は毎日，断続的運動によって行う．つまり，馬は分速400 mで1分間ギャロップを行い，1分30秒常歩で歩く．このセッションの回数は最初の1ヵ月間で，徐々に5〜16回に増やす．1日のうち2回目は技術の向上を目的としたトレーニングを行う．

　1ヵ月後，この運動は1週間を通して継続して行うが，ただしそのうち2日を除く．1日は休憩に，あと1日は筋肉の調整に当てる．つまり，深く呼吸をするように，分速350 mで変化に富んだ不整地にて12〜15分ギャロップを

行う.

　心臓の筋肉を発達させスピードを出す運動のため,馬は分速600〜700 mで500 mの走行と,その後2〜3分間の常歩運動のセッションを行う.その回数は徐々に2〜5回に増やしていく.体力回復の時間は短くする.

3. 長距離トレーニング

　スピードを速めてトレーニングを行った時期があり,その後おそらく反動で,スピードを落とした継続運動が現れた.これはフランスで神経質な馬のトレーニングとして今でも奨励されている.この方法の創始者たちは,要求されるスピードが現在よりも遅かった時代に現役であった.

ローマ1960：
　　スティープルチェイス　　分速600 m　3600 m
　　クロスカントリー　　　　分速450 m　8400 m
ソウル1988：
　　スティープルチェイス　　分速690 m　3105 m
　　クロスカントリー　　　　分速570 m　7410 m

　いくつもの違った方法がある.6〜8分間の遅いギャロップ（分速350〜400 m）の運動からはじまり,それから徐々に時間を延ばし,最終月の月末には,低速ギャロップで20〜30分間に達する.

　フォースターレベルの国際大会の準備では,数人の選手がピッチを上げた.彼らは自分たちの馬を分速500 mで8000〜12000 m走破させた.この運動を4日ごとに繰り返す.

　他の手法は低速で長距離の運動をよりきつい運動と組み合わせている.下準備の時期に,馬に分速350 mで20〜30分ギャロップをさせる.次に毎週のギャロップは,分速350 mで15〜20分に短縮し,分速650 mで速くて短い走行と交互に行う.神経質な馬には,この準備運動の分速を400〜600 mに上げながら,2000 mの中間的運動におきかえることができる.

　ファートレック[*22]も手法のひとつである.変化の多いグラウンドで長くギャロップを行うことが主題で,選手は地面の起伏がどうであろうと自分の馬が疲れすぎないで自由に維持できる速度を守る.これらの負荷量の変化は心臓血管システムの効率を改善する.

4. ロング・インターバル・トレーニング

　このトレーニングは現在最も多く実施されている.長距離と同様に,スピードは一定で,速くない.しかし外国,特にイギリスではこの運動は最後にスピードアップして終わる.

　特殊なトレーニングは,馬が常歩や速歩で楽に1時間半を走行するようになってからはじめる.ギャロップは5日の間隔をおく.翌日,馬を2〜3時間常歩で散歩させる.

　いろいろなトレーナーが次に掲げるギャロップで締めくくるプログラムを提案している.

[*22]［英］fartlek：中・長距離トレーニングの訓練方法で緩急スピードを取りまぜて行うもの.

第2部　コンディションの調整および身体の準備

- 10分×3回　分速400 m（アメリカ方式）
- 7分×3回　分速450 m（フランス方式）
- 6分×3回　分速400 m，第2走行の最後 分速550 m，第3走行の最後 分速650 m（イギリス方式）

各走行はすべて3分間の常歩で区切る．この体力回復は，小刻みの速歩をする神経質な馬にはいつも受け入れられるとは限らない．そこで，長距離が好まれる．

馬はギャロップ後，1時間常歩で散歩をする．そして翌日は2～3時間散歩する．

最終のギャロップはクロスカントリーの競技の8～10日前に行う．

準備の例：下記表を参照

われわれはジャック・ル・ゴフを紹介せずに，この章を締めくくるわけにはいかない．彼はアメリカチームを世界的に最も高い水準に引き上げた方法を開発した人物である．

以前の方法に比べ重要な相違点に気が付く．
- 競技のスピードに特殊な運動を登場させる．また体力回復の時間を徐々に短縮する．
- 競技への調整が終わりに近づくと，馬を競技と同じ距離を2度走行するように仕向けていく．

例：非常にレベルの高い競技の15日前，次の運動が必要となり得る一例：
- 分速400 mで3500 m，休憩2分
- 分速500～600 mに上げて，2400 m，休憩1分
- 分速600～700 mで，1600 m

- クロスカントリーのみ含む競技：

競技のレベル別	県大会	地方大会	全国大会
運動の時間	1～1時間15分	1時間15分～1時間30分	1時間30分～2時間
週1度のギャロップ	5分×1回	3分×3回	4～5分×3回
スピード	分速400 m	分速400～450 m	分速400～450 m
常歩の体力回復	3分	3分	3分

- スティープルチェイスとクロスカントリーを含む競技：

レベル	選抜競技，国内選手権，国際CCI*	国際大会CCI**
ギャロップ1：	[地方段階の競技と同じ]	4分×3回　分速400～450 m
ギャロップ2：	[地方段階の競技と同じ]	4分×3回　分速400～450 m
ギャロップ3：	3分×3回　分速400～450 m	5分×3回　分速400～450 m
ギャロップ4：	3分×3回　分速400～450 m	5分×3回　分速400～450 m
ギャロップ5：	4分×3回　分速400～450 m	6分×3回　分速400～450 m
ギャロップ6：	4分×3回　分速400～450 m	6分×3回　分速400～450 m
ギャロップ7：	5分×3回　分速400～450 m	7分×3回　分速400～450 m
ギャロップ8：	5分×3回　分速400～450 m	7分×3回　分速400～450 m
ギャロップ9：	4分×2回　分速400～450 m	5分×2回　分速400～450 m

ギャロップ5，6，7，8の第2セッションのあと，大きなストライドが要求されることがある．

非常に複雑なこのプログラムは個性的である．トレーナーとして豊富な経験をもち，各馬を知り尽くしていなければならない（図20）．

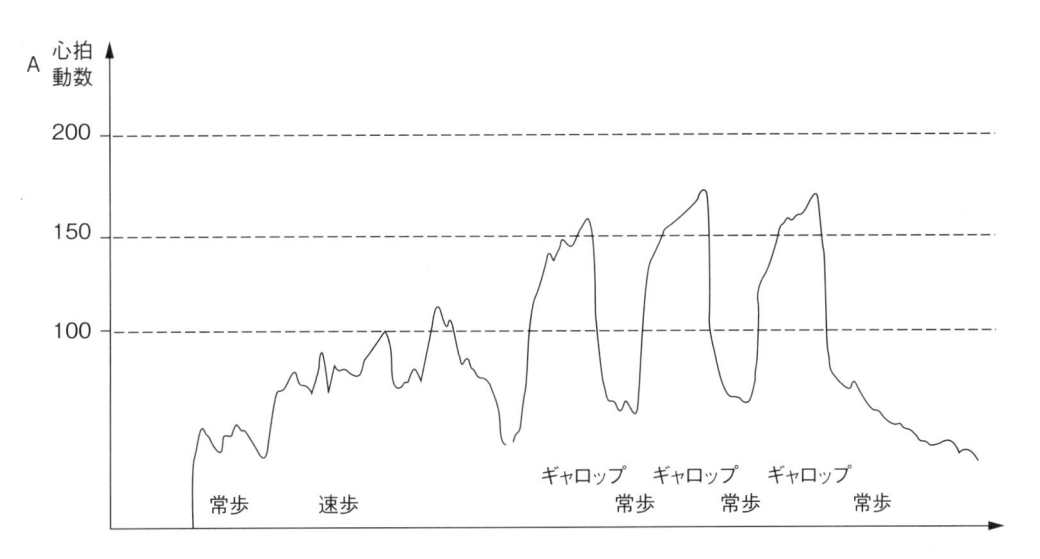

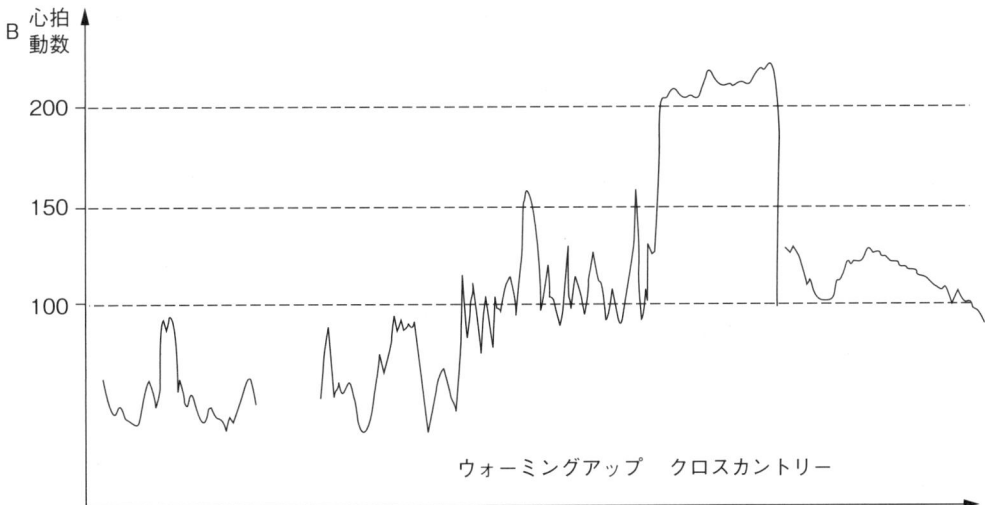

図20：特殊ではないトレーニング．
A：ロング・インターバル・トレーニング（5分×3回　分速400〜500 m）中の程度の高い馬の心拍動数の記録．血中乳酸は概算2〜3 mmol/l.
B：8日後．国内競技レベルにおける同じ馬の心拍動数の記録．
実施されたトレーニングは競技をめざしているがそれほど特殊なものとは思われない．そのうえ到着地点における血中乳酸は非常に高い：21.2 mmol/l.

第2部　コンディションの調整および身体の準備

近代的トレーニング

1. 基本方針

　各馬はそれぞれに対応を要する．各馬は運動の負荷や距離において，個性に応じた運動を行う．これらの要因は馬の能力，過去のトレーニング，コンディションの実状，目標，さらに気力に依存している．運動選手とは違い，馬は自分を鍛えるための動機をもちあわせていない．

　運動の負荷を評価する場合，スピードを計測することがある．しかしわれわれの運動の範囲では，一般的に心拍動数が最も適切な目安である．つまり，心拍動数は起伏に富んだグラウンドにおける運動を可能にするため，しつらえた走路にこだわる必要はなく，間違いなく強い刺激に遭遇すればよい．疲れ，苦痛，暑さはその数値に影響し，自然に運動の負荷に幅をもたせる．自動車エンジンのスピード・メーターとタコメーターの関係と同じであると考えられる．つまり起伏に富んだグラウンドでは，運動の負荷を同じ程度に保てるように，心拍動数を知ることによってスピードを調整することができる．

　要するに，トレーニングを終了した後，最初の1分間と5分後の1分間の心拍動数の数値は，馬の体力回復の状態を特に反映しているのである．

　効果的な肉体の準備は，特に重要な競技を目標にすでによく調教されている馬にとって特有なものでなければならない．それは馬にスピードを強制し，一定の距離，たとえば分速600mで13分走行するなどの準備をさせる．

　競技によっては，最適の手法を取る必要がある．つまりクロスカントリーでは，頭を高く保持したギャロップで走行する．これはスケールの大きい障害飛越を可能にする．しかし，たとえ特別な条件下で，心臓血管系[*23]への働きかけが同じ程度の強さに達することができても，このギャロップは走路上のギャロップ，トレーニングのためのギャロップ，水槽で行う速歩や水泳とはかなり違っている．

　この種のギャロップを可能にするためには，少し起伏のあるグラウンドが理想的である．コースはいろいろある．それらは馬を即応態勢，つまりカーブしたり，障害飛越をする準備を整えて待機するように仕向ける．馬が突っかからないように十分有効な銜を使う．抵抗できなくなった馬はバランスを維持せざるを得なくな

[*23] 左心室から大動脈へと駆り出された血液が，体循環（肝臓や胃など様々な臓器）に入り，それらが大動脈から右心房，右心室へと戻ってきて，右心室から肺動脈へ駆り出され，肺に送られる（肺循環）．肺でガス交換が行われ，肺静脈から左心房へ戻っていく．この一連の流れが心臓血管系である．

り，自分の筋肉を効果的に発達させる．しかし，緩慢な動きでは関節の動きは不十分のため振幅いっぱいに作動しない．また，筋肉はそれ自身の質の向上に必要な特殊な線維（速筋線維：IIAとIIB）を十分刺激しないままの負荷で運動することになる．

平坦な走路上で，馬は遅速が習慣になり，この運動に飽き飽きして，ときには手綱を締められたり，あるいは馬体がフラットになり〈長々と伸びてしまう〉，背中と後肢を丸めてバランスを維持する代わりに，身を引きずるようにして前肢に負担をかけすぎる（図21）．

馬がある程度の負荷以下で運動するとき，筋肉は特に好気性タイプの遅筋線維（type I）を使う．そして速筋線維（type IIA）は利用されないから向上しない．ところが，競技中特に刺激されるのはこれら速筋線維IIAである．そのエネルギーを生む潜在能力は育むことができるが（より優れた血管構築，よりすばやい酵素反応の速さ，より多くの糖分の備蓄），あらかじめトレーニングで刺激されることが条件である．

トレーニングの真の効果を調査するには監視する方策が必要である．活力テストはその目的で用いられる．これは次章で説明する．前述したように，トレーニングの評価において，われわれは好気性代謝の証拠である心拍動数と嫌気性代謝が映しだす血中乳酸を調べるのが有益であることを説明した．なぜなら，これら2つの客観的要因は，トレーナーが何かを決定するとき，現況を把握するとき，あるいはこれらの要因が超えてはならない限界に達したことをタイミングよく示すことで，トレーナーの助けになりその判断が完全なものになる．

トレーニングには2つの手法がある．つまり断続的運動と継続的運動である．

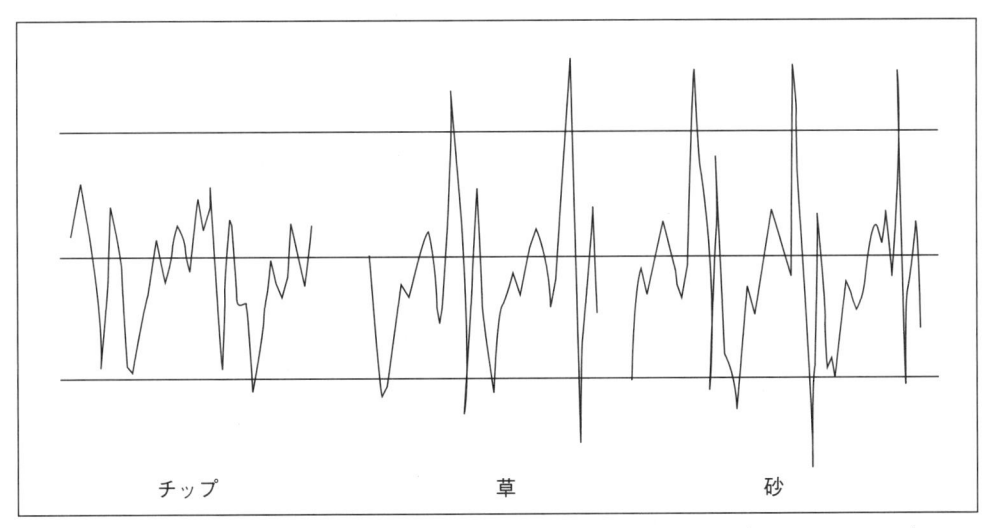

図21：競走馬の駈歩による継続的加速の測定（T. Dronka, パーシヴァル・プログラム／Programme Persival).
同一のスピードの場合，馬はチップを敷いた走路をギャロップするとき，少ない力で済む．エネルギーを生む刺激は砂を敷いた走路上と同じではない．

第2部　コンディションの調整および身体の準備

　断続的運動は運動選手の間で日常行われている．馬については，可能な場合に限って使われていたが稀であった．その基本方針は運動量をより多くしたり，よりきつくトレーニングするために，時間的な長さあるいはコースの距離を区分けしてメリハリをつけることである．

　トレーナーはセッションの負荷と距離に，体力回復の強さと長さに，さらに反復練習の回数に信頼を置いている．各要因は最終結果に影響する．それらの選択はトレーニング中に多く刺激される代謝を決める．表を別の章で示す[*24]．

　断続的トレーニングは心筋，筋肉の潜在能力や効率を発達させる．頻繁に繰り返すことによって好気性システムの始動に特有な不活発性を下げることができる．体力を回復する間，心筋は酸素供給の需要に対応して心拍出量を維持するため，（心）収縮期の容量を上げることによって休息の最初の1分間に伴う心拍数の低下を補う．

　上達は早く正確だが，継続的運動よりも安定性が低い．継続的運動は好気性代謝をより調和させ，かつ長期にわたって発達させる．これはクロスカントリー競技に必要とされる長期間，酸素の高い消費を維持するための準備となる．これがさまざまなスピードで実施されることで効率を改善する．しかしながら，速さを競うことを重視するのではない．過度にやりすぎると，精神的にも肉体的にも消耗させる．

　よい解決策は，これら2つの方法を交互に使うプログラムである．継続的運動の準備のため，断続的運動を同じスピードで先行する．さらに，断続的運動は血中乳酸と心拍動数の関係の数値を確かめることができる．これはリスクが伴わない．なぜなら，トレーニングは短距離で行うからである．持久力トレーニングの異なったセッション，時間を調整すると違う結果になる．

　トレーニングをはじめる前に，持久力トレーニングの計画を注意深く作成する．これには目標のみならず，過去のシーズンで得た経験も考慮に入れる．馬は自分自身のモデルを想定することができる．

　検査手帳にはすべての重要事項が記される．そこには各持久力トレーニングの要因を書き込むことができる．スピード，時間，およびできれば心拍動数や血中乳酸，気象条件，グラウンドの状態，一般の状況（食欲，毛並み，心理状態など）や運動部位（何らかの症状の現れや経過）に関する観察である．過去の経験，予想されるプログラム，現在進行中の検査を詳細に記載した手帳を作ることで，一連の参考資料を保存することができる．

　このような事前の計画がなければ，トレーナーは日常の不安と気遣いによって構想がまとまらない．トレーニングが中断した場合，この種のスケジュールがあれば，遅れの成りゆきが判断され，適度にそれを補うため，持久力トレーニングの変更が容易となる．その例は別の章で紹介する．

[*24] 86頁の表．

2. 制御法

　馬匹用心拍動数計測器と携帯乳酸塩分析器によって，今やトレーニングの厳しい検査を確実に行うことができる．

　心拍動数計測器は心拍動数を計測し，記憶する記録装置である．これは各電波信号の間の間隙を計測する．そして5秒ないし15秒，あるいは1分を平均値とする．15秒間隔は最も普通に使われている．これらの数値は長期の活力でより安定し，代表的である．一方，5秒間隔は心拍動数が非常に速く変化する起伏の多いグラウンド上の運動にあてられる．間隔が短ければ短いほど，信号は混乱し一貫性のない数値を示す．したがって，ある種の馬では電波信号は変形し，センサーが計測する電波Tと混同される．この現象を克服するために，電波の形状と正確さを自動的に認識するシステムを心拍動数計測器に組み入れはじめている．

　心拍動数は，鞍の腹帯の下に据え付けられた2〜4個の電極をもつゴム製の分厚いベルトが計測する．これらの電極は，馬体に密着するように0.9%の生理食塩水で湿らせたスポンジ状のもので包まれている．ベルトは皮膚との接触で分厚くならないようにマジックテープで締める（写真34と35）．

　極めて小さいコンピューターは，むながいに付けるか，鞍下ゼッケンのポケットに入れる．マジックテープか留め金でしっかり取り付ける．データの解読と復元が可能な受信装置は，コンピューターまたはライダーが腕に付けている腕時計に組みこまれている．実用的で正確な

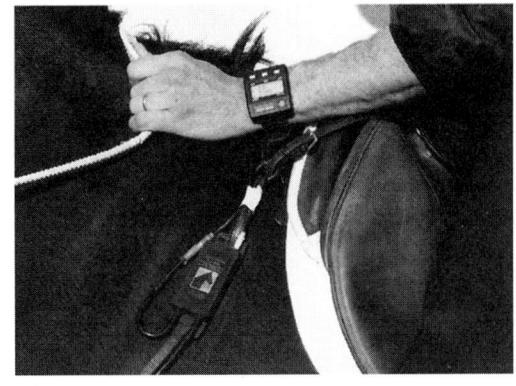

写真34：心拍動数計測器．
　腕時計型受像器に向けて電波で伝達する．この方式は選手を電線のわずらわしさから解放し，容易に読みとれるが，作動しないときもある．

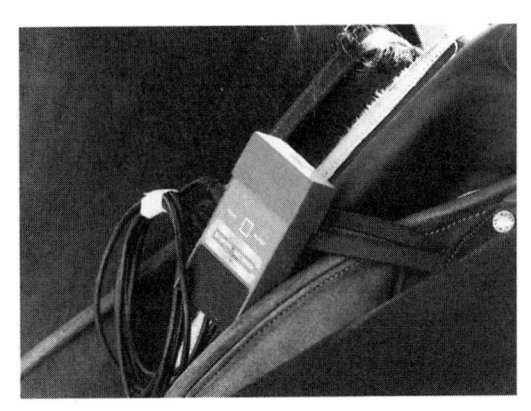

写真35：心拍動数計測器．
　電線で伝達し送信機上で直接読みとり，簡素と信頼性を兼ね備える．

このシステムは電波によるデータの伝達を用いているが，送信機の到達域と乾電池やバッテリーの電気容量におおいに依存しており，寒さや悪天候にも非常に敏感である．有線で送信する場合，多少の不便さを伴うが，信頼度の高い機器を使うとよい．受信装置は延長コードで電極につながれる．これはギャロップの間文字盤をよりたやすく見られるように，再生装置をネクタイに取り付けることができる．

第2部　コンディションの調整および身体の準備

　第1の判断基準は信頼性である．持久力トレーニング中に突然選手から外れてしまう機器ではギャロップできない．ゆえに，われわれは心拍動数計測器を推薦する．これならば充電の状態も明らかである．

　持久力トレーニングの後，運動の過程をすべてプリンターで印刷することができる．最も進んだソフトウェアはマイクロコンピューターの処理，つまりデータの選別，結果の保存，調査および統計上の予測まで可能である．これらのデータはむしろトレーニングセンターで保存する．選手個人はプリンター，周辺装置で満足し，マイクロコンピューターや携帯用コンピューターは不要である．

　もし乳酸塩の調整に資格をもつ人物が必要であれば，採血やその保存のための準備には，正確さと細心の注意が要求される．しかし多少の経験があれば，トレーナーかオブザーバーでも容易にできる（写真36）．

　分析検査は，研究所かその場で携帯用分析器を用いても行える．慎重にやれば，屋外で検査することも可能である．分析には多少の熟練が必要である．とはいえ機器の取り扱いや試薬の調整は資格をもち，時間的に余裕のある人しかできない．屋外で機器を使う場合，結果が期待したものと異なれば，トレーナーは2つの運動の間で，持久力トレーニングを調整することができる．

3. 活力テスト

　馬の肉体的条件のレベルを正確に評価し，一連のプログラムを決定し，体調不良あるいは記

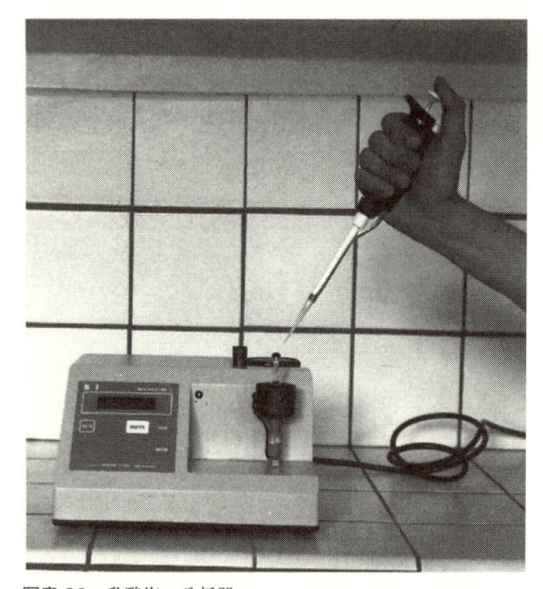

写真36：乳酸塩の分析器．
　　　　1回の分析には1 cm³で十分である．真空チューブと細い針を使い，簡単に採取ができ，外傷を残さない．

録の頭打ちを把握するには，活力テストが必要である．

　すでに自分独自の評価システムを作り上げているものがいる．シュヴァリエ将軍は分速700 mで3000 mの走行テストを，また他では分速500 mで4000 mのギャロップ中の心拍動数の採録を奨励している．

　活力テストには適切なマニュアルが重視される．これには長方形テストと三角形テストがある．前者の場合スピードは一定で，継続期間は長い，一般的には12分．後者では短時間（3〜4分）の区分の連続で，スピードを徐々に上げる．

　後者は実施するのが複雑になればなるほど，刺激は弱くなるが，テストの結果はますます正

確になりトレーニングの特性を示す．これはトレッドミル型ウォーキングマシン，またはフラットワークで行われる．トレッドミルのマット上のテストは，気候条件が一定するにもかかわらず，トレーナーはほとんど利用しない．ストライドの比較と評価のための基礎的な研究には非常に役に立つが（写真37），活力が実際値とは少し異なるのだ．おそらく独特の歩様の調子と空気抵抗がないことによる．

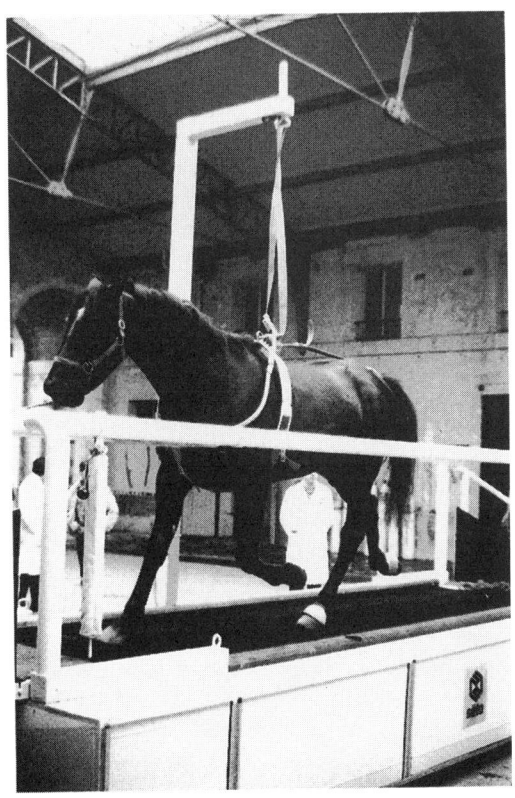

写真37：トレッドミル型ウォーキングマシン上のテスト．INRA（Institut national de recherche agronomique：国立農業研究所）所有の新しいこの装置はメゾン・アルフォール（Maison-Alfort：パリ南東約2 km）のENV（Ecole nationale vétérinaire：国立獣医学校）のスポーツ生理学研究室とテクス（Theix：ブルターニュ地方，Vannesの近郊）の栄養研究所で使われている．

近代的トレーニング

三角形テストでは，各段階での平均的心拍動数と各段階が終わった後の血中乳酸を計測する．図22は，心拍動数をスピードに関連づけた直線とスピードの変化に応じた血中乳酸の指数曲線の関係を示す．馬に出場資格を与える目安となる特徴を選択する．

- V_2：2 mmol/l または好気性閾値の血中乳酸をもたらすスピード
- Fc_2：V_2 に対応する心拍動数
- V_4：4 mmol/l または嫌気性閾値の血中乳酸をもたらすスピード
- Fc_4：V_4 に対応する心拍動数

場合によっては，価値を高めるのが可能である．

- V_{150} と V_{200}：1分間にそれぞれ150回と200回の心拍動数をもたらすスピード
- 心拍動数－スピードの直線の傾き：これはトレーニング中の馬の特徴でかつ恒久的な特徴である．通常，直線の傾きは一定なので，グラフの線は平行して移動する．

V_2 は一般的に耐久力を向上させるために維持するスピードを示す．便利さから，V_{150} は V_2 より利用されている．なぜなら，必要なのは心拍動数計測器だけだからである．これらのスピードは，最大限まで達していない（不飽和状態）持久力トレーニングの負荷を定着させるうえで，注目されている．これらの持久力トレーニングは馬にとって必要条件のレベルを見失うことなく，また繰り返されるきついトレーニングの疲れから体力を回復させることもできる．

V_2 ＝分速 480±30 m
V_{150} ＝分速 450±30 m

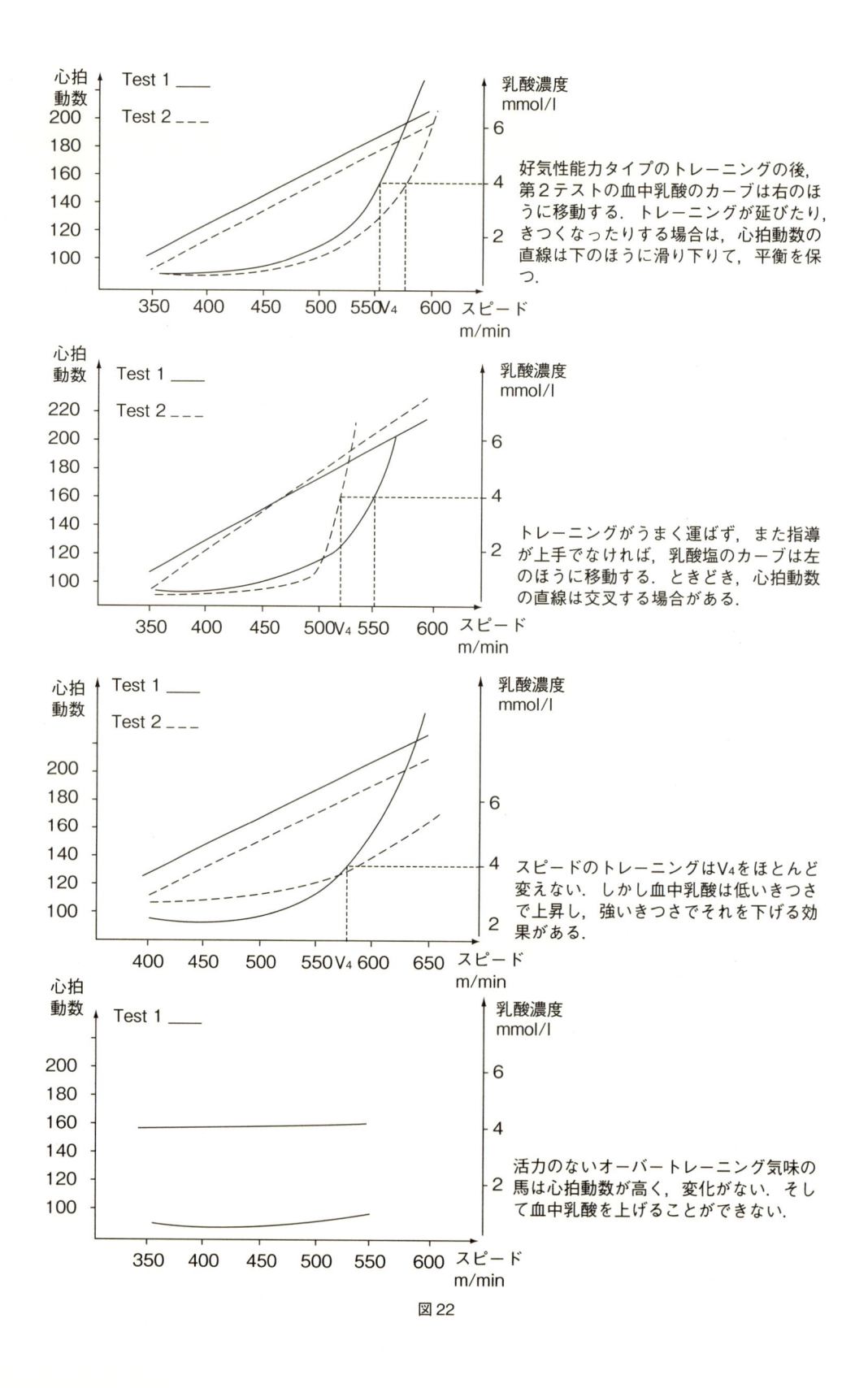

好気性能力タイプのトレーニングの後，第2テストの血中乳酸のカーブは右のほうに移動する．トレーニングが延びたり，きつくなったりする場合は，心拍動数の直線は下のほうに滑り下りて，平衡を保つ．

トレーニングがうまく運ばず，また指導が上手でなければ，乳酸塩のカーブは左のほうに移動する．ときどき，心拍動数の直線は交叉する場合がある．

スピードのトレーニングはV_4をほとんど変えない．しかし血中乳酸は低いきつさで上昇し，強いきつさでそれを下げる効果がある．

活力のないオーバートレーニング気味の馬は心拍動数が高く，変化がない．そして血中乳酸を上げることができない．

図22

V_4 は好気性能力を発達させるための最適のスピードである．これは血中乳酸の安定領域の上限である．したがって，4～12分間安定した状態でギャロップができる．継続的運動は危険なく実施できる．このトレーニングの運動（4～6 mmol/l の間）中に，観察される血中乳酸のレベルは，馬体に乳酸塩の除去と消費の仕組みを発達させることを促す要因となる．必要な負荷によって，特にIIAタイプの筋線維を大量に補充できる．

V_4 = 分速 550 ± 30 m

V_4 に関連する心拍動数 Fc_4 は，スピード以上に直接，負荷の値を示す．選手が自分の嫌気性閾値 V_4 のレベルで運動したいとき，自分の心拍動数計測器を Fc_4 に合わす．そしてアラームの目盛りを10回／分にセットする．グラウンドが平坦であれば，回数幅は±5回／分に下げることができる．選手が選択した負荷からそれた場合には，音で知ることができるので便利である．

V_{200} はスピードの能力と関係がある．これはほとんどトレーニングに利用されていない．

活力テストを有効にするには，血中乳酸が6 mmol/l 以上の負荷の運動に達しなければならない．エネルギーを生む代謝のバランスを取るには，安定期の長さが3分に等しくなることが必要で，それ以下であってはならない．安定期間における体力回復には持続的な活力の蓄積が利用される．活力全体には限度があるため，安定期の体力回復の長さは短くなる．

次に提案するテストはむやみに長くならず，有効である．

◆ 各安定期は3分間続け，休憩のため1分間中断し，採血する．
◆ ウォーミングアップには速歩の安定期が2度含まれ，次にギャロップに移り，スピードは分速350 m から650 m に上げる．安定期ごとに分速50 m ずつ加速する．
◆ 走路は幅2 m，周囲600 m の円形である．150 m 間隔の4本の標識によって，簡単かつ確実にスピード調整ができる．選手は等間隔でビー・ビーと鳴るシグナルを録音したテープを携帯用ヘッドホンかストップウォッチのアラームで聞く．走路の中央で待機する採血責任者は，各停止点に合流するため100 m 以内のところで待機する．
◆ テストの終わりに10分間速歩を行えば，乳酸塩を早く排除できるので，より効果的な体力回復を可能にする．

特徴のある乳酸濃度の変化の例を示したのが図22である．

4．インターバル・トレーニング

この方法は複雑だが極めてよい効果が見込まれ，項目を設けるに値する．これにはぜひルールが必要である．なぜならこのトレーニングには解決すべき要因がたくさんあり，そのなかのひとつを変更することにより，持久力トレーニングの目標が変わるかもしれない．

次に項目を掲げる．
◆ セッションの負荷と長さ（持久力トレーニングを構成している運動量とそれに続く休憩の時間）

第1安定期	分速250 m	第5安定期	分速450 m
第2安定期	分速250 m	第6安定期	分速500 m
第3安定期	分速350 m	第7安定期	分速550 m
第4安定期	分速400 m	第8安定期	分速600 m

範囲	心拍動数	乳酸濃度 mmol/l
体力回復	$120 < Fc < 140$	$La < 2$
体調回復	Fc_2	$La = 2$
不飽和状態*	Fc_2	$2 < La < 3$
体力維持	$Fc_2 < Fc < Fc_4$	$3 < La < 4$
好気性能力	Fc_4	$4 < La < 6$
好気性パワー	$Fc \fallingdotseq 200$	$7 < La < 10$
乳酸を発生する運動	Fc_{max}	$10 < La < 15$

* 不飽和状態の間,馬はトレーニングのサイクルの初期に,通常よりも高い血中乳酸を示す.

◆ 持久力トレーニングの負荷と体力回復の時間的長さ
◆ 持久力トレーニングの運動量とその反復

　持久力トレーニングの負荷の程度は心拍動数とすでに説明済みのその利点を考慮して決める.

　具体的には不飽和状態(競技前10〜15日)における運動,あるいは体調回復時(競技後8〜15日,体力は早い時期に回復)の運動における心拍動数 Fc_2 によって決まる.一般的に若馬のトレーニングは別として,持久力トレーニングは継続して行われる.

　持久力トレーニングの負荷は,好気性能力の向上を追求するとき,つまり好気性最大パワーの特殊な運動において心拍動数は毎分約200回となり,好気性閾値すなわち Fc_4 になり得る.

　それは乳酸を発生させる運動の持久力トレーニング中に最大値に近づく.

　持久力トレーニングの終わりに発生している血中乳酸は,心拍動数計測器が示す刺激の程度と相関関係になるはずである.

　下記表(右上)はその対応を示す.

　トレーニングの継続期間は,最も刺激されるエネルギーの代謝に影響を及ぼす.それは能力の特別な性質をそれぞれ選択的に発展させることが可能である(図23).短い持久力トレーニングはスピードと力の質を活発にする.長く継続すれば効率と耐久力を改善する.一般的に,持久力トレーニングは2〜5分続く.さらに長ければ距離の運動となる.短ければ,むしろ乳酸中心の持久力トレーニングにかかわってくる.

　〈A (B) A (B) A〉の形式,つまり(B)分の体力回復によって分離されたAの3セッションの運動が注目される.

　プログラムが進むにつれて,セッションの期間が長くなり距離運動が準備される.特にシーズンはじめの競技においては,競技前の8〜10日には1分の間隔をあけて,競技の距離を2回に分けて走行することができる.

　例:7分のテストなら,トレーニングを4 (1) 3[*25] のセッションとする.

　体力回復の方法が重要である.速歩走行で行

[*25] 持久力トレーニング4分(休憩1分)持久力トレーニング3分.

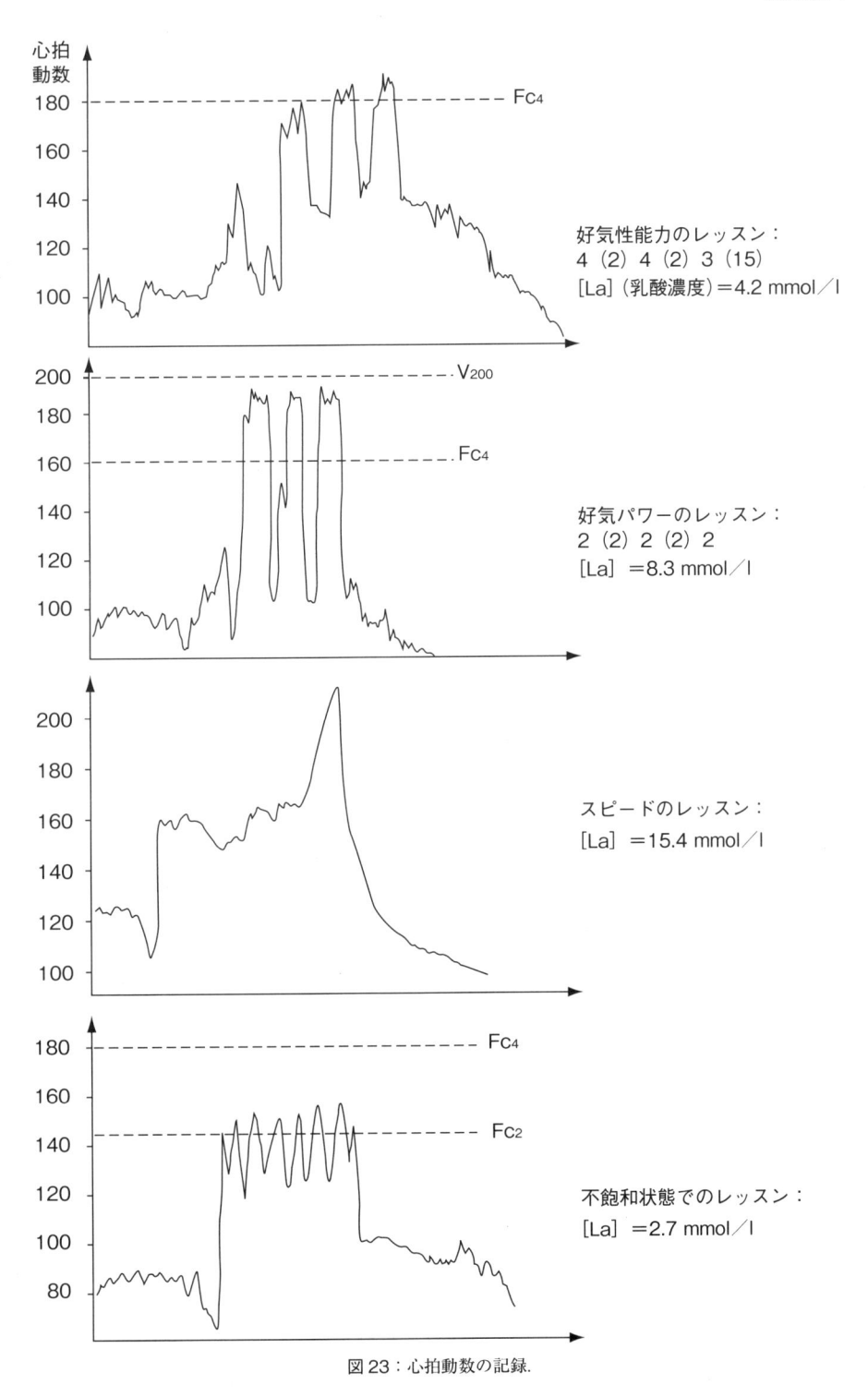

好気性能力のレッスン：
4（2）4（2）3（15）
[La]（乳酸濃度）＝4.2 mmol／l

好気パワーのレッスン：
2（2）2（2）2
[La]＝8.3 mmol／l

スピードのレッスン：
[La]＝15.4 mmol／l

不飽和状態でのレッスン：
[La]＝2.7 mmol／l

図23：心拍動数の記録.

う体力回復は乳酸塩の除去を容易にし，フルコースのＣ区間　ロード＆トラック（速歩区間）の準備となる．このようにコンディションが調整済みの馬はいらだつことなく，すばやくしなやかな歩様を取り戻す．きつすぎる持久力トレーニングによって筋肉のATPの再製が妨げられることのないように，スピードや筋力の持久力トレーニングには，常歩による体力回復が特に行われる．ATPの再製は総合馬には関係がない．

体力はスピードをめざす運動を繰り返す前であれば十分回復できるが，好気性能力のセッションの間では不完全（半分もしくは3/4）な回復となる．体力が回復する間に高スピードの好気性パワーの持久力トレーニングを行うことは，乳酸を発生させるきつい持久力トレーニングに変化する．経験と心拍動数の知識を元に，トレーニングの再開を決める．

好気性能力のセッションでは，トレーニングの開始を容易にするために心拍動数が下がりすぎないようにすべきである．体力の回復には，馬は心拍動数が120～130回／分で速歩走行をする．完全に回復するまで，心拍動数が速歩で100～110回／分，常歩で60～70回／分になるまで待つ必要がある．好気性能力の持久力トレーニングでは，3～5分の運動に対する体力の回復時間はセッションの半分の長さ（1分30秒～2分）である．これを1分に短縮し，もっときつい持久力トレーニングを目標にすることができる．これは距離を長くすることなく，運動を〈強化する〉方法である．

これに反し，スピードを上げた好気性パワーの持久力トレーニングでは，乳酸塩の蓄積を抑えるため体力の回復には一層長く時間をとり，トレーニングの長さに等しくする．

持久力トレーニングを終らせるには，体力回復のために速歩走行を10～15分，続いて常歩運動を20～30分行う．馬は血中乳酸が2 mmol/l以下になってから厩舎に戻るのが望ましい．

セッションを繰り返すことによって，運動開始の際の不活発な状態を改善させながら順応させていく手順を勧める．

体力回復によって，心筋は必然的に一層強く活動する．

したがって，その活動中，心拍動数が下がるにもかかわらず必要な血液流量を維持するには，心筋の収縮力を増加させなければならない．

好気性能力を発達させ，機能的潜在力を十分動員するには，おおいに運動する必要がある．しかしながら，過度の運動は馬体のエネルギー

トレーニングのタイプ	負荷	長さ	血液中の乳酸の最終値
好気性能力	Fc_4	4 (2) 4 (2) 4	$La \neq 4$ mmol/l
	Fc_4	4 (1) 4 (1) 4	$4 < La < 6$ mmol/l
好気性パワー	$Fc \approx 200$ 回／分	2 (2) 2 (2) 2 (2) 2	$8 < La < 10$ mmol/l

資源を枯渇させ，体力回復の進行を遅らせる．

最終的に著しく疲れさせることなく，おおいに運動量を増やせる妙案がある．すなわち，一番長いセッションを最初に配置することによって，運動の負担を逓減的に配分する．元気な馬は喜んでそれを実行する．

例：4（2）4（2）4（2）4を，5（2）4（2）4（2）3におきかえる．

好気性能力，つまり不断に努力する能力を伸ばすため，持久力トレーニングの最大運動量を競技の継続期間の1.5倍に，さらにスティープルチェイスとクロスカントリーの総距離数に一致させる．

例：10分のクロスカントリーテスト，最長持久力トレーニング（クロスカントリーの日の15日前に）：4（2）4（2）3（2）3.

馬の疲れすぎに配慮し，持久力トレーニングの回数を慎重に検討する．疲れが重なった危険な状態で運動したり，先に行った持久力トレーニングで得たものを利用しようとしてギャロップの間隔をあけすぎてはならない．

一般的な耐久力に関する事前プログラムに続いて発展段階に至るまでの間，馬は週2回ギャロップ走行を行う．先に到達した水準をもち続けることができる維持段階では，各持久力トレーニングは5〜6日の間隔をおく．ツー・デイ・イベント前の最後の準備段階における厳しい持久力トレーニングは4〜5日ごとに行う．逆に不飽和状態における活動は3日ごとと間隔を短くする．

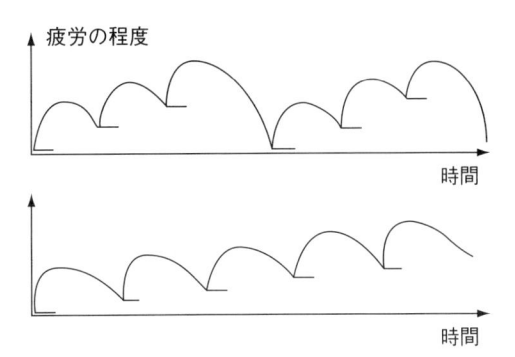

図24：長期プログラムにおけるトレーニングのサイクルのモデル．
長期の体力回復で間隔がおかれた3回のギャロップサイクルを含むプログラムは疲労の程度を安定させることができる．決まったプログラムは疲労を蓄積させる危険がある．

今日ではトレーニングが6週間以上続くときには，疲れを和らげるためいろいろな癒しのサイクルが研究されている．日程の関係で，維持・管理の段階，つまり発展段階と準備段階を連続して廃止することを余儀なくされる場合がある．そこで，いつものサイクルに従うのではなく，持久力トレーニングは3グループにまとめられ，5日間の負担を軽くした期間に分けられる（図24上）．

5．トレーニングのプログラム

馬の調教において，2つの面を区別する必要がある．

◆ 調整：これは画一化された問題を解決すべく，馬の能力を伸ばすこと．

たとえば，分速570 mで5000 mを一層たやすく走行するために，スピードを嫌気性閾値に引き上げる．

◆ トレーニング：これは競技における諸問題に取り組むため，馬の能力を向上させる．

たとえば，競技に特有のストレス（障害，はじめて見るもの，環境，気象条件）にもかかわらず，5000 m のクロスカントリーでスピードを出し，よい競技成績を得るための能力．

これら2つの基礎知識が考慮されないのであれば，レーシングカーの〈フォーミュラ・ワン〉のような規格が必要となる．しかし，その内容が細かすぎると大事な運動が妨げられる．特にこのようなルールは非常に程度の高い競技ではぜひとも必要である．

調教の大きなサイクルは次頁のトレーニングの計画のように分解される．
　つまり，
1— 運動の開始：15日〜1ヵ月
2— 総合的耐久力：6〜8週間
3— 進歩：4〜6週間
4— 維持：3〜4ヵ月まで
5— 準備：1ヵ月
6— 不飽和状態：15日
7— 目標の競技
8— 体力の回復：8〜15日
9— 体調の回復：1ヵ月

それから，場合によっては，第3段階に戻り，第2番目の大サイクルに直ちに移る．

1年間の最初の大サイクルは12月にはじまり，6〜7ヵ月続き，第2回目の大サイクルは3.5〜4ヵ月続く．個別に各段階を検討しよう．

すべてのプログラムは必ず総合的耐久力の段階からはじまる．馬は好気性の最大パワーの60%を使って30〜40分間の運動をするように，6〜8週間かけて徐々に導かれる．このようにして酸素の搬送システムは成長する．負荷の伴わない運動（Fc＝100回／分の平坦なグラウンドにおける速歩運動）では効果がほとんどなく，無駄である．

期間の終末に達成すべき目標は変化に富んだグラウンドで20〜30分の速歩（130〜140回／分のFc）の後，続いて分速350〜400 m のギャロップ（140〜150回／分のFc）で8〜10分走行する．この程度の負荷では心拍動数は各馬の特徴を示さない．サラブレッドは休息時の段階で心拍動数が異なってさえいなければ，彼らは他種の馬より10回／分低い心拍動数で運動する．

速歩では心拍動数は100回／分に達する．加速すれば歩様に乱れが生じるであろう．変化に富んだグラウンドであれば歩様を乱すことなく負荷を増すことができる．

7歳馬のワン・デイ・イベントの最初の準備期間は3ヵ月続ければよい．この観点から，5歳と6歳で何も故障などが起こっていなければ，この期間は一層長くなる．その逆に，年間2度ワン・デイ・イベントに出場し，2度大サイクルのトレーニングを受けた成人馬については，総合的耐久力の準備プログラムは，4ないし6週間に限られ，かつ順を追って進みにくくなる．いかなる場合もこれをなおざりにしてはならない．したがって，これらの持久力トレーニングは馬に特別な運動をする準備をさせ，またトレーニングが強化されると，運動部位に故障が生じる恐れがあるので，それを回復する能力を向上させる目的がある．

近代的トレーニング

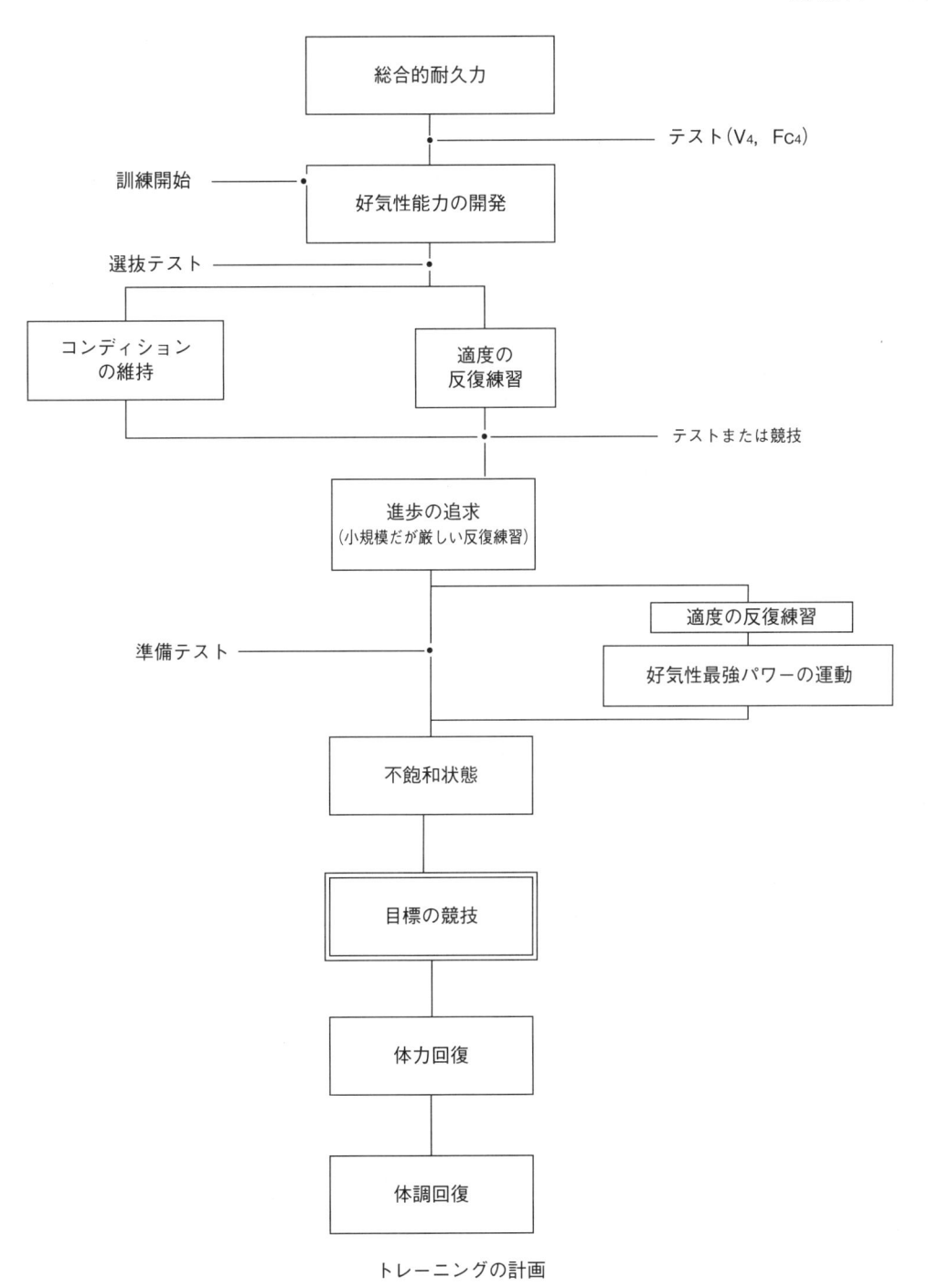

```
                    ┌──────────────┐
                    │  総合的耐久力  │
                    └──────┬───────┘
                           ●────────── テスト(V₄, FC₄)
                    ┌──────┴───────┐
      訓練開始 ─────│ 好気性能力の開発 │
                    └──────┬───────┘
      選抜テスト ──────────●
                    ┌──────┴───────┐
          ┌─────────┤              ├─────────┐
   ┌──────┴──────┐                    ┌──────┴──────┐
   │ コンディション │                    │   適度の    │
   │   の維持     │                    │  反復練習   │
   └──────┬──────┘                    └──────┬──────┘
          └────────────┬──────────────────────┘
                       ●───────────── テストまたは競技
                ┌──────┴────────┐
                │   進歩の追求    │
                │(小規模だが厳しい │
                │   反復練習)    │
                └──────┬────────┘
                       ├──────────────────┐
                       │          ┌───────┴────────┐
                       │          │  適度の反復練習  │
                       │          └────────────────┘
                       │          ┌────────────────┐
                       │          │好気性最強パワーの運動│
                       │          └───────┬────────┘
      準備テスト ──────●◄─────────────────┘
                ┌──────┴───────┐
                │   不飽和状態   │
                └──────┬───────┘
                ╔══════┴═══════╗
                ║   目標の競技   ║
                ╚══════┬═══════╝
                ┌──────┴───────┐
                │    体力回復    │
                └──────┬───────┘
                ┌──────┴───────┐
                │    体調回復    │
                └──────────────┘
```

トレーニングの計画

この期間の後で，身体検査が行われる．新馬は病巣の恐れのある箇所をすべて取り除かねばならない．飼料を適切に消化吸収できるように，歯を検査し手入れする．駆虫する．血液検査の結果から，問題点（貧血，肝臓・腎臓の負担過剰，筋肉の衰弱，腸内の寄生虫，栄養の不均衡など）がないことを確認することはもとより，酸化介在物（赤血球，ヘモグロビン）の基準値と他の生化学要因の規定度が示されるので，それらを次回の同検査の結果と比較する．飼料は運動の結果と今後行う新しい運動を考慮して調整する．

この段階で特殊なトレーニングをはじめることができる．われわれがすでに説明したように，一般的には三角活力形式で行うテストによって第1歩を踏み出す．特に馬が以前実際に検査を受けていない場合，このプロセスが必要になる．これはトレーニング（V_4 と Fc_4）の最初のレベルと基礎的要因を示している．この段階は最初の重要なテスト，つまり選抜テストで終了する．15日前に，再開テスト（地方の段階）が進行過程に組み込まれる．このテストは継続運動の持久力トレーニングに代わるものである．次の運動はテスト後4〜5日遅らせて行う．競技の場合はこれを軽減する（負荷を Fc_2 に下げる）．

このトレーニングは基本的に好気性能力の発達に関係がある．最初，2ないし3の持久力トレーニングは典型的な断続運動で，問題点の理解のカギとなる要因を見つけ，まとめ上げる．次に継続運動が交互に組み入れられる．血中乳酸は定期的に，同じタイプの持久力トレーニング中に検査される．したがって，負荷は4〜6 mmol/l の間にとどまるように調整される．

たとえば：[La]<3 mmol/l，Fc を5回／分増やす．
[La]>6 mmol/l，Fc を5回／分減らす．

総合的耐久力の養成期間の後，好気性能力を成長させる運動が開始できる．これは最初の重要な選抜テストによって行われる．われわれの提案するプログラムは次の通り．

第1週：テスト
　このテストは最初の条件の程度とトレーニングの要因（V_4 と Fc_4）を知ることができる．
第2週：水曜日 2（2）2（2）2（10）
第3週：月曜日 2（2）2（2）2（10）
　　　　金曜日 4（15）
第4週：火曜日 3（2）2（1）2（15）
　　　　金曜日 5（15）
第5週：月曜日 3（2）3（2）3（20）
　　　　日曜日，6分間の地方テスト
第6週：土曜日 3（2）3（2）3（20）
第7週：火曜日 4（1）4（20）
　　　　日曜日，7分間の全国テスト

馬は巡行走行のレベルに到達した．馬は次に掲げる進歩にしたがって維持保全運動をテストの間でのみ利用する．

◆ 競技：全国テスト
◆ 体力回復：3〜4日，PMA[*26] の40％で速歩走行
◆ 体調の回復：8〜10日，Fc_2 または PMA

[*26] 好気性最大パワー．

- 維持保全：15日〜3週間，Fc_4またはPMAの80〜90％でギャロップ走行
- 競技：全国レベルの競技

グラウンドの状況がよければこれらの競技では速く走る．なぜなら，馬は準備ができており，常に嫌気性代謝を刺激することができなければならないからである．もし，たとえばグラウンドが硬くて，馬が一通りの運動しかできなければ，下記の形式で維持保全中に好気性パワーの運動に配慮することを勧める．

Fc で 2（2）2（2）2 あるいは 2（2）2（2）2（2）2＝（Fc_4＋20回／分）

この結果，血中乳酸量は 7〜10 mmol/l に上がるはずである．したがって，よい状態の走路が必要である．

その後に続く体調回復の期間中，持久力トレーニングは次の形式となる：Fc_2 で 8〜12 分を，3〜4 日ごとに配分する．

維持保全の段階の持久力トレーニングは 5〜6 日ごとに行い，また違った2つの目的，つまり Fc_4 の負荷と 3〜4 mmol/l の血液中の乳酸濃度の維持に重点をおくことによって，次のやり方：3（2）3（2）2 や 4（2）3（2）3，またはむしろ 3（1）3 や 4（1）4 で進める．持久力トレーニングの多様性（断続的もしくは継続的，PMA の持久力トレーニングを含める）はマンネリをさけて，適応性を確実に育む．

シーズンの主要な目標の達成のため，ターゲットを十分絞ったトレーニング期間が必要になる．競技6週間前に完全に検査をしてからはじめる．
- 適度の運動から 48 時間後，血液検査
- 活力テスト

最後の血中乳酸量を秤量するため，持久力トレーニングを競技中の採血に替えることは可能である．これは乳酸塩の播発[*27]が安定するようにゴール到着後，2〜3分で行う．

下記の表は極端な四つの例の要約である．

[La]＞15 mmol/l と一般的な能力： ＝トレーニングに届かない	[La]＞12 mmol/l と良能力： ＝トレーニングは継続すべき
[La]＜8 mmol/l と不良能力： ＝疲労，飽和状態	[La]＜8 mmol/l と良能力： ＝良トレーニングは多様化すべき

各々の経験によってこれらの数値を厳しくし，自分の馬に適合させることができる．

後述するプログラムはそれぞれ個々に分けるべきである．それらは実施された研究作業の最先端に位置している．したがって，われわれは見本あるいは試案として提案するだけである．これは推進タイプではない．負荷は Fc_4 に定めている．

選抜競技，選手権争奪戦，あるいは CCI* の各レベルの準備：スティープルチェイス（分速 660 m で 2640 m），クロスカントリー（分速 550 m で 5000〜5500 m）．

[*27] ある物質が生体内に広まること．

第1週：日曜日 3（2）3（2）3（15）
第2週：水曜日 6（10）
　　　　土曜日 4（2）3（2）3（15）
第3週：水曜日 7（15）
　　　　土曜日 4（2）3（2）3（2）2（20）
第4週：水曜日 8（15）
　　　　土曜日 4（2）3（2）3（2）3（20）
第5週：水曜日 6（10）
　　　　土曜日 4（1）3（1）3（15）
第6週：土曜日 耐久競技

　国際競技，CCI**あるいはCCI***の準備：スティープルチェイス（分速690 mで3105 m），クロスカントリー（分速570 mで6000〜7000 m）．
第1週：Fc_2で速歩およびギャロップ走行
　　　　日曜日　テスト
第2週：木曜日 4（2）3（2）3（2）2（20）
第3週：火曜日 8（20）
　　　　土曜日 4（2）4（2）3（2）3（20）
第4週：水曜日 10（20）
　　　　土曜日 4（2）4（2）4（2）3（1）2（20）
第5週：水曜日 6（15）
　　　　土曜日 5（2）4（1）3（15）
第6週：土曜日．耐久競技
注：国際競技CCI**については，第4週の長さはいくぶん短縮される．

　出発点は最後の持久力トレーニングを見すえて対応する．持久力トレーニングの任務は目標を前にして，15日〜3週間のきつい小規模反復練習になるため，徐々に重くなる．これには2つの持久力トレーニングが含まれている．つまり，クロスカントリーの距離の1.5倍の断続的運動と4分の3の距離の連続運動を含み，負荷は閾値Fc_4に定められている．

12分のクロスカントリーの例：
持久力トレーニング1：5（2）4（2）3（2）3（1）2（15）
持久力トレーニング2：8（15）

　馬の疲労度に疑問のある場合，2度断続的持久力トレーニングを選択する．体力回復の間，血中乳酸の秤量を行う．この技術は用意されたプログラムを持久力トレーニング中に変更することができる．

　体力回復には1時間かかり，そのうち15分は速歩走行を行う．完全に体力を回復するため，馬にギャロップさせた後，数時間してから，30分新たに散歩程度の外乗をさせる．

　先の運動がうまく行われていれば，血中乳酸は約6 mmol/l程度となる．4〜5日の軽い運動の後，次の持久力トレーニングでは確保しているレベルを維持することに専念する．負荷は閾値Fc_4で維持される．長さはもちろん短縮される．つまり断続的運動についてはクロスカントリーの長さ，一方，連続的運動については，その半分となる．短期の好気性最大パワーの運動はFcの2（2）2＝（Fc_4＋20回／分）の形式で，容易に見つけることができる．

　チャンピオンのなかには，耐久競技の1〜2日前に，万全を期したウォーミングアップのすぐ後で，2分だけ間隔をおき，このトレーニングを繰り返すものがいる．よく調教された馬はこのような運動から24時間で体力を回復する．

この最終の準備の行動指針は次のように理論的モデルで表すことができる．

◆ 各持久力トレーニングは能力を改善するが，疲労の原因となる．
◆ 持久力トレーニングの間の体力回復は疲労を少なくするが，少し能力を下げる．
◆ できばえは能力と疲労の間の差に関係する．

準備完了後の，能力を維持することと疲労の動向は興味深いことである（図25）．

きつい小規模持久力トレーニングを終えて，血中乳酸が 8 mmol/l 以上になると，続いて行う不飽和状態のプロセスがかかわりをもってくる．3～4日間軽く運動した後，馬は3日おきに，分速 400～450 m で 8～12 分，安定したギャロップをする．この負荷は糖分のエネルギー備蓄によって体調回復のプロセスを推進するため，（乳酸の）除去を容易にし，コンディションの維持に必要となる．

不飽和状態のトレーニングの当初，負荷が弱いにもかかわらず，訓練の終わりにおける血中乳酸はなお 6 mmol/l 以上存在し得る．そのあと，期待される 2 mmol/l まで徐々に下がる．休息時，血中乳酸は 2 mmol/l 以上にとどまることがあり得るが，その後，通常の値，つまり 1 mmol/l 以下に徐々に下がる．

このトレーニングの期間中，他の運動はなおざりにはされない．体力回復に向けられる運動と管理が進展したおかげで，ギャロップのトレーニングの後，翌日は馬場馬術の練習に，翌々日は障害飛越に当てることが可能である．好気性運動の持久力トレーニングにより，馬がほとんど変わらない活力とスピードの質を取り戻すのには，48時間猶予で十分のはずである．逆に，障害飛越のための持久力トレーニング（跳躍の瞬間のスプリングの運動）は乳酸を多く発生させる運動の持久力トレーニングに先行する．

これらのデータはすべて経験とともに段階を

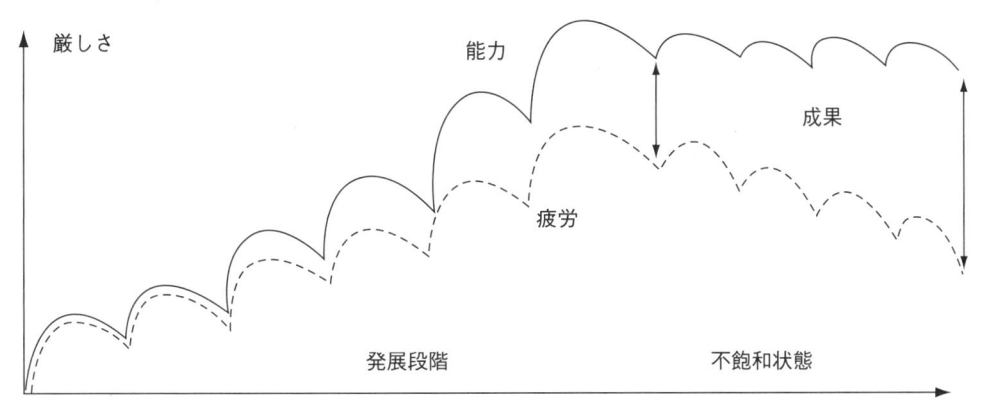

図25：トレーニングのモデル．
　　　発展段階では，各持久力トレーニングは能力を向上させ，結果として疲労も増える．
　　　成果は能力と疲労の間の差にかかっている．不飽和状態では，能力は停滞するが，疲労は減少する．希望する成果のレベルは向上する．

第2部　コンディションの調整および身体の準備

追って変化する．ごく最近の研究による解決策にもかかわらず，ここで語れないのは残念である．このプログラムは負荷が激しいように思われるが，よく調教された馬は危険を伴わずこなす．しかしながら，このなかの要因のひとつだけを取り出して，突然それに馬を従わせることは考えられないことである．馬の能力をめざましく効率よく向上させるには，馬を健康にし，かつ最好調に導くことによって驚異的成果が得られる．

1989年のシーズンを例に，馬の調教を指導するため，当時のトレーナーがその後も使える方法を説明している（図26）．

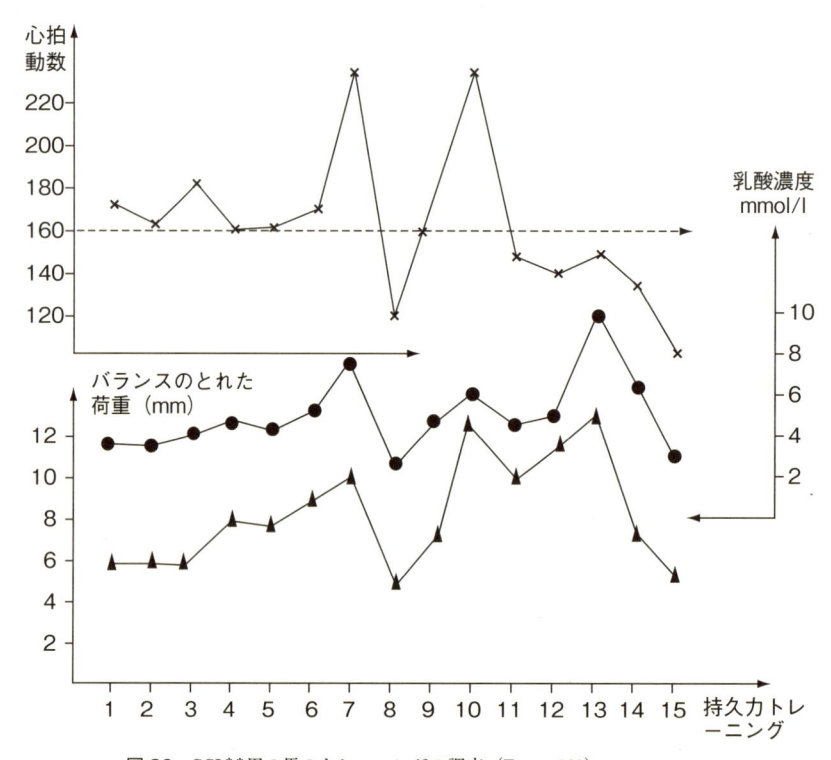

図26：CCI**用の馬のトレーニングの調査（$Fc_4 = 160$）．
　　　第1～第10の持久力トレーニング：好気性能力の開発．
　　　第7持久力トレーニング：競技．
　　　第8持久力トレーニング：体力回復．
　　　第10持久力トレーニング：競技．
　　　第11～第13持久力トレーニング：きつい小規模トレーニング．
　　　第14と第15持久力トレーニング：不飽和状態．
　　　×：Fc, ●：La, ▲：荷重を示す．

特殊なトレーニング

1. 代替トレーニング

　前章で述べた検査用具を使って，われわれは，常々行われている方法を評価し，期待し得る真の目的を見極めることができる．

　平坦地あるいは起伏の少ないフラットワークにおける速歩走行では，コンディションの調整に役立つものは何もない．心拍動数は100回／分前後と弱く，血中乳酸量も1.5 mmol/l 以下にとどまる．過度に行っても向上するものは何もなく，駄目になるだけである．これを繰り返すと，馬は脂肪の蓄えを減らしやせる（図27A）．

　舗装道路上での走行は禁止すべきである．これらの走法は腱の結合にとって微小損傷の原因となり，細胞膜の透過性を上げる．図28は，肢が舗装道路上とやわらかい地面の上に着地したときの振動の大きな違いを示している．これらすべての原因によって，運動にかかわるシステムは弱くなる．

　変化に富んだグラウンドにおける速歩走行は舗装道路上の運動より重要である．この運動は殿筋，腹筋および肩の挙筋を強化するのみならず，バランスの維持を改善させるとともに動作に多様性をもたらす．

　その負荷によって上記の運動は，激しい運動あるいは競技のあとで，総合的耐久力の向上や，備蓄したエネルギーの回復に効率よく貢献する．心拍動数は140～160回／分の間で変化し，血中乳酸量は 2 mmol/l にとどまる．しかし，ほとんど調教されていない若馬の場合は 3～4 mmol/l に達することがある．速歩で行うこの運動は，あまりにも平凡すぎてクロスカントリーで必要な好気性能力の発達には非効率で，かつ役立たない（図27B）．

　分速400～450 m の緩慢なギャロップはクラシック・トレーニングのプログラムであった．このギャロップは，若馬に対して3分×3回または4分×3回の方式で断続的に行われる．調教済みの馬には継続して行われ，もはや回復期は必要なく8～20分継続する．心拍動数は140～160回／分にランクされ，血中乳酸量は約 2 mmol/l である（図27C）．

　これは馬を飽きさせないため，あるいは体調を回復させるためには有効である．したがって，8～12分の平均的な長さを守り，3日ごとに繰り返すのが望ましい．グラウンドが硬かったり，馬の健康状態によっては，スピードの速い運動を禁止すればコンディション保持にも役立つ．そのときは持久力トレーニングを15～20分間にする．

第2部　コンディションの調整および身体の準備

A. 速歩運動
時間：40分
乳酸濃度：1.10 mmol/l

B. 変化に富んだグラウンドにおける運動
時間：20分
乳酸濃度：2.0 mmol/l

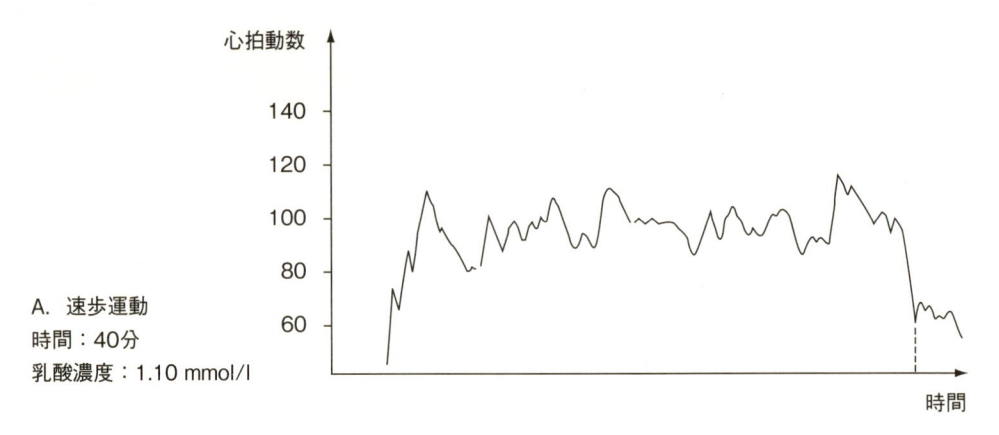

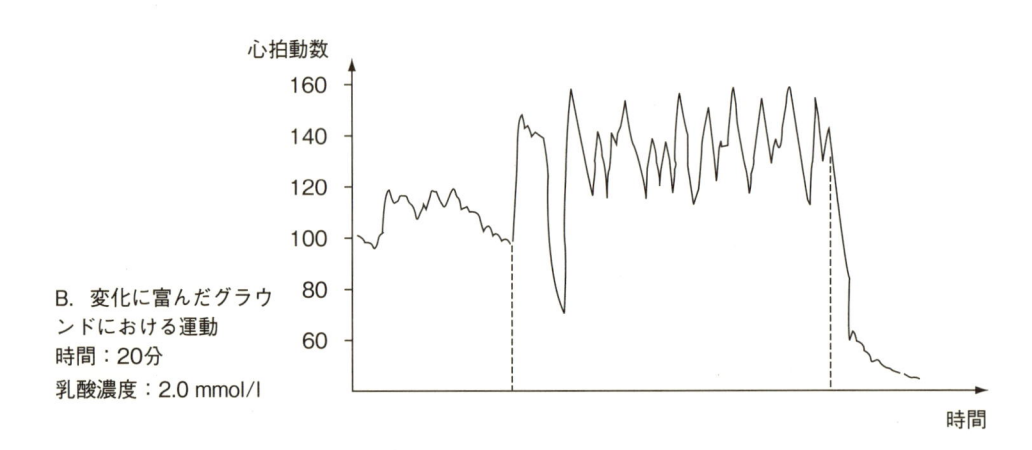

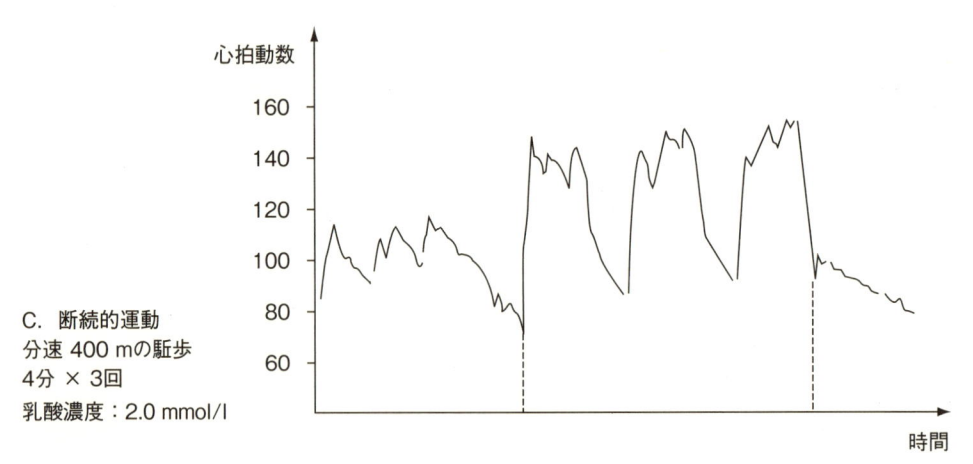

C. 断続的運動
分速 400 m の駈歩
4分 × 3回
乳酸濃度：2.0 mmol/l

図27：クラシック・トレーニング中の心拍動数の記録.

特殊なトレーニング

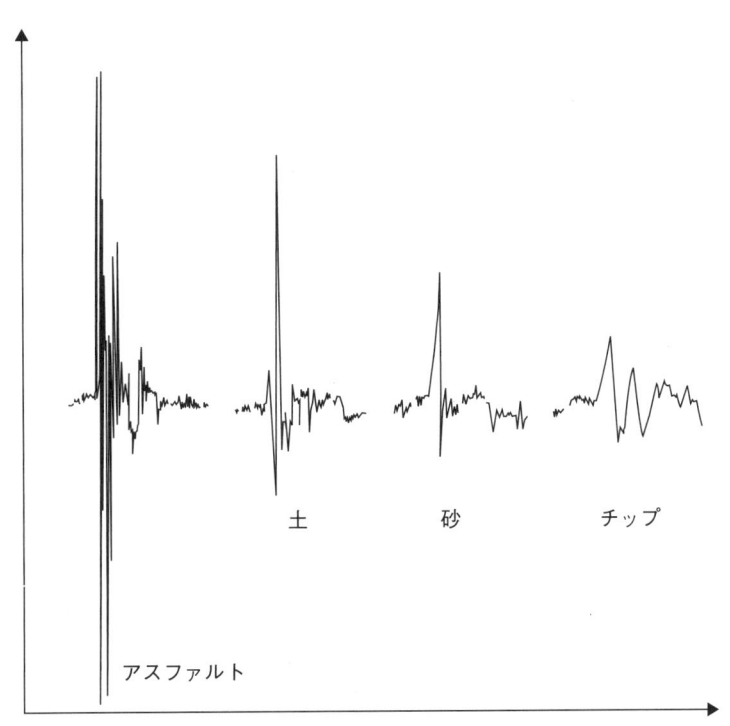

図28：速歩における馬の前肢のインパクトの加速度測定（E. バレ／E. Barrey, 国立獣医学校）．
馬がアスファルトの舗装道路上で，速歩走行するときのショックと振動の大きさに気付く．

2. プールにおけるトレーニング

プールでは馬は，円周約50 mの楕円形の水槽中で運動をする．プールの深さは2.50 mで，馬が容易に泳ぐことができ，何か問題があったときには立って肢が底に着く．はじめての馬には尾に浮き袋を付けることで，馬体の水平を容易に維持することができる（写真38）．

馬体が湾曲になり呼吸しにくくなる円形の水槽よりも，楕円形のプールのほうが好ましい．

水の中に入る前に，馬にシャワーを浴びさせる．蹄に蹄油を塗る．水から出たときも同じくシャワーを浴び，水切りで水を切りソラリウム（赤外線馬体暖器）で乾かす．馬は速歩に似た歩様で泳ぐ．馬の頭と同じ高さのプールの縁を歩く助手が，馬の寝張頭絡につけた竿を持ち誘導する．カーブでは馬は外方肢を使って回る．左右両手前を平等に運動するため，進行方向を持久力トレーニングごとに交互に変更する．

馬が水泳に慣れるまでには1週間は必要である．最初の数日間は1日に2度泳がせる．トレーニングに十分慣れてくれば，1日に2度400 mほど泳がせばよい．馬のリズムでなすがままにさせると次第に順応してくる．そして心拍動数は著しく下がってくる（図29）．

規則的な運動で，10〜15日経過後，心拍動

第2部　コンディションの調整および身体の準備

写真38：プールで泳ぐ馬（バラン-ミレ／Ballan-Miré[*28]に所在するプロンコ氏／J. C. Pronkoの施設）．
　　　　水泳は非常によい回復療法であり，場合によっては，トレーニングの代わりになる．このプールは総合馬のみならず，競馬馬や障害馬にも利用されている．

図29：プールでは，馬は活力に適応する．そして水泳練習中に心拍動数は下がる．

数は140〜160回／分に落ち着き，血中乳酸量は 2 mmol/l となる．これは選別のための厳しいテストの後か，または早期にトレーニングをはじめたい虚弱体質の馬のために勧める特別の体調回復運動である．

これは健康問題（球節の疲れ，足の感覚能力など）で当面のギャロッププログラムを控える必要がある調教済みの馬のコンディションを維持するためにも使われる．

毎日水泳練習の合間に，馬に騎乗する．1週間に2〜3度，馬に長距離を泳がせる．問題は初期の段階にある．つまり，プールに慣れるのに非常に時間がかかるからである．

現在，プールではもっと激しいプログラムが研究されている．鞭で元気づけられる馬は一層努力する．馬は水の抵抗に邪魔されて速く泳げない．しかし尻の沈み具合を理解すると，うまく浮揚し安定する．心拍動数は約180回／分，乳酸濃度は 4 mmol/l を維持する（図30および31）．このトレーニングはより効果的であるが，いかなる場合も，プログラムの主流にしてはならない．心臓血管システムに刺激が与えられるとしても，プールで鍛える筋肉はギャロップで使われる筋肉とは異なる．たとえ馬は毎日騎乗していても，筋緊張を失い，クロスカントリーにおける着地の際に大きな誤りを犯す危険がある．

国外には非常に距離の短いプールがあり，そのなかで，馬は水流に逆らって泳ぐ．水はタービンで循環させる．効果は同じである．馬は毎日，激しい運動とゆるやかな運動を交互に行う．不飽和状態では上記運動の交互のサイクルは中断すること．

運動のタイプ	水泳練習	1日	1週間	騎乗運動
回復	8〜10分×50 m	2回×	6回×	散歩程度の外乗
コンディションの維持	15〜20分×50 m	2回×	3回×	調教

運動のタイプ	水泳練習	1日	1週間	その他の日
活動時：				
◆激しい運動	2回×(5〜8分)×50 m	1×	2×	騎乗*
◆ゆるやかな運動	10回×50 m	2×	4×	騎乗**
不飽和状態：				
◆ゆるやかな運動	(5〜10回)×50 m	2×	7×	

* 馬が激しく泳いだ日には，騎乗して散歩程度の外乗を行う．
** 騎乗することによって，馬は地面の上に標点を置き，特に初期の間は自分にとってかなりひどくなるかもしれない痛みを取り除き，調教の基礎や調和のとれた筋肉を維持することができる．時間をかけた水泳のトレーニングによる疲労はこれらのいろいろな運動で解消することができる．

---

*28 トゥール／Tours の南西

第2部 コンディションの調整および身体の準備

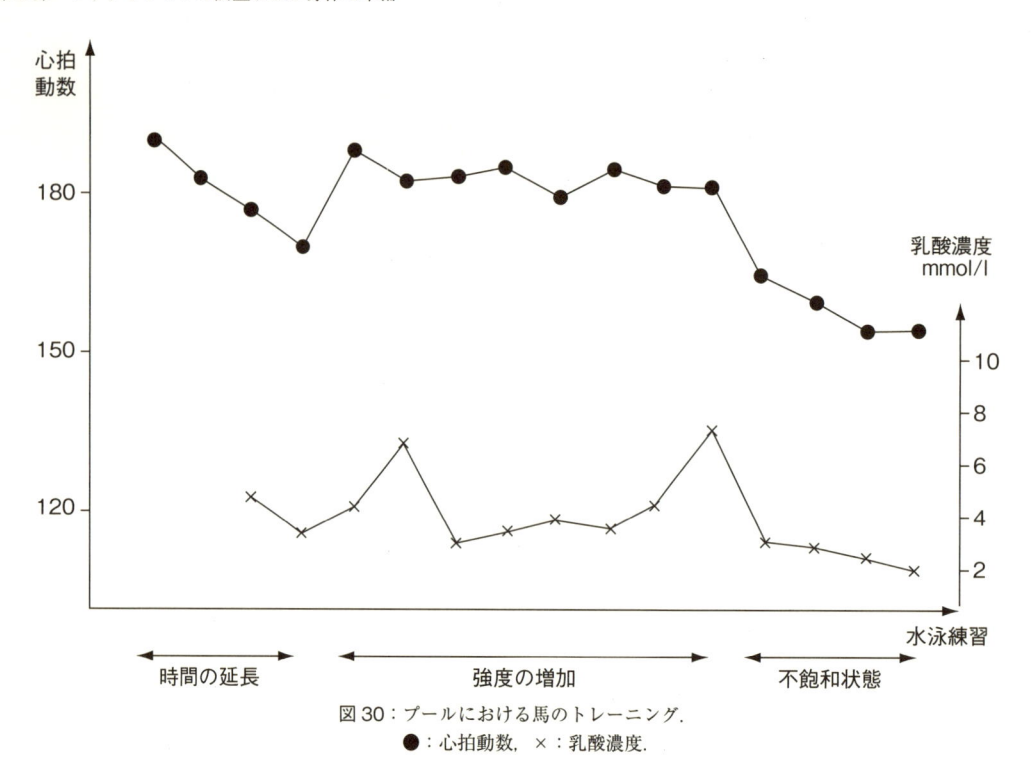

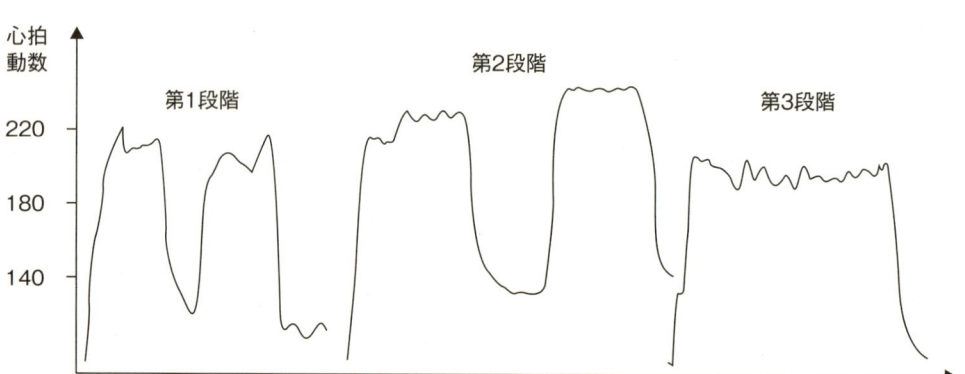

図30：プールにおける馬のトレーニング．
●：心拍動数，×：乳酸濃度．

図31：プールでのトレーニングにおける馬の心拍動数の記録．
　　　第1段階：馬は自分のリズムで泳ぐ．泳ぐ距離が長くなる．
　　　第2段階：馬はより速く泳ぐように励まされる．負荷が増す．
　　　第3段階：馬は，飽きが来ないように，続けて自分のリズムで泳ぐ．

選手の肉体的準備

1. 総合馬術競技で要求される活力

　選手は，肉体的条件が自分の能力発揮の妨げの要因にならないときこそ，満足すべき条件をもっているといえる．しかしながら，選手は自分の肉体の個人的準備については，ほとんど無関心である．トレーニングにおけるこの欠陥や馬術の徹底的な訓練によってもたらされる外傷性傷害は，選手の能力に思いがけない影響をもたらす．

　総合馬術の種目はある種の特徴をもっている．選手の肉体はスティープルチェイスにおける〈競馬〉の姿勢から，飛び下り障害でのクループアードの姿勢[*29]まで，極端に相反するいろいろな姿勢をとることができなければならない．選手はコンビネーション障害（連続障害）中から着地するまで脚の筋肉の厳しい収縮を数秒間維持しなければならない（写真39および40）．

　研究の結果，ギャロップのときの呼吸量は非常に多く，スティープルチェイスでは心拍動数はほとんど最高値に達することがわかっている．軽速歩で行う速歩区間のエネルギーコストも無視せずに，総活力に加える．クロスカントリーにおける心拍動数は最高値に達し，走行中維持される．

　安定とバランスからなる選手の姿勢，操作とバスキュールの諸問題を解決するために必要な筋力，耐久競技の長さ，落馬／人馬転倒の危険で増大する神経的緊張，些細な事件やもめ事などは，著しく競技にかかる代謝の代価として増大に寄与する．クロスカントリーのゴールに到着した選手の血中乳酸量は，10 mmol/l 以上まで上がっている．この数値は遭遇する出来事や馬の性質ないし従順さによって変化する．普段と異なる条件下でレベルの高い競技における数値は確かに高い（図32 A および B）．

　プロの選手に関する研究では，騎乗運動における脊柱の適応とその結果生じる弱さが示されている．これらから生じる腰痛の危険を防ぐには，代償[*30]の運動が必要である．

　選手は冷静さを保ち，正確かつ適正な行動をしなければならない．国際大会への予選，選抜競技や国際大会に出場する世界に身を置く選手は，エネルギーを温存しながら，ストレスをうまく発散するはけ口を知っている．一方で，選

[*29] 後肢で蹴る型．

[*30] 生理学的均衡状態を保とうとする生体反応による病理作用の抑制．

第2部　コンディションの調整および身体の準備

写真 39：フォンテーヌブロー*31 の競馬場の小川.
競馬のジョッキーのモンキー乗りと総合馬術選手のスティープルチェイス，クロスカントリーの騎乗姿勢はともに似ている．この似ている2つのスポーツの違いを分析できる者は見事な走行ができる．

手は率先遂行の意志，反応のすばやさ，闘争心をもたねばならない．成功には不可欠なこれらの優れた性質は，補完的に別のスポーツをすることで獲得し，洗練することができる．スポーツによる気晴らしはストレスの度合を増すことなく，選手が感じとるモチベーションや単純な成功を得ることで，勝利者にふさわしいすべての性質を維持し，改善に役立つ．

現在，選手は2つのグループに分かれている．つまり，自分は生まれながらのよい素質をもっていると信じ，自分の乗馬トレーニングを自分でやっていくグループと，重要な時期だけをとらえて練習するグループである．あるものは一般的に御しやすく，騎乗しても疲れない馬でのみ成功する．他のものは，調教がもたらしてくれる無視できない利点があるにもかかわらず，遅れがちの調教では，ややもすれば準備が遅れ不十分となり得ることを受け入れねばならない．より特殊でより長期にトレーニングできれば有利である．つまり，クロスカントリーの最終段階の難しさを何とか切り抜け，幾多の試練（公認　国際総合馬術競技／CCIO：Concours complet international officiel では，3日間で約 40 km を走破する）に耐えるため，

---

*31 Fontainbleau：パリ南東の町．歴代フランス国王の離宮がある．

選手の肉体的準備

写真40：クルーパード（バリ／Barry 機甲兵科伍長のクルーパード）．
　　　　カドル・ノワール（国立馬術学校の指導教官）の古典馬術演技のひとつ．後肢を空中に蹴り上げるこの動きは野外騎乗の大きな飛び下り障害時の騎乗姿勢に似ている．

常に自分の技術を活用する才能を準備できる．選手は自分の体力回復能力を改善することに努める．したがって，クロスカントリー競技の朝，ためらわず経路の問題箇所を見に行く．たとえば，耐久力訓練は疲労に対する抵抗力を改善することにつながる．1日の馬術訓練も同じように抵抗力を改善する．右のような2サイクルが考えられる．

この悪循環を止められるのは，意志力である．

極めて上手な選手は，伝統的な乗馬訓練では自分の心臓血管の容量を発達させることはできない．スピードの速いギャロップや障害飛越の

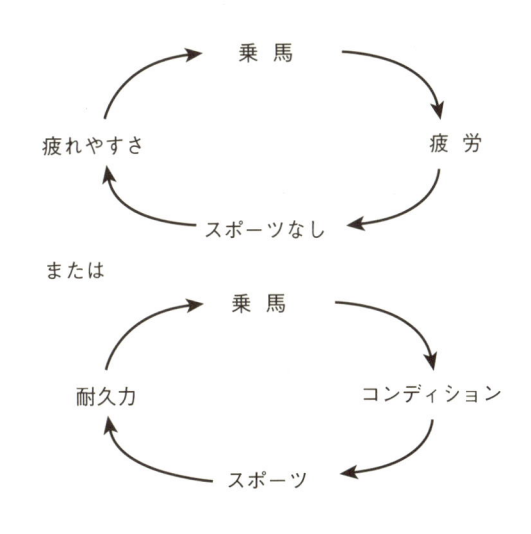

乗馬 → 疲労 → スポーツなし → 疲れやすさ → 乗馬

または

乗馬 → コンディション → スポーツ → 耐久力 → 乗馬

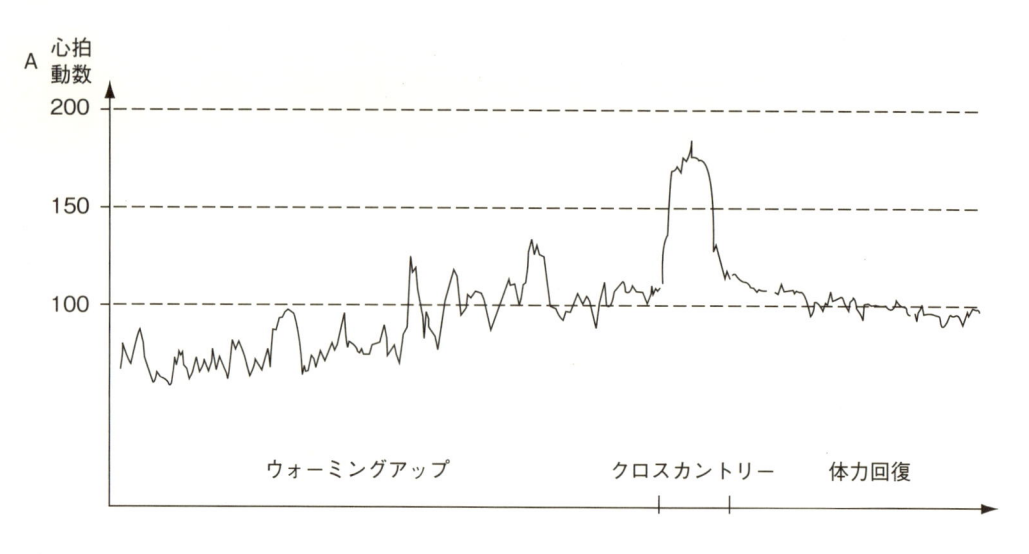

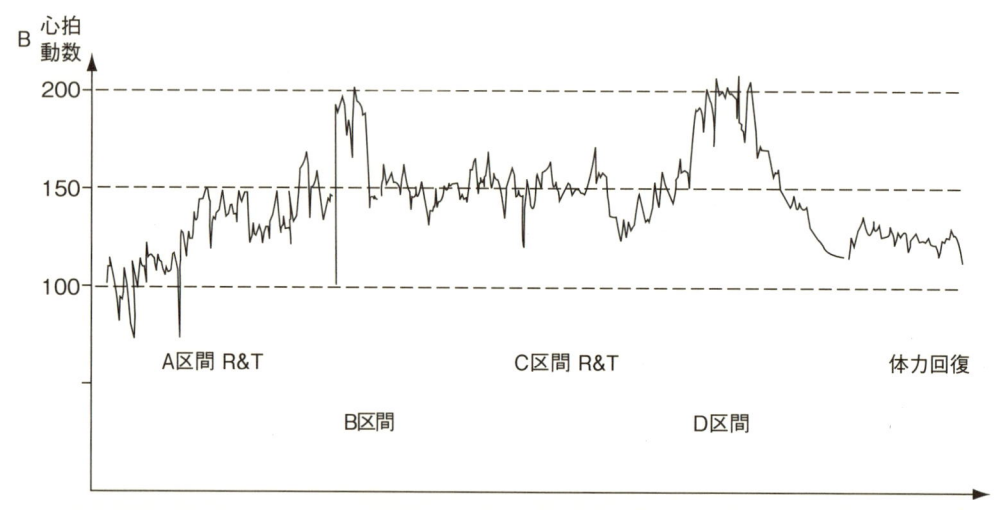

第2部　コンディションの調整および身体の準備

図32：A：クロスカントリーのトレーニングにおける選手の心拍動数の記録（B. オーヴィネ／B. Auvinet, フランス馬術連盟／FEF）.
B：競技における選手の心拍動数の記録.
体力回復はかなり長い．これは実際に使われたばかりの無視できない活力を示している．この活力はトレーニングで要求される活力とはかなり違っている．

訓練でさえも，心拍動数は弱い（160〜170回／分）ままである．障害飛越の選手は毎日曜日，選手権争奪戦と同等か，ほとんど同じレベルの競技を行うが，総合馬術の選手は競技に先立つ数ヵ月の間は他の大競技には稀にしか参加しない．

2. 補足的スポーツ

補足的スポーツは心臓血管の容量や筋力の発達を可能にする．一般的な馬術だけではこれらを確実に行うことができない．しかし，これらの能力は競技には必要である．

プロの選手の間ではしばしば次のことが議論される．つまり，競技用馬を調教したり，交替馬を供給したり，その体調を改善したりする時間をつくるのが難しい．愛好家は自分の余暇を乗馬にあてる．しかし準備を怠る．ジュニアは体育の授業と乗馬の時間を交換する．

しかしながら，この補足的な努力は少しも費用がかからないうえに非常に有益である．たぶん落馬を回避できなくても，幸い骨折しないようにはなるだろう．

ジョギング，サイクリング，水泳は選手が最もよく行うスポーツである．

よい状態のグラウンドを適切な運動靴でゆっくり走ることが第一歩である．しかし，魅力的な負荷に達するためには，早くから起伏のあるグラウンドを使い，約30分間走る必要がある．四季を通じて上手に加減しながら，特に冬の間は，週に1～2回の割合で，効率のよい練習をまとめあげる．最終的な準備期間中で，ギャロップの日に，走りながら自分の馬と仲良く暮らすことは楽しい．

腰痛に悩む選手に最適なサイクリングは，選手の筋肉の成熟を補完し，好気的能力を発達させる．背筋を伸ばしたり，反対に脊柱を曲げたりする姿勢は背中の筋肉をやわらかくする．膝と踝（くるぶし）の機能の向上は関節の柔軟性を助長する．しかしながら，いくらかのルールは守られなければならない．つまり，膝の運動から生じる痛さを回避するため，サドルをかなり高く調整する．頚の脊柱前彎過度（せきちゅうぜんわんかど）*32を抑制するため，ハンドルを高くする．凹凸道の振動を和らげるため，タイヤの空気圧を過度に高めない．遠乗のリズムを少し上回るリズムでほとんど起伏のない地面を30～40 km走行するのは，大腿の余計な筋肉強化の負荷がなく，コンディション調整によい運動である．

2つのスポーツを組み合わせると，楽しくなる．したがって，起伏のある場所でのジョギングは，ゆっくりしたリズムの20～30分のサイクリングに徐々に変わっていく．そうすることで翌日の筋肉痛は回避できる．

水泳は上半身の柔軟性，脊柱の伸張，呼吸による肺活量の向上を促進する．背中の下部の前傾や頚の脊柱前彎過度を回避するため，水中で息を吐く．背泳は脊柱を伸ばすのに最良の泳法である．平泳ぎは脊柱の近傍にある筋肉を発達させることによって背中の脊柱後彎（せきちゅうこうわん）を小さくする．クロールは肩よりも内側で呼吸することによって不良湾曲を修正する．

他の運動にも予想外の利点がある．ウィンドサーフィンは乗馬と類似点を持つ．つまり，ウィンドサーファーは状況判断を拳と足のみで行う．これは馬術選手が自然扶助で行うのと同じである．セイルを操作するブームを持つ腕は風の抵抗に応じて動かす．これは選手の両肩が手綱の張り具合を調整するのと同じである．障害飛越の選手は，経験を積んだウィンドサーファーのように内転筋を緊張させることによってバランスの変化に対応する．このスポーツは注意力を刺激し，精神集中を促進する．

---
*32 脊柱を形成する多数の核の融合傷害．

第2部　コンディションの調整および身体の準備

　この種の分析はスキーや水上スキーについても同じである．しかし，これらのスポーツには欠点がある．ウィンドサーフィンの場合，初心者は帆の立て方がぎこちないので，背中にタイミングの悪い力が働き，結果的に急激な振動を引き起こし，すでに動きをよくした脊柱への妨げとなりかねない．

　予防の体操は脊柱の痛みを特に軽くする．専門家は各人に合わせて一定の運動を勧めている．それらは毎日10分間実行する必要がある．

　章末の図33（122，123頁）はストレッチの例を示している．特に乗馬に適したこれらの運動は，筋肉グループを数秒間激しく緊張させた後，ゆるめることをめざしている．したがって，各訓練は2つの動きを含んでいる．収縮と伸張である．レッスンは各週で2～3回交替させることができる．

　自己受容性*33の訓練は，一定の特殊な筋肉グループの緊張感覚を，他のグループのゆるみと関連しつつ選手に与える．これらの訓練は力を使わないで，バランスと調整の新しい概念をもたらすであろう．この効果は定期的な実施と専門家による規則正しい指導に関係する．

3．身体的活動のプログラム

　プログラムは選手自身の身体レベルにより異なる．調教を実際に行うプロは自分の身体的条件の改善に，自分のトレーニング時間の1/3

を当てる必要がある．プロは筋肉の緊張緩和，心理的息抜きおよび乗馬の強化訓練にふさわしい筋肉と骨の不足をいかにして補うかに細心の注意を払う．短い鐙革で騎乗するギャロップと，鐙なしの障害飛越運動を含む騎乗種目を規則正しく実行すれば，必要とされる筋肉の強化と軽いコンディション調整が確保できる．バランス運動，内転筋の筋肉強化訓練（鐙を外した軽速歩），および骨盤の働き（速歩と特に鐙を外した駈歩）のゆるやかで，かつ伸び伸びした運動を含む騎乗訓練は，トレーニングプログラムに必ず組み入れなければならない．

　騎乗運動に加えて，競技に出場する選手はジョギング，水泳あるいはサイクリングのような補完スポーツを交互に行う．これらのスポーツはテニス，フェンシング，あるいはバレーボールのように疲れを癒す運動で肉体的コンディションを改善し，反応性，競争心を目覚めさせておき，過剰なエネルギーの消費を減らす．定期的な矯正体操の実施と運動療法士の検査によって，この分野の不足分が補われる．

　アマチュアはウォーキングやジョギングを，自分の本職のスケジュールのなかに織り込むことによって，身体のコンディションを改善する．週末には，乗馬によく似た補足的なスポーツ，つまりサーフィン，アルペンスキーまたは水上スキーをやりながら，自分の技術を磨く．

　学校で体育の授業がたびたび取りやめとなるジュニアは，自分たちの身体のコンディションの調整を自信に満ちた教師の意思に頼るか，あるいは予備実習を利用して向上させる．

　彼らに用意されたシーズン当初の実習で，肉体的運動に対する意欲を引き起こすために自分

---

*33 生体の置かれている状態（特に位置感覚）を自身で感知すること，たとえば自身の筋肉がどのくらい緊張しているか，平衡感覚など．

に何が不足しているのかを見つけなければならない．毎日トレーニングセンターが考案したクロスカントリー用の固定障害を用いて練習したり，身体をやわらかくする軽いジョギングからはじめる．

そして，次のステップでは，選抜競技あるいはジュニア選手権争奪戦のときのこれら若い選手を観察して，最優秀者のためのヨーロッパ選手権または連盟や部門での選手権をめざして，彼らのコンディションをよくするため，息切れする者に注意し，選抜された者を指導することができる．夏の研修で，選抜された者は，二元的なトレーニングを受講する．1日は基本的な動きの徒競走あるいはサイクリングに当てられる．もう1日はストレスを和らげる気晴らし法に重点が置かれる．卓球のような活発なスポーツは反射的行動を研ぎすまし，ゆったり落ち着いて闘志をもち続けるため，再評価されている．

自分に合った補足的スポーツ，気晴らしになる運動を選択し，自分の肉体的状態と自分の技術を改善しなければならない．成功によって喜びを向上させ，安心感をさらに強め，自分の馬の能力と欠陥に冷静に対処する資質をもつためにも，誠実にこのプログラムを行う必要がある．

第 2 部　コンディションの調整および身体の準備

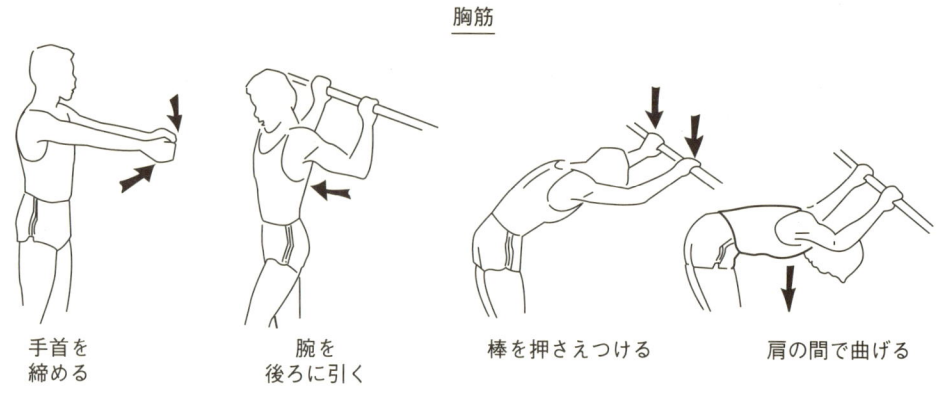

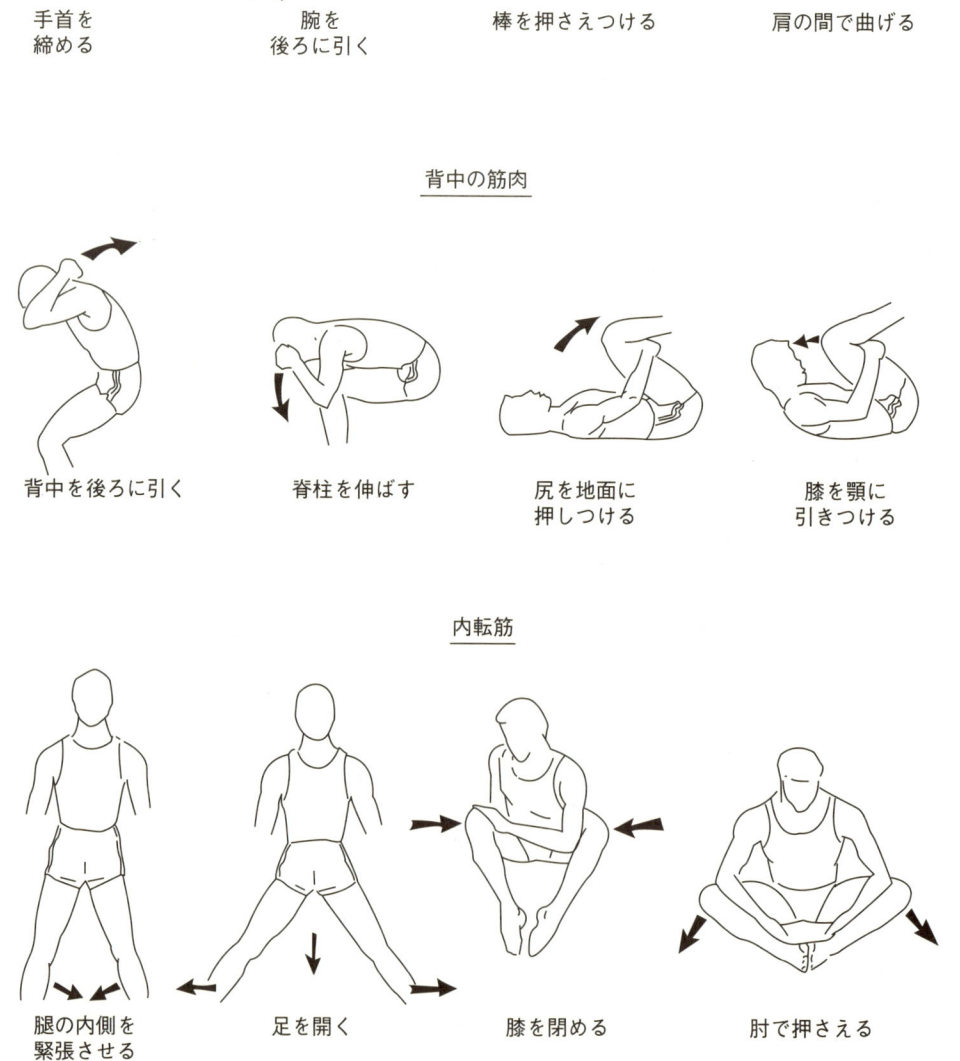

胸筋

手首を締める　　　腕を後ろに引く　　　棒を押さえつける　　　肩の間で曲げる

背中の筋肉

背中を後ろに引く　　　脊柱を伸ばす　　　尻を地面に押しつける　　　膝を顎に引きつける

内転筋

腿の内側を緊張させる　　　足を開く　　　膝を閉める　　　肘で押さえる

▲ 図 33：ストレッチのレッスン．▶

選手の肉体的準備

ふくらはぎ

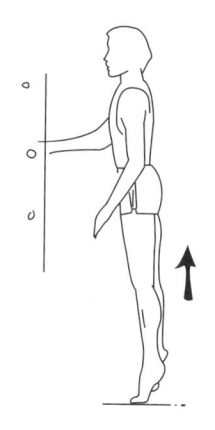

足の指で立つ

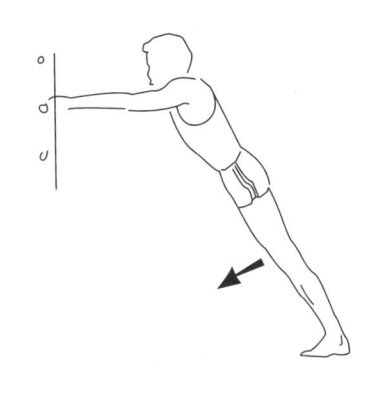

前に傾く

腿と腹部の前筋肉

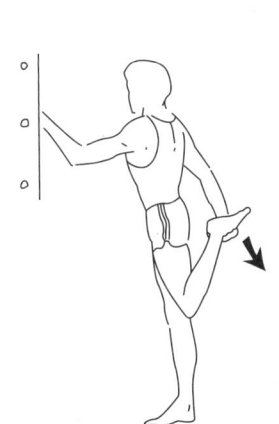

足を下方に押す

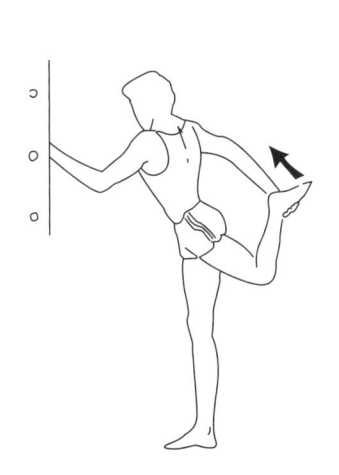

足を上方に引く

股関節の屈伸

脚を下方に押す

股関節を押す

3e PARTIE
LA COMPÉTITION

*Le cadre de ce chapitre
est celui d'une épreuve combinée
de plusieurs jours*

第3部
馬術競技

この部の説明範囲は数日間にわたる
総合馬術競技に関する事項である。

第3部 馬術競技

馬の輸送

1. 出発準備

出発前に，ワクチン接種の実状を把握するため，健康手帳を調べる．

注意すべきはインフルエンザである．再接種[*1]は，最大限1年（マイナス1日）の間隔をあける．しかし多くの獣医は，もっと頻繁に再接種を行い，馬鼻肺炎（rhino-pneumonie）の予防注射も勧めている．

狂犬病（rage）に対する予防接種は，フランスの大部分の地域をはじめ外国でも義務となっている．したがって，各地に移動することを前提に育てられている競技用馬は，計画的にこの予防接種をしなければならない．破傷風（tétanos）の予防対策も特に勧められている．

馬伝染性貧血（anémie infectieuse：伝貧）の有無を検査するコギンズテスト（Cogginsテスト）は多くの公共施設や外国の競技でも義務とされている．結果が判明するには10日ほど必要である．

馬体の特徴記載は，事実に合致していなければならない．傷跡に白い毛が生えて様相が変わっていたり，去勢が登録されていなかったりするのは稀なことではない．これらの修正事項は（フランスでは）国立種馬牧場の代表者によって健康手帳に修正される．

"国際総合馬術競技／CCI／CIC[*2]"にエントリーされる国際競技の出場馬は，外国およびフランスにおける競技の際，国際パスポートが必要である．実のところ，これは"国際馬術連盟／FEI"の連盟本部が有効と認め，特定個体識別番号（パスポートナンバー）が付記された別の表紙で装丁された健康手帳である．これは国内の連盟（NF）が窓口になり交付される．発行にはかなりの期間が必要である．

蹄鉄は出発10〜15日前に取り替える．蹄鉄は軽くて薄くもなく，滑り止めのクランポン（写真56：162頁）がしっかり固定できるように加工されており，巧みな技術を用いることで，内側を面取りして軽量化を行う．また，落鉄のリスクを減らすため，前肢の蹄に鉄唇[*3]をつけ，蹄鉄の外縁はごくわずかで，鉄尾は短

[*1] ワクチンによる免疫を高めるための注射．
注）予防接種は各国また地域によって定められ，国際基準では統一されていない．

[*2] CCI：Concours Complet International
CIC：Concours International Combiné.
[*3] 蹄鉄の蹄尖部または蹄枝に作られた小さな唇状突起．蹄が後方または内外にずれないようにするための突起．

めにする（写真48，49：各150，151頁）．

敏感な肢をもち，砂利道を走行しなければならない馬については，蹄と蹄鉄の間に革製のパッドは効果的であるが，上弯*4のところで蹄底を圧迫して，この種の馬を苦しませるおそれがある．最後に競技の後，蹄は正しい基準で装着されているか，蹄踵を痛めてないか見直す必要がある．蹄踵を痛めた馬には，蹄踵を保護する加工をしたり，軽く，クッション性の高いアルミ製の太い蹄鉄を装着するとよい．それぞれ，ケースにより異なるが，基本原則は最終的に肢勢が狂うのを避けるべきである．装蹄師は1個か2個の予備の蹄鉄をいざというときのために携帯しておく．

大規模な国際大会では，あらかじめ通知して，寝わらを選択することができる．手入れに手間がかかるが，わらよりもおがくずのほうが好ましい．飼料の消費量が管理しやすいからである．長期にわたる競技では，ときには飼料などを現地で調達することになる．イギリスでは，現地調達が強制されている．ヨーロッパ大陸からの乾草輸入が禁止されているからである．

競技や馬の輸送の期間を考慮して，2～3日移動が遅れても（怪我や車両の故障など）不足しないように余裕をもって，飼料を用意する．穀類，ビタミン類，ミネラルや塩の万一の場合の補充を忘れてはならない．数個のバケツを用意する必要がある．馬房内に備え付ける水桶用，水の運搬用，飼付用，手入れやバンテージ用である．バケツを備え付けるには，ダブルナスカンを使うと便利である．少し食欲の出るものを食べさせるため，電解質として，とうきびのわらと，消化を促進させるため，アマの種子を持参するとよい．食欲が減退するような場合には，大量のリンゴや人参を与えれば食欲が増進し，飼食いもよくなる．出発前に普段の馬体重を量り，その数値を競技後の体重と比較し，推移を見ることは健康保持に有益である．

作業効率を考慮して，鞍置き台，水勒や大勒をつるして手入れするためのフック，場合によっては，馬着かけ，たてがみを編むときの踏み台を持参するとよい．競技が数日続くときには，すきま風を避けたり，馬房の出入口を閉めたりするため，金槌，平頭釘，プラスチックのシート，なければおがくずの入っていた袋を切り開いたものを利用する．

馬の手入れ用具として，いろいろなブラシ，鉄爪，スポンジ，つや出し布，タオルの他に，毛を編むための道具（はさみ，ゴム紐，櫛，洗濯ばさみ），肢に塗る蹄油と刷毛，保革油，サドルソープ，汗こき，小刀，場合によってはペンチが必要である．食器用の洗剤は，クロスカントリーの後，肢に塗られているワセリンを洗い落とすために使える．

衣服類，厩舎用馬着，競技用化粧馬着，馬の背中を覆う裏地がキルティングの馬着や，雨馬着，冬用の馬着，イヤーネット*5をまとめて，ひとつのバッグに入れる．これらは数多く必要となる．つまり，馬体を乾かすために馬着を交

---

*4 前肢の反回をよくするために，特に前蹄の蹄尖部を上方に反らせること．

*5 頭巾：音や虫に敏感な馬に着用．

互に着せたり，重ねて着ることで馬着の間に重要な空気の層をつくるためである．

寝わら用フォーク，あるいはおがくずのボロ取り用塵取りと熊手，さらに馬房の前の草地に干した寝わらを掃除するための熊手や箒も準備する必要がある．

自分の厩舎での厩舎生活以上に，競技会では伝染病や，かすり傷，切り傷の場合の流血／腫れを予防するための衛生観念をもつべきである．

獣医や関係者の医務用救急箱に入れるもの：
- ◆ 小型器具：はさみ，安全ピン（ゼッケン用），接着用テープ，懐中電灯，体温計（現地到着後，毎朝，馬の体温を測る．不意の高熱に注意し，タイミングよく必要な処置が執れるように）
- ◆ 保護システム：ヴェルポー（Velpeau）包帯，伸縮性包帯，ガーゼ，木綿の包帯
- ◆ 洗濯および消毒用具
  - ● 脱脂綿
  - ● 消毒用石鹸（Mercryl, Vétédine）
  - ● 乾燥用染料（消毒剤：bleu de méthylène，染色色素：éosine）

注意：ヨードを含んだ製品は，アレルギーを引き起こすことがあるので避けること．70度のアルコールは効果があるが，刺激がきつい．ある種の消毒用スプレーは絶縁の薄膜の中に伝染菌を閉じこめるのでよくない．

- ◆ 化膿していない亀裂[*6]用の油脂分の多い軟膏

- ◆ 抗生物質の軟膏

コルチコイド[*7]または抗炎剤をベースにした製品は獣医の指示がなくても，避けるべきである．

- ◆ 四肢を手入れする物品：
  - ● 抗炎症性の調合薬（馬1頭につき2瓶）
  - ● アストリンゼン[*8]：アルモリカの土 terre Armoricaine……，酢酸鉛水溶液（eau blanche 鉛の抽出液：1リットル当たりスープ用スプーンに1～2杯を加える）
  - ● 携帯コンロと予備のガスボンベ，マッチ，片手鍋，へら（スパチュール），古新聞紙
  - ● 厩舎用肢捲を2組（4本）と木綿の空バンテージ

- ◆ 四肢を保護する用具（競技中，支障が発生した場合に有効）：
  - ● コック（肢の形をしたプロテクター）および運動用肢捲，ヴェットラップ（Vetrap），針と糸（運動用バンテージを縫い合わせるため）
  - ● 踵敷き，プラスターを塗った包帯2個，分厚い脱脂綿
  - ● 氷を入れるビニール袋，冷却用パッド，ブーツ

- ◆ 装蹄用具：
  - ● 剪かん，釘，装蹄槌，予備蹄鉄，場合によ

[*6] 繋の部分にできる炎症性の亀裂．
[*7] corticoïde：副腎皮質ホルモンおよびこれと類似の作用を持つ化学合成物質の総称．
[*8] astringent：収斂薬：傷口や粘膜の血管を収縮し組織を緊縮させる薬物．止血，鎮痛下痢止めなどに用いる．

ってはイージーブーツ

最後に，すべての書類をまとめておくこと：
- 馬に関するもの：パスポートまたは健康手帳，保健証券，検査手帳
- 選手に関するもの：騎乗ライセンス証，医療手帳，規定集，大会要項
- 馬運車の車検証，競技場へのアクセス図，道路地図，日程表

2. 輸送

馬輸送では，馬が怪我をしないように，十分注意する必要がある．輸送の結果，故障した馬，あるいは元気のない馬を往診の獣医に見せるのはまことに残念なことである．筋肉の痙攣に非常に敏感な馬がいる．痙攣は馬の潜在能力をおおいに損なう．

まず，移動する際，馬の歩行を考慮して輸送用バンテージで肢を覆う．特に車輪に球節が触れるような輸送車には馬にワンコ（蹄冠予防帯）を付け，管は繋まで届く長いバンテージで，膝当ては高くまで上げて膝を保護する．球節はスポンジで上から包み込み保護する．

テールガードは頻繁に必要になる．これは気の利いた予防策である．使い古した運動用バンテージはテールガードの代わりになる．数回捲いたところで長い毛の先端を折り返してピンでとめると，滑り落ちるのを防げる．

総合馬術競技では，移動の道のりは長い．出発時は，朝早くて涼しいが，到着時は暑い．車中の温度に応じて，馬着を着せたり，脱がせたりするため，時々停車することを心がけねばならない．馬が牽引トレーラーでなくトラックで輸送する場合には，馬に馬着をかけることは減らすべきである．馬が風邪をひくのは，輸送中に多い．なぜなら厚着をすれば馬は汗をかいた状態で風に当たるからである．それを避けるためには，片方だけ窓を開ける．

輸送中，たびたび馬は水を飲まなくなる．対処として水に浸しておいた乾草をヘイネットに入れて置いておく必要がある．飼付や水飼のため，休息の時間を設けねばならない．

馬運車の運転は非常に重要である．馬が動くのを感じ取れない運転手は不注意な運転をする．馬力の強い車に牽引されるトレーラーでは良識的な制限を超えたスピードで疾走する可能性がある．したがって，まず，カーブを切るときに速度を落として馬を驚かさないという原則を守るべきである．つまり，ブレーキをかけ，スピードを安定させてから，カーブを曲がるようにしなければならない．

目的地に到着すると，馬房を入念にチェックすべきである．壁板がざらざらしていないか，釘が出ていないか，板が割れていないか，壁と床との間に隙間がないかを調べてから，馬を入れる．馬は寝転び，放尿し，水を飲む．次に筋肉痛を癒すため，曳き馬をする．馬が草を食べるときには，寄生虫をもつ馬から伝染したり，他の馬に使われ過ぎて，汚染されたような草地は避けるべきである．もし馬房の選択が可能であれば，給水場や馬具置き場，あるいは馬運車のすぐ近くの馬房を使うのが好ましい．風雨が強く当たるところは避ける．

第3部　馬術競技

飼料が不足気味で，馬運車内や休憩地で飼付ができないときには乾草を余分に与える．

もし天候が悪くなるようであれば，馬房の窓などをプラスチックのフィルムなどで塞ぐ．それらのフィルムは補強のため，末端を折り曲げる．馬が馬房の木の板をかじり，壊すことのないように，内側から釘を打ち補強する．戸口のフィルムは昼間は簾のように巻き上げる．水桶はナスカンを使ってつるして設置する．ヘイネットは，馬が肢に絡ませないように高いところにナスカンでつり下げる．飼桶は飼付から次の飼付までの間は，取り去るので，外せるようにする．馬具を入れる鞍箱は馬房の側に置く．鍵の紛失を避けるため番号合せの錠前をかける（写真41）．

3. 到着時の馬体検査

国際競技では，馬は目的地に到着してから馬体検査を受けるが，ときには，馬運車から降りるときに，検査が行われる場合がある．馬着や輸送用バンテージなどを外し，パスポートを参照しながら，馬体の特徴が確認される．また，予防接種の状態が調べられる．

獣医師は馬を診察し，健康状態，傷の有無，ときには正常に歩行できるかを確認する．場合によっては，獣医はその結果を出場資格の決定権をもつ審判員団に報告する任務がある．

選手は許可された練習馬場で規定されている

写真41：設置された仮厩舎（簡易厩舎）．

馬装を義務づけられている．英国では，乗馬には猟奇帽（bombe），障害飛越にはヘルメット（casque）の着用が義務づけられている．フランスでは，準備運動でも猟奇帽が必要である．

最後に，馬の馬匹番号を入手しなければならない．馬房を離れると常に，放牧の場合でもその番号を馬体表示する必要がある．鞍や銜を簡単に取り替えても支障がないように，むながいにそれを付けておくのが理想的である．

馬術競技

1. 馬体検査／ホースインスペクション

　ホースインスペクションは，馬が正式に承認されてから馬場馬術競技の前日に行われる．グルームは，選手が来るまで1人で馬の準備をする．馬の準備には少なくとも1時間半必要である．また馬のプレゼンテーションの前に，30分歩かせる．仏国内競技のホースインスペクションは馬匹番号順に行われる．国際総合馬術競技CCI／CICでは，国名のアルファベット順，次に馬名のアルファベット順で行われる．各プレゼンテーションは約1分間である．したがっておおよその時間は推測できる．国際競技では，非常に多くの出場取り消しがあることを考慮する必要がある．

　大会の何日か前の時点で耳の毛がその縁の近くまでのびているようであれば，越えないようにカットする．同じように，ひげは燃やす．しかし，役に立つ顎の毛には手をつけない．馬体検査当日は念を入れて丁寧にブラシをかけて，馬手入れをした後，項革が接する範囲の毛は切る．特にそれ以上は切らない．毛並みはつや出し布で磨く．いくらかの凝り性の人が，筋肉を立派に見せようと，毛並みをいろいろな方向にブラシをかけ毛並みに模様をつけることがある．尾は球節の角のすぐ下に位置するように短くする．尾はもちろんのこと，たてがみや白斑も前夜にきれいに洗う．朝，たてがみを編む（写真42）．尾はもつれを解き，運動用肢巻で巻き込む前に〈拷問用鞭〉[*9]のように編む．そのとき，尾が乱れると，波を打つようになる．尾を編まない場合は脱毛する．尾が豊かで頂点の長毛が豊富であれば，それを編む．左右交互に外側から尾の小束を取り，真ん中にそれら小束を順次編み込んでいき，三つ編みで終わる（写真43）．編み下げ毛の先端は尾骨の先端もしくは全体の長さと調和を保つため少し高めのところで終わらせる（写真44）．この編み下げ毛は二つに折り曲げ，運動用肢巻で巻き込み，競技まで保全する．それができあがれば，馬が勝手に動き回るのを避けるため，無口頭絡でつないでおくのが得策である．

　馬房を離れる前，馬体全体を点検する必要がある．わらくずが付着しないように，掃除の行き届いた場所で，最終的に蹄に蹄油を塗る．

　プレゼンテーションには上品な水勒銜とそれに見合った手綱または2個のナスカンが付いた特殊な曳き手を使う．

　少しでも馬を冷やしてしまう危険性があれば，馬着をかけてやる．物見して後ずさりして

[*9] 昔の軍隊で用いられていた9本の革紐を束ねた鞭．

第3部　馬術競技

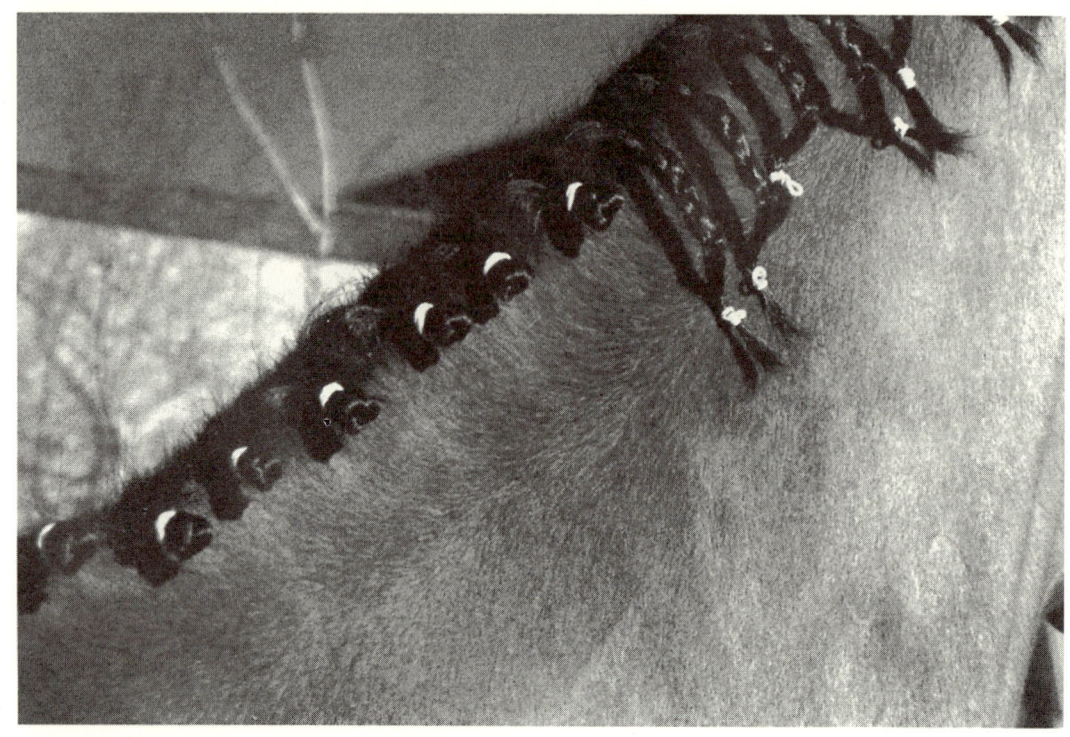

写真42：たてがみの三つ編み．

怪我をするのを避けるため，すばやく取り外しのできるプロテクターを装着するとよい．

　グルームはスポンジ，ブラシ，タオル，蹄油，蹄油用刷毛をバケツに入れて持参する．

　選手は"平服"または競技用衣服を着用する．審判員団に対して失礼のない物腰で臨む．カスケットまたは帽子を脱ぎ，自分の馬を提示しながら，審判員団に敬礼する．場合によっては，馬場馬術用鞭を所持する．

　国際総合馬術競技CCI／CICでは，グルームまたは選手は馬匹番号を携帯する（馬の頭絡に取り付ける）．
　最後に，この機会に，健康手帳を獣医に手渡す．国際総合馬術競技では，到着時のホースインスペクションの際に提出する．

　プレゼンテーションの数分前，馬は選手と一緒に出場しなければならないことになっており，ここでは速歩走行をさせる必要がある．もし出足が遅れるようであれば，左手に鞭を持ち，操作する．必ず馬をまっすぐに保ちながら，制御できなければならない．したがって，第三者に援助してもらって後躯に少し鞭を入れ，出足を促すとよい．

　馬に毛布を着せ，プロテクターなどを装着していれば，すべて取り除く．選手は鞭を捨てる．鞭は禁止されていないが，それを使っても，決して評価されることはない．しばしば混

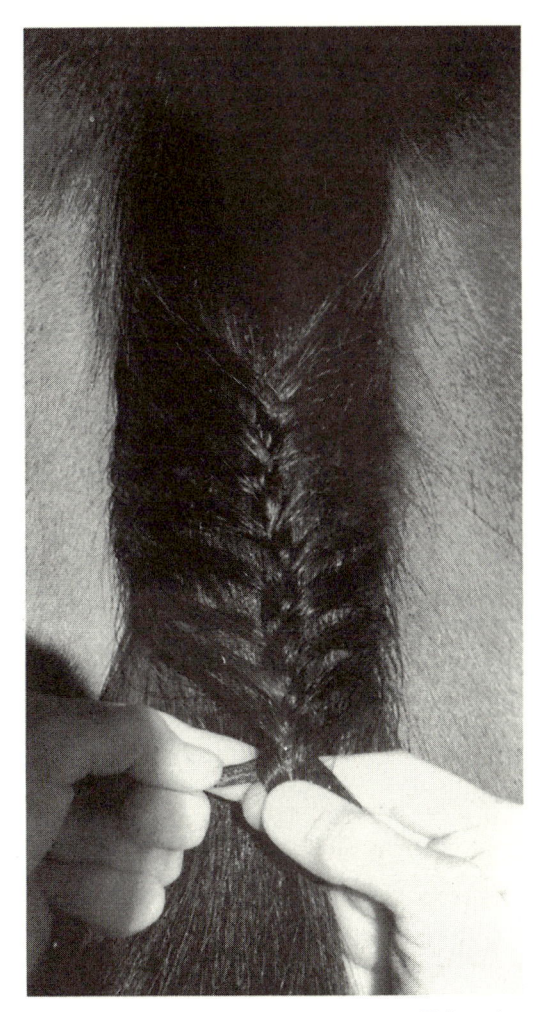

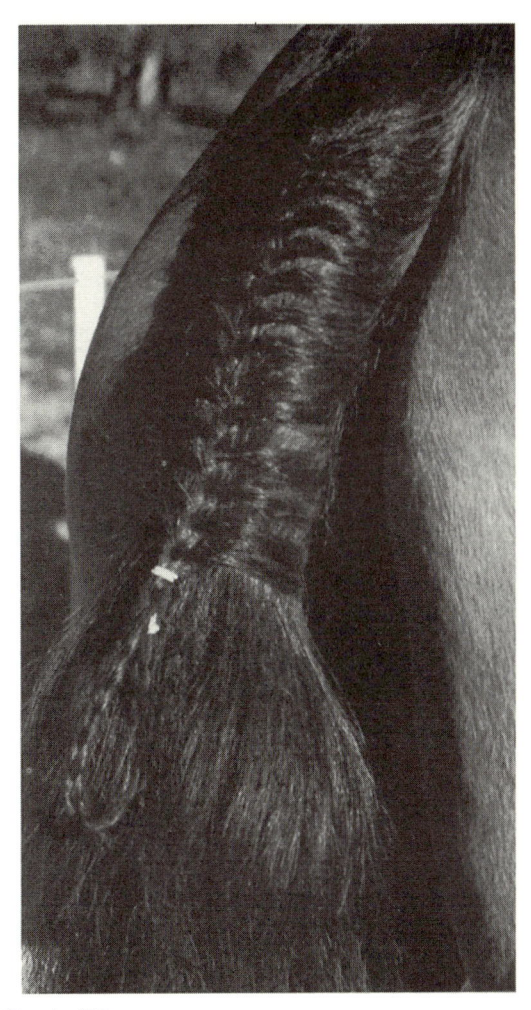

写真43と44：尾の三つ編み．

乱を招く原因となる．悪印象となるすべての痕跡は拭い去り，払い落とすこと．

　馬は自分を信頼している選手に付き添われて入場する．馬は横向きの姿勢で四肢を揃えて停止し，審判員団の前で紹介される．審判長の指示により，馬はプレゼンテーションのエリアの中を常歩で，次に速歩で走行する．このエリアの先には鉢植えが置かれている．馬を推進させながら，それを右手前で回転しなければならない．馬が再び馬体と頭をまっすぐにしたときにのみ速歩走行に入る．出口に向かって帰るときは常に容易である．馬は頭を高く，まっすぐに保ち，長手綱で，速歩走行しなければならない．そして，徐々に常歩歩行に移る．立派なプレゼンテーションの秘訣は歩様の移行と正確さにある（写真45）．

　審判員団が疑問をもつとき，つまりプレゼンテーションにおいて，明白な判断が（駈歩にな

第3部　馬術競技

写真45：ホースインスペクション．
馬の運動の正確さと移行の明瞭さはよいプレゼンテーションのキーポイントである．

ってしまった，短すぎる手綱など）できなかった場合，選手に再度審査を受けるよう要求する．馬の調整が不十分だと判断される場合には，不合格になるか，別の離れた場所（ホールディングエリア）で待機することになる．隔離された馬は，すべての出場馬の検査の後に再度プレゼンテーションが行われ，審判員団は，獣医の意見を聴取したうえで最終決定を発表する．何が起ころうとも，公正さが必要である．したがって，判断される結果が失望の種になることもある（図34）．

翌日か2日後に耐久競技クロスカントリーに出場するので，ホースインスペクション当日の馬の運動はオフィシャルコースウォーク（下見）のはじまる前（の朝）には終わらせておく．また，その調整運動はホースインスペクションの前後の余り時間に応じて行う．

出場者の最終的なエントリーの届出は馬体検査の後に行われる．通常，国内競技ではホースインスペクションが届出を兼ねる．国際総合馬術競技（CCI）では，チーム監督はチームメンバーが競技における役割を明確にするため，特別にミーティングを行い，チーム内の選択および順番を次のように決める．1番目に出場する馬はチーム成績を先導するので，チーム監督は，経験豊富な選手で，スピードは速くはないが，信頼できる馬を1番手に指定する．2番目の出場は比較的若手にする．問題がなければ，3番と4番目の出場は個人成績と団体成績をあわせもつ選手が騎乗する．後発の選手は馬場馬術競技では，より有利な2日目に出場でき，クロスカントリーでは先発した選手の状況を入手

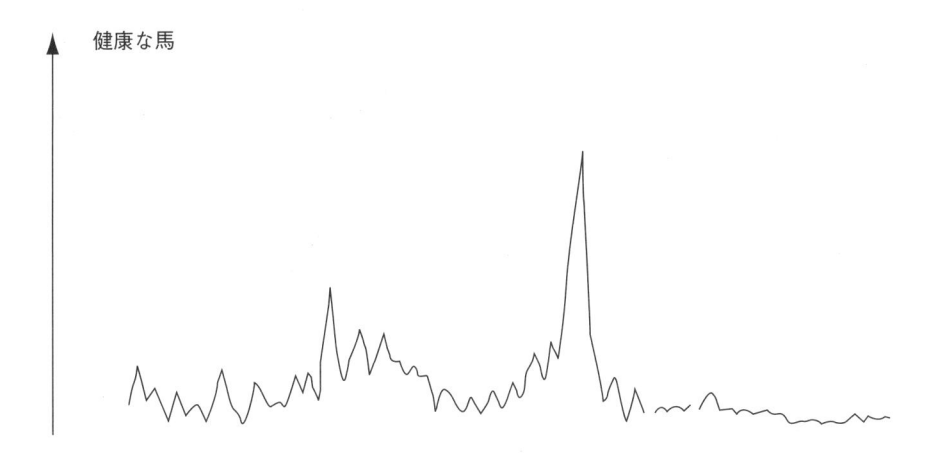

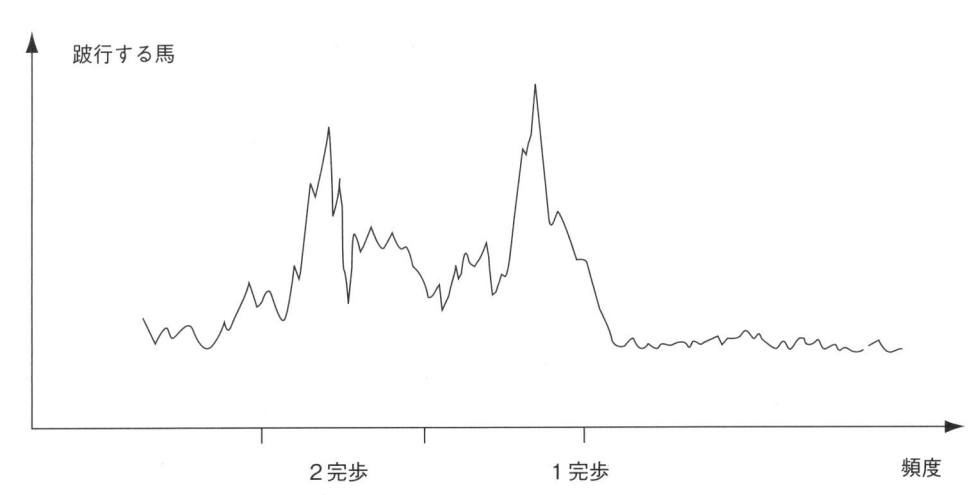

図34：ホースインスペクション（馬体検査）の動き．
跛行する馬の計測された速歩の継続的加速度スペクトル（T. ドロンカ／Dr T. Dronka, パーシヴァル・プログラム／Programme Persival）．
各歩[*10] ごとに，馬は等しく前方に進む．跛行する馬は2斜対肢の対称は崩れる．歩様は2完歩ごとの周期となる．

[*10] 速歩の1完歩．

できる．もしチームの成績が芳しくなければ，最後の選手はチーム成績を上げるため，冷静にならねばならない．

国対抗の国際試合の場合，各国に出場順が公平であるように，チーム（国）の出番を先に決めて，次に個人出場の選手の抽選を行う．

2. コースの下見

馬場馬術競技の前日，打合せ会（ブリィフィン）の後，コースが開示（コースオープン）される．

参加選手は，この〈打合せ会〉に参集する．審判員団が紹介され，使用を認められる練習場，トレーニング用障害，場合によってはギャロップ専用走路について特別な指示が行われる．2本（A区間とC区間）の速歩区間のうち，片方の区間の騎乗走行の許可が与えられることも多い．

国際総合馬術競技では，乗数係数が発表される．問題は，それぞれ異なるテストが，均衡を保つため，係数（たとえば，馬場馬術 3, 耐久テスト（クロスカントリー，スティープルチェイス）12, CSO（障害飛越）1）によって馬場馬術のポイントが加算されることである．この均衡は，最終的な結果に対する各課目の貢献度について内規によって調整される．クロスカントリーが容易である場合，係数は 0.5 に近づく．これが困難であれば，1.5 のほうに向かって増える．この係数は国内あるいは国際レベルの競技において体系的に適用される 0.6 を乗数に付け加える必要がある．要約すると：評点＝

[0.6×平均値（調教審査経路全項目合計点（満点）－各審査員の点数の総額）＋エラーによるペナルティ]×加算係数．

耐久コースやロード＆トラックの地図が各選手に配られる．それから野外コースに関する説明が行われる．装蹄師が待機できるスティープルチェイスのサービスポイント，〈10 min, box〉，クロスカントリー上の停止エリア[*11]など走行にかかわる情報である．コース・デザイナーからは障害について説明がある．つまり，それら障害のオプションに関する印象は，解釈の原点（障害の正面突破）となり得る．自動車特にモーターバイクの通行禁止が明記されている．

最終日の状況，獣医の馬体検査と障害飛越，受賞者の表彰式などの日程はこの機会に言及されるか，もしくは後日に連絡される．

〈打合せ会〉の後，オフィシャルコースウォークがはじまる．2つのロード＆トラックの下見は主催者側が提供する乗用車またはバスで行われる．A区間とC区間のスタート地点とゴール地点をよく見て，通過義務地点（P.O.）の連絡路を地図と照らし合わせて確かめ，主な分かれ道を認識し，距離を示す標識を地図上に書き込んでおく必要がある．車の中では，よく観察できる有利な席を取る必要があり，気晴らしとか，団体旅行にありがちな気楽な気分に浸

[*11] クロスカントリーのコース上には数名の人馬が走行しており，先行者が人馬転倒などのトラブルでコースが塞がって競技が進行できなくなった場合にこのエリアで後続の選手を待機させる．成績の集計で，この待機期間は走行時間からマイナスされる．

っていてはいけない．

スティープルチェイスの下見は，ロード＆トラックの下見のA区間とC区間の合間かもしくはその後で行われる．スタートとゴールの地点，リラックスできる場所，A区間のゴール前のコース上で（スティープルチェイスの）準備運動ができるかどうかの確認．2番目C区間のスタートから200～300m離れた給水車または水飲み場のある救護所をよく見ておく必要がある．スティープルチェイスのコースラインは標識で示されている．これは国内競技では地図上で説明されており，国際競技では通過義務地点によって定められている．第2回目の下見で，コースと標識をより明確に覚えること．

クロスカントリーを最初に下見する際，困難な通過地点，選手の信頼できる，すなわちギャロップ走行技術の必要な地区や，障害の配置を網羅したコースの総合的アイデアをまとめることが優先される．クロスカントリー全体の難しさを知るためには，それらの規模，場所，オプションの有無，あるいは審判の特質を考慮して，判断しなければならない．このように競技の全体像は，連続する困難と一息入れる地域とともに明らかになる．その後で，クロスカントリーのゆるやかなオプションすべてを選ぶことによって，自分の力を評価する．そして，次の下見で自信がつき，自負のレベルを上げる．このようなアプローチは，はっきりした方針に基づいて，時間のかかるオプションの数を減らし，ダイレクトコースを増やすことが，より思慮深く楽天的である．

2度目の下見は翌日に行う．これは2時間たっぷりかける必要がある．この下見は実際の走行を決定づけ，かついろいろなアイデアを比較検討するため，チームで参加することがよい．必要なことは各障害を徹底的に分析することである．

たとえ最もやさしい，あるいは通過する可能性の少なそうなオプションであろうとすべて注意して見極めるべきである．これらは障害の前後50mから，飛越ラインに至るまでチェックする．選手は飛越する可能性のあるすべての障害ラインを〈写真をとるようにイメージして〉記憶する．そして，どのように目前に迫ってくるかを〈動画のようにイメージする〉ことが重要である．アプローチラインのポイントとなる目印は十分に高い位置，低くとも観客の目線（騎乗した目線）に置く必要性がある．カーブの終わる地点に障害が位置する場合は，走路の端にあるカーブの始点を示すポールを目標にすると効果的である．そうすることで，このポイントに向かって疾走する選手は，障害にとらわれることなく，目標に面と向かうために必要な地点で正しくカーブを描ける．逆に，もし選手が目標を直接障害に置くと，やむなく知覚できないほど，（スピードで）コーナーすれすれに近寄ってしまい，ラインから外れて斜めの飛越になる．その結果，障害の前面や着地付近のライン上の木の根や穴が走行の妨げになることがある．

コンビネーションは入念にチェックし，距離を測る．コンビネーションは，斜面やグラウンドの地質，接近するためのスペース，目前の障害の形，ラインにおけるそれらの位置を重視することによって，従来からの効用に匹敵するよ

うになる．最近の試合におけるこれらの要点を説明しよう．距離は，完歩[*12]を 3.50 m と仮定，踏切を 1.80〜2.00 m までと想定して，着地点の位置を 1.80〜2.00 m のところに設定してから，一歩一歩踏みしめて，あるいはもっとよい他の方法があればそれで算定する．歩きながら，無意識にストライドの長さを変えることなく正しく維持するためには，正面に向かって進む障害を意識しなければならない．着地が重要なときには，最初のストライドは短く約 2.50 m とする．馬は自分のバランスを取り戻すからである．グラウンドが下り坂のときは，ストライドは長くなり，下りの傾斜がきつくなれば長くなる．上り坂になると，ストライドは徐々に短くなる．

きつい障害，特にコンビネーションは問題が続出する．初級クラス競技では，各障害は同じ傾向をもっているので，問題が生じても解決法は同じである．しかし，上級クラス競技では，選手はいろいろ違った飛越法やさらに相反する飛越法に直面することがあり得る．飛越可能な方法を見出すには，核となる難しさを見つけだし，それをコンビネーションの他の障害によって課せられる制約との枠内で解決しなければならないことになるだろう．コース・デザイナーの意図するところを理解することが肝要で，それは本書の第 4 部のテーマである．

最終的には障害間や，コース取りを最短距離に走行する必要がある．つまり，大草原では障害が非常に遠く離れている場合がある．また選手が障害を着地してから，次の障害が見えないときなどには，ある何かの物体を目印にしてより近道を走行するとよい．

途中経過の時間を表示する標識を頻繁に利用するには，コースを詳細に調べればよい．そのため距離計[*13]や歩数記録計が使われる．後者は便利だが，障害をチェックするときにはそれを止めることを考えねばならない．もちろん前もって調整しておく必要がある．走行プランが明確であれば，曲線計[*14]は妥当な数値をすばやく出す．尺度を決めるには最初の踏査が，また間隔を割り出すには第 2 踏査が必要である．60 秒ごとに時を告げる時計を使用すれば，コースを 3〜4 通りあるいはそれ以上の分割が選択できる．つまりスピードに応じて，1 分の間隔が 550 m ないし 570 m の距離に設定できる．規定のスピードが馬のトレーニングのクラス分け，または水準にとって速すぎる場合，あるいはたくさんのオプションを選択する場合は，分速 20〜30 m 下げたスピードにしてこれらの標識を設置することができる（これは 10 分のクロスカントリーにとっては約 20〜30 秒のペナルティに相当する）．

走行プランはすべてコースの地図に書き込んで，それらは，障害（標識，距離，困難な箇所など）の図面に示す．

3 度目の下見は必ずひとりで行う．競技のシナリオを想像しながら，オプションを選択し，肝要な行動はすべてイメージすることが必要である．最もおもしろくない役目を演じなければ

[*12] 駈歩の 1 ストライド．

[*13] 回転式距離測定器．
[*14] 曲線の長さを測る機器．

ならないこともある．つまり，第1障害，第2障害で拒止，万が一の落馬あるいは逃避の場合の処置である．失敗が敗北につながらないように，すべてを考慮しなければならない．

　下見のいずれか1回はクロスカントリーで予想される時刻と同じ時間帯に行う必要がある．障害に反射する太陽光線とその日影によって起きる問題点を見極めるためである．

　最後の下見は仲間の選手と一緒に行う．そうすれば，チームとして選択する走行プランを決めることができる．これはまず何よりも手順，スピードの目安，停止ゾーンの位置決定，最適のコースなどを判断するためだ．

　オプションの選定は一定のルールに従わなければならない．ゆるやかなオプションは時間を安全と交換することになる．しかしこのオプションは競技を前にして選手を不利な地位におき，しばしば馬のペースを乱し，ゆとりをなくさせる．回りくどい選択の連続のあとでは，馬と選手はもはや大型で幅の広い障害を通過し，コースを続けることに対して満足感を得られる精神状態ではなくなる．

　しかし，
◆ 始動が遅く，エンジンのかかるのに時間がかかる馬とともに，コースにデビューするに際して，
◆ 秘策が自分たちの手の届く範囲になく，
◆ 秘策が馬術よりもむしろ運にまかされているとき，
◆ クロスカントリーの終盤では，疲れがではじめるが，小さい障害をゆっくり通過するよりも，大型障害を飛越するほうが，ときにはより有利であることを思い起こしながら，状況を十分把握して，選択することを学ばなければならない．

　経験の浅い馬で，〈確実性を狙い〉，またコースの終わりに失った時間を取り戻すために，オプションを決めてはならない．そういうときは疲れのために，避けられた危険よりも結果的に大きい危険になるだろう．腕ききの選手は上手に選択することを知っている．

　スティープルチェイスの2度目の下見の際には，障害が自然のライン上に正しく置かれてなく斜めに配置されてストライドの調整をしなくてはならない場合は特にコースを正確に見極める必要がある．距離は4分割されているか，またはクロスカントリーのように1分の長さに分割されている．2周すれば，歩くだけで簡単な計算が可能になる（図35）．

　これらの下見の目的は論理的かつ積極的な考えを要する．
◆ 手順の選択を行い，それに固執すること
◆ すべてのオプションを研究し，必要なものを採用することができるようにすること
◆ 常に冷静であるよう成功や思いがけないことさえも含め，すべてを予測することである

第3部 馬術競技

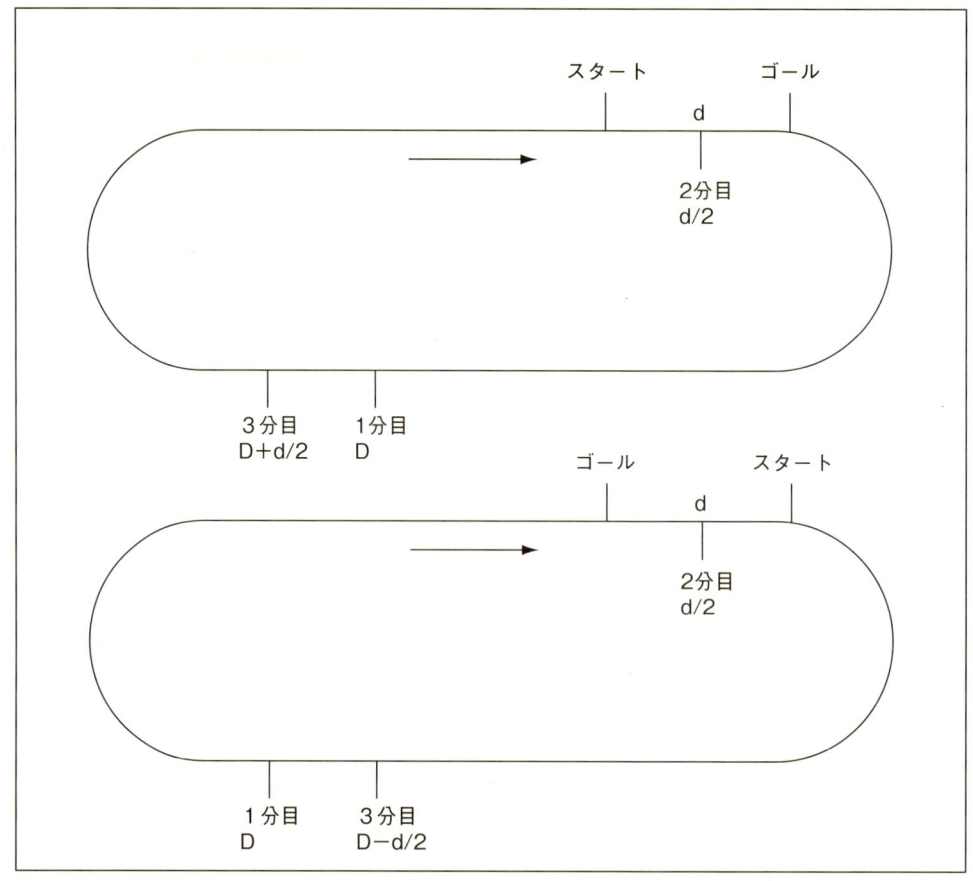

図35：スティープルチェイス（4分間）における分の計算．
　　　D＝1分目の距離．
　　　d＝スタートからゴールの距離．
　　　走路の距離が知らされているとき，分の目印はそれぞれ 半周±d/4，1周±d/2，1½周±3d/4．

調教審査（馬場馬術）競技

1. 馬装

　馬場馬術では，プレゼンテーションと快適さに，おおいに心配りをしなければならない．大げさではなく，運動に対するあなたの正確さが，あなたの態度ににじみでていることを示すのである．あなたの余裕はあなたの物腰や優雅さ，ひいては，馬の優雅さを左右する．そういう環境の下においてのみ馬の歩様を向上させることができる．

　鞍は馬場鞍を使用する．あおり革[*15]が十分長く，長靴の上部と窮屈にならないサイズ．下あおり革に長い腹帯のタイプの利用者は減少傾向にあり，短い腹帯に適合する鞍が増えている．腰を反らせ腰痛を引き起こす高すぎるシートや，大腿を押し開き内転筋を伸ばす高い前橋には気を付けなければならない．もし現在の鞍の機能性がよいとすれば，それは十分にやわらかいシートになったからである．小さな留め金の鐙革託環は脚を一層後ろに位置づけることができる．脚の下で分厚くならないようにカットされている羊の毛でできたゼッケンやスポンジ状のもの，あるいはもっとよいのはポリメールのゼッケンを使うことが望ましい．ポリメールのゼッケンは薄く，ショックや細かい波長の振動をよく吸収するからである．鐙は平たく，し

たがって高くなく，滑り止めの鐙板（ステップ）を備えている．弾力性のある腹帯は避けるべきである．なぜなら，装鞍には遊びが大きすぎるからだ．

　小勒や大勒は上質の革製で優美なものである．大勒の手綱は勒全体が重くならないで，拳によく馴染むように薄い．ゴムの手綱は禁止すべきだが，手綱の内側に縫いつけられたゴムラバーによって親指を十分閉めないで乗るような選手にとっては，手綱の保持を確実にし，よい具合に長さを維持できるようになる．

　銜にはビットガードゴムを付けない．常に簡素にしておく．革製，プラスチック製，ゴム製，あるいは一種類で同一の金属製でなければならない．ボシェ銜は大勒とともに使うときにのみ許される．銜の継ぎ目が2つある銜は，その中央で銜枝の両端が互いに接触しなければ許される．国際総合馬術競技では，銜のリングの直径は8 cm，大勒銜の長い銜枝は10 cmを超過してはいけない．

　項革は耳を締めたり，ゆるんだりすることなく馬にうまく調整して装着する．鼻革はそれを締めても，快適であるように幅は広くできている．国際総合馬術競技では，鼻革をプラスチックで縁取りしたり，金属の装飾で強化してはな

[*15] 鞍の両側の革．

らない．グルメットはグルメット止革にねじれないように付ける．この止革は革またはゴム製で，金属製ではない．グルメットが錆びるような場合，きれいになるように，1日中ポケットに入れておくこと．衛枝を45度に傾けるために，左右双方の穴の数を同じに調整する．S鐶はその先端が小勒のリングにひっかからないように気を付ける．頬革は，環金に連結されて，頬革の余革が長すぎる場合は裏から頭絡と同じ色の輪ゴムで固定する．革の先端を折り曲げたりしない．

手綱と頬革は同じ革で揃える．できれば，鞍やむながいも同じ色にする．このむながいで，優雅さを増す馬がいる．これは些末なことではない．国際総合馬術競技では，むながいに馬匹番号を付けることができる．

白い鞍下ゼッケンは長方形が好ましい．他の形状，総合鞍に合わせることも稀にある．ゴムでできたき甲保護パッド付の鞍下ゼッケンは野暮ったくはあるが，鞍を安定させて圧迫を避ける．

クランポンは硬い地面に適している．露は朝早く走行するときひとつの罠になる．一般的に各蹄鉄に付いている2つのクランポンで，前肢をバランスのよい状態に置く．怪我のリスクを考えたとき後肢は蹄鉄の外側だけの装着でもよい．

馬場の演技の服装は調和がとれていること．平服であれば，裾が風でめくれることのないように端のほうを重くする．馬が上着の裾を気にしないようにトレーニングで慣れさせる必要がある．一方，尻に皮を張ったキュロットを評価するものがいれば，他方で長靴に松脂を塗るこ

とを好むものもいる．松脂は馬体ではなく，鞍のあおり革に密着させるため長靴の上部に塗るか，あるいは靴底に塗り，鐙に接着させねばならない．これらの方法は，非常に敏感な馬には効果があるが，騎乗者の動きを封じるので，普段は使わないほうがよい．1cm以上の拍車を用いる際は選手の脚の長さや馬の感性にふさわしいものでなければならない．刺激が強すぎると，馬は尾を激しく振り，審判員団による減点の対象となる．拍車のサイズよりもむしろ馬を前進させる手法の問題である．一般に調教済みの馬には先の丸い拍車で十分である．外側に傾かないように，拍車革を短くし，先端を固定する．白色の手袋は服装の節度を表現するが，拳の動きをも目立たせる．

2. 馬場馬術競技の準備

馬場の演技に関する品性の半分は，リラックスすることにある．準備運動では競技の時間帯に，馬の能力を最高の水準に達するように進める必要がある．先んじてはならない．特に最初のウォーミングアップで，リラックスできる時間が短くなったり，長すぎたりすることが頻繁に起こる．複雑な訓練をはじめるのが早すぎて準備運動を終えてしまうと，選手は休息し待つだけとなり，しばしば手もちぶさたになる！

国内総合馬術競技では，馬に競技のストレスを引き起こす雰囲気に慣れさすために，何回も馬房から外に出す．長い逍遥(しょうよう)によって，倦怠感とそれに慣れることが求められる．この運動は徐々に短くする．というのは，馬に疲れが現れ，忍耐力がなくなるからである．すべて経験によって得られる感覚に依存する手加減の問題

である．馬が同じ程度の反応，緊張，寛容さ，推進力を示さなくなってくると，いらだちと興奮を避けるため，中止しなければならない．

　最初の準備運動は，調馬索運動による上手なウォーミングアップである．必ずしなければならないのは馬にワンコを履かせ，常歩で10分ほど歩かせて，各関節に運動性を取り戻させ，各筋肉を暖めることである．多くの選手が馬を急いで，動かすことで，この調馬索運動で怪我をさせる．緊張をほぐし，馬の正常な状態を維持するには，サイドレーンあるいはゴム製のレーンが必要な場合がある．競技場ではゴッグやシャンボン*16をつけた頭絡の使用が禁じられていることを想起しよう．馬が，長時間外乗させられる国内総合馬術競技では，調馬索によるリラックスはあまり必要性がなく，代わりに常歩の長い逍遥騎乗の後，許されれば，ロード＆トラックの速歩走行を行う．

　続いての準備運動は柔軟体操のウォーミングアップである．つまり，常歩による柔軟運動で，腰角を外方に，次に内方に移動させ，それから前肢を中心に半回転させる．これらのレッスンによって，脊柱と後躯の関節が運動性を取り戻す．拳の維持（手綱の張りにむらがないこと），次に整静（屈撓および軽快さ）はそれ自身非常に容易になる．輪乗上の速歩運動は，馬をリズムと推進力でもって直線上に戻す．そこから速歩は，背中の筋肉の調和を取り戻すのにふさわしいテンポで駈歩に移行する．神経質な馬を冷静に維持するため，選手はこの準備運動で，よく練習してきたフラットワークを軽速歩

で行うとよい．そして最終的には，選手は体重の応力で（正反動）馬場運動ができるようにする．体重により（正反動）馬の背中がこわばってきたら，また軽速歩によって解消する．

　推奨される速歩による運動の中から，常歩と同じように斜めへの運動を引用する．ここでは，馬体を柔軟にする以外に，動作のすばやい開始と服従を探求する．速歩の輪乗の大きさを変えながら，歩様を駈歩に移行，のびのびした姿勢で走行する大きな巻乗と，屈撓しつつ行う小さな巻乗を混ぜながら，選手は馬が斜対扶助に従うことを確認する（外方手綱，内方脚）．最後に，管理されている〈ダッシュボード〉*17を調べ，当初の能力を確認する作業が残っている．つまり，扶助の作用をゆるめても，馬はスピードと方向を守りながら，従順に運動をしなければならない．

　次に来る準備運動は，効果のある運動を，さらに短く約15〜20分続ける．そして先の準備運動つまり柔軟体操を30〜45分続ける．先の準備運動は，以前に行った運動を遅滞なく呼び戻し，次に規定運動課目の一層特殊な運動，つまり停止，後退，横歩，反対駈歩からはじめる．これらはすべて計算したうえで，念入りにミックスして演目を調整する．選手はそれを手直しせずに自分の能力の最良の状態で演じ，騎乗姿勢を披露するために，今までのトレーニングの成果を再現することを試みる．停止や後退のような馬の不得意な点を強調しないで，伸張速歩のような得意技に力を入れる．

　準備運動の合間に，馬の競技出場の準備を整

---

*16 Chambon：馬の頭頚を前下方に伸ばせる調教用具．

*17 計器板．

える．馬体を壁にこすりつけたり，転げ回ったりして編んだたてがみを崩さないように維持する．尾を編み上げ，バンテージで巻き込む．毛を編む場合は別として，馬を馬房につなぎ止めない．準備運動と本番の演技の間には当然くつろぐことが至上命令である．外部から馬を見守るだけにすればよい．最後に，わらやチップのくずが付着しないように蹄に油を塗る．蹄鉄のクランポンは最初の準備運動のときから装着しておく．打撲の危険を避けるため，運動時や馬房内でもプロテクターを付けておく．準備運動の間でもクランポンを付けておくことはプレゼンテーションと同様に重要である．というのは，もし馬がウォーミングアップのときに滑った場合，驚いて，肢を踏ん張って歩けないことがあり得るからである．

　最後の準備運動は20分間続く．国際総合馬術競技では，出番の10分前に，出場人馬は，特別の準備運動馬場で控えることになる．この準備運動馬場の入口にいるスチュワードは拍車と銜を検査する．一度，この区域に入ると選手以外は許可なしに人馬に触れることができない．虫避けの薬は前もってつけておかなければならない．歯ぎしりをして抵抗する馬の歯に塗るサドルソープや，銜受をしたときに反抗しやすい馬の鼻革を締めることについても同じである．四肢に巻いているバンテージなど保護用具は取り外す．これらいろいろの作業は演技の前に余計なストレスを起こさないように，すばやく，順序よく，静かに行う必要がある．あらかじめ，各人は自分の役割を受けもち，なすべきことを知っていなければならない．

　この最終的な準備に際して，複雑な練習を行ったり，馬を疲れさせたりしてはならないが，馬を待機させ，精神的に選手の行動に反応する準備を整えさせておく必要がある．

　競技本番で一度だけとか，ときどきしかうまくできないなど，興奮しやすい馬を馬場競技場内に入れ，落ち着かせるように試みるには，いろいろ方法がある．そのことは次の試みで興奮を妨げる．

◆ 選手は何事もなかったかのように，常歩で入場する
◆ 軽速歩で，馬をつつましく，かつ制御しうる態勢の中で保持する
◆ 感度がよく繊細な背中を持つ馬で，強制することもなく適切に，制御できるエネルギッシュな駈歩で入場することが望ましい

　大きな誤りは，落ち着かない馬で，停止を繰り返すとか，伸張速歩で走行しながら，圧力を加えることである．選手には入場の鐘が鳴ってから90秒の余裕がある．これは常歩で馬場を一周するのと同じ時間である．そばを通過しなければならない物体（審判員のジャッジ・ボックス，鉢植え）を馬に見せるために，馬場柵の周りを小さく回らなくてはならない．長方形の馬場からほど遠い異様な物（観衆，横断幕，障害飛越競技場の障害など）に近づけて興奮させることは避けるべきである．

3. 馬場馬術の演技

　不明確さが，しばしば減点の対象となる．不明確さは服従の欠如の証拠となるからである．しかし，ほんの少し注意すれば貴重な点が失われずに済むようにできる（写真46）．

調教審査（馬場馬術）競技

写真46：馬場馬術の規定運動課目の審査に臨む選手．
コースの遵守，動作の節度，厳格な姿勢がよい評価につながる．

扶助は遵守すべきである．

入場で，A-C間の中央線上*18を立派に直進するためには，入口で折れ曲がったラインで入場するのではなく，大きなカーブを描いて入場しなければならない．

中央線進行は，つまり回転して馬場に入場する際，選手は視線を入口のA点の標記に合わせるのではなく，審判員長のほうの遠くを注視すべきである．なぜなら，選手は，何事も考えずにA-Cラインに沿って前進するからである．4分の1の地点（隅角から5m）あたりの，側面にある柵に沿ったポイントを目安にする必要がある．つまり，その位置は馬の柔軟性と反応性にかかわるからである．トレーニングでは，この位置を目安にして何回も回転を繰り返し，必ず中央線上に向かわなければならない．

中央線入場で立派に回転するためには，頸を屈曲させないで，普段以上に左右同等に張った手綱を使う必要がある．

---

*18 195頁（付図）参照．

第3部　馬術競技

　横歩に続く小さい輪乗りでは，選手は自分たちが首尾よく演じられるように（A-Cラインに接する正しい直径），上体と頭を上手に回す必要がある．この姿勢は審判員団に対し，選手が自分の馬の頭の位置についてもっている正確さへの配慮，余裕および信頼を示すことになる．

　駈歩で蛇乗を描くには，隅角をカットしてあたかも直径20 mの輪乗をするように，回転し，標記から4 mのところで蹄跡から離れて，S-RとV-Pそれぞれのライン[*19]から2 mの中央側をまっすぐ通過しなければならない．

　隅角通過では赤い印を収縮姿勢の速歩で通過して行う純馬術の巻乗を象徴している．その巻乗にできるだけ近づかねばならない．

　要するに視差を考慮する必要がある．標記は馬場柵から1～1.50 m離れたところにある．したがって，実際の目印を置き直さねばならない．

　より理解を深めるため，公式な経路用紙の他に自分なりの一層簡単な経路用紙を作成する．それは各運動を種類ごとに分類し，詳しく説明したものにする．

　減脚扶助の移行では，特に停止までは，選手は《スプーン》を使うように脚を操作し，拳を控えて，肩を後ろに反らせて，馬に対して，重心を後躯に移すことを指示する．このような準備をすることで，運動をさせるために力の要る作業はまったく必要なくなる．中央線上で急に走りだしたり，横にずれる傾向のある馬にとっては必要不可欠である．

　駈歩走行中，後肢が踏み込みの準備をしているとき，選手は脚で静かに推進を維持しながら，ストライドを徐々に継続して縮めさせ，停止を命じる．止まるときに，時宜に適さない行動をとると，馬はリラックスやバランスを崩し，しばしばスピードを上げる．選手は停止の最終期だけ，脚を実際に馬体に接触させると，馬は後肢を完全に揃える．

　同じく，伸長速歩から尋常速歩に移行する場合，移行直後に脚を操作する．これは，混乱していたかもしれないバランスと軽快性を回復させるためである．

　伸長から尋常駈歩に移行する際，選手が駈歩発進の扶助を守ることは必要不可欠である．スピードダウンは主として馬が駈歩を行う肢と反対側の手綱で要求する．もう一方の手綱は下げて，弛緩を維持する．このようにして，踏歩変換を避ける．内方前後肢は妨げられないので，移行はしなやかに刺激せずに行われる．

　騎乗して移行する場合，馬に新たな活力を準備させる．背筋が準備されると，馬はストライドを広げることができる．そのためには，ゆるやかにブレーキをかけている拳に対して両脚を締めることで背筋を整えられる．次にバランスが確保され，伸長速歩は脚を交互に締めて要求する．頚と項は高い位置を維持し，最初の歩様の勢いが下がることのないように指を締める．次に，歩様の伸長がはじまると，指を徐々に開き，自由な運動を可能にする．そのとき，背筋は滑らかに動くようになり，歩様は優雅さを発揮する．準備や運動の際には，正確さが心配の

[*19] 195頁（付図）参照．

種になるはずである．肩にかかるすべての傾きや重さが運動の統一性を乱し，駈歩をはじめる危険を増す．特に中間速歩で直径20mの輪乗りでは，頚が完全にまっすぐになっていなければならない．

後退は，背筋の遊びを壊さないために，頚を中位に構えて行う．（馬が）譲歩した後，選手は脚の扶助を使わず，肩を後ろに倒すだけで後退の運動を要求する．ときには，このように調教されるので，脚と拳を結びつけることは，結局デリケートであり相矛盾することは明らかである．まず口と項を譲らせることは馬体全体の柔軟さを確保するための基本である．トレーニングでは，譲ることを要求することと，後退を要求することをはっきり分けることによって，馬の心理的混乱が生じないように注意する必要がある．馬の後肢が前肢の蹄跡を逸れて行進する場合，逸れるほうの反対側に身をおきながら，両拳で腰角の前方に肩を戻す必要がある．この行動は斜対肢を援助し，後肢を馬体の下に踏み込ませて，尻を中心部にもってくるのが目的である．

横歩は直径10mの巻乗上で輪乗の扶助を使って準備する．輪乗を一回りした地点で，内方脚の操作によって馬を湾曲にし，バランスを保ちながら輪乗の蹄跡から内側に出す．横歩の用意ができた馬は，外方手綱の操作で動きがはじまる．まず肩が出ると，脚を離して操作が完了する．

選手は肩を移動する方向に向け，扶助にとって都合のよい位置を確保する．選手は肩を街の動きに従わせ，歩様に合わせて前進させる．項は馬の背筋のしなやかさと相入れるレベルで保持される．屈曲のない収縮はすべて内方側対扶助（拳を下げ，脚を腹帯に）の操作によって矯正される．馬体がくぼむことと後駆が先行することは，外方斜対扶助の推進する操作によって抑えられる．馬を横に移動させるため，選手が実施すべき操作の力で，騎座のしなやかさまで妨害してはいけない．逆らうことなく背筋の動きに従うために，鞍に身をゆだねることが重要であり，横に移動することが容易になる．蹄跡では，馬はまっすぐになり，屈曲は矯正され，側面のバランスは立て直される．

駈歩運動ではどのような運動であっても，馬の内方の肩は，運動の自由を確保しなければならない．したがって，駈歩発進で，選手が先に譲れば，歩法の移行の際，馬が頭を振るのを避けられる．

反対手前の駈歩で，輪乗の蹄跡上で馬を回す場合，外方脚で指示を行い，押し手綱は使わない．押し手綱は腰角を外方に押しやり，肩にブレーキをかけ，踏歩変換をする危険を増す．外方への屈曲は最大限抑えられる．推進を維持するための骨盤の動きを妨げる扶助はすべて排除すべきである．なぜなら，運動に逆らうからである．つまり，ブレーキとアクセルを同時に行うことになる．

駈歩で馬の後肢が前肢の蹄跡を逸れて行進する場合，やはり両手綱で両肩を腰角の前のほうにもっていき，前肢の各着地と反対側の鐙で支持する必要がある．

第3部　馬術競技

耐久競技（野外騎乗）

1. 馬具

　馬具装着の目的は落馬や障害に激突したとき，馬を適切に保護し，頑丈であること，つまり選手の安全と能力を守ることにある．

　鞍は，着地の際の応力に耐えられるほど丈夫である．鞍には，選手が馬もろとも拙い飛越をしても，鞍上に留まっていられるように丈夫なブロックがある．鞍は，馬と《選手の結びつき》を確実なものとし，飛越のときに生じる付き遅れを止め，飛越中やその後の着地のときも，常に自分の馬とともにいられることを可能にする．

　トレーニング用の鞍の機能性は踵を上げ，膝を締めるようになってしまい大腿，ふくらはぎ，および内転筋の力の働きを十分に発揮させられず，乗り手，自身の重心を下げたバランスをとるのに不十分である．

　できれば，競技のために作られたクロスカントリー用の専用鞍を使うことが好ましい．このタイプの鞍は，選手の身体が自分の両足の真上にくるように鐙革託鑑が少し後ろ寄りに付けてある．こうすれば，馬の駈歩の空間期にライダーは安定し，バランスを保ち，駈歩走行中でも疲れにくく，馬を無駄なく御せる．鐙を短く履き，自分の体重を利用して騎乗することができ，効率よくバランスやスピードを変え，あるいは手綱に頼ることなく，片寄りのない位置を維持できる．選手が安定すると，馬は手綱に突っかからないで，駈歩走行に専心する（写真47）．

　その結果，鐙はつりあいがとれる．自動的に外れる鐙は安全だが，ほとんど使われていない．なぜなら落馬したとき鞍から外れ，鐙を取り付ける鐙革託鑑が閉じてしまい，すぐに取り付けられないからである．鐙板（ステップ）には滑り止めが付けられている．また，規定では，鐙が自然につるされていなければならないことを明確に定めている．

　腹帯は呼吸を楽にするため，強化ゴムで作られている．騎座止め（ブロック）が外側にあり，下あおり革のないタイプの鞍は短い腹帯を使う．

　上腹帯は必要不可欠である．これは，腹帯託革[20]が受ける力を分散できるからである．また腹帯が切れた場合でも，確実に鞍を支えることが可能である．ただしすべてがゴム製の上腹帯は止めたほうがよい．その機能は格好だけで効力がないからである．

---

[20] 通常，鞍のあおり革の下に付いていて腹帯を留める革．

写真47：クロスカントリー鞍．鐙革託鑑は，ライダーが駈歩走行で，疲れることなく自分のバランスを維持することができる位置でなければならない．うまく配置された大きめなブロックによって，乗り手はしなやかさと確固たる騎座が保証される．

蹄には，蹄踵を蹄鉄の外縁まで覆うつりあいの取れたワンコを付けること．短すぎるとまったく役に立たず，長すぎると破れる．落鉄の危険を減らすため蹄鉄の先端まで覆うゴム製のパッドがある．しかし，クロスカントリーではもちこたえられない．前肢用と後肢用のバンテージは各馬にとって窮屈にならないようにし，またバンテージと肢の間に小石などが入り込まないように十分密着させる．後肢のバンテージは球節の動きを邪魔したり，飛節に軽い炎症を起こさせたりしてはならない．ちょうど繋の下で締まる留め金の穴のついたバンテージはうまく締めるのが難しくて破れやすい．バンテージを正しく整合させることは難しい．理由は革帯の穴では細かい調節ができないからである．ゴム製バンドを付けたバンテージがあるが，これは圧迫しないで締めることができるが，早く破れる．湿気に弱いバンテージは定期的に検査して，取り替える必要がある（写真48, 49）．

Y字むながい（collier de chasse/breast coller）は首輪タイプのむながい（bricole/suspender）よりも好まれる．肩の遊びや頸の降下を妨げないからである．

水勒頭絡は丈夫な革製である．おそらく，はじめは水勒頭絡にギャグ銜を装着するとよい．その後，単純な銜に変える．ギャグ銜は，クロスカントリーではよく使われる銜身である．

初心者の選手は2本の手綱だとうまく手綱の長さを調整して，持つことができない．両拳で1本の手綱だけを持てるコンバーター[*21]がお勧めである．

コンバーターを使うとそのぶん手綱が長くなり，余りの手綱がライダーの足元で邪魔になるので，短い手綱を準備するか，余り革を結んで短くする必要がある．選手が手綱を手放さねばならなくなったときでも，こうすることで着地の際，選手は手綱をすばやく手に取ることができる．

手綱は1本ないし2本を使うことができる．2本の場合，手綱を見ることなく区別するには，それぞれ違った材質でなければならない．最もよく使われる銜，つまり，水勒銜に幅のある手綱を付けるのが好ましい．ゴム手綱と布手綱が使われるが，選手はテコの役割を果たす腕を上げることによって，ギャグ銜の効力を増すため，水勒手綱を中指と薬指の間に挟み，もう一方の手綱を小指の下を通して保持する．このようにして，選手は力強い運動を続けることが

[*21] 連結革：2本手綱を1本手綱にまとめる馬具．2本手綱だと操作が複雑なので，ギャグや2つの銜を装着しても，コンバーターを使うことで，手綱を1本にできる．

第3部　馬術競技

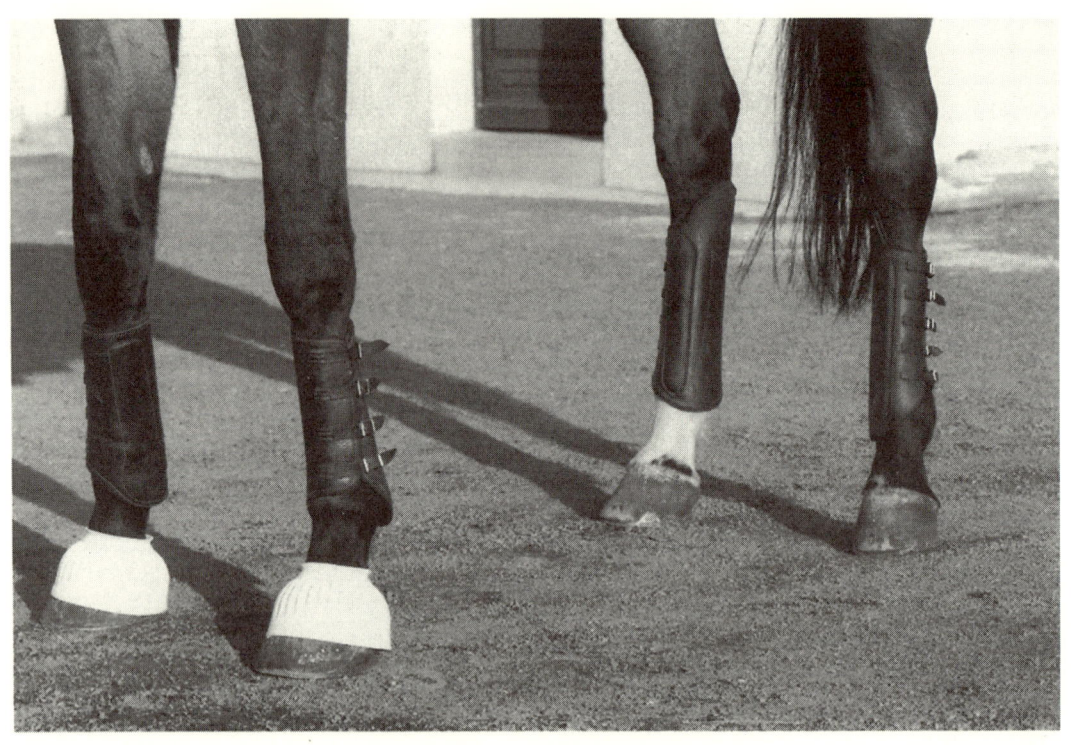

写真48：クロスカントリー用バンテージ．
バンテージの形や大きさは締め付けたり，回転したりしないようによく研究されている．

できる．

　衛身に直接付けた（コンバーターなしで）1本の手綱で騎乗するには，いかなる状況下でも柔軟なコンタクトを守らなくてはならず，少し慣れる必要がある．いずれにしても，ギャグは元気のよすぎる馬に対しては理想的な衛身である．

　ハンティング手綱（rênes à poignées：写真50）はときには非常に強く突っかかる馬に使われる．布製で15 cmごとに縫い合わされた二重手綱である．手綱の握り具合を確実にするために，1ないし2本の指を二重手綱の間にはめ込めば十分である．選手は障害から次の障害までの間で，休むことができる．というのは，確実に速度を落とせるからである．奮闘する必要がなくなった馬は，選手の指示のペース通りになる．このような手法を十分利用するためには，鐙を短く履いて騎乗し，手綱を少し長く調節する．さもなければ，選手は馬を走らせた後，遅くさせるためブレーキをかけたいときでも，コンタクトを常に維持しながら，手綱をすばやく短く持てないまま，腹のところに拳を置くことになる．拳は，きちんと正しい位置に置かれ柔軟な動きができないと，障害で危ない着地をした場合，選手はハンティング手綱によりあおられる．

　理想は巧みな技術がなくても簡単な水勒頭絡

耐久競技（野外騎乗）

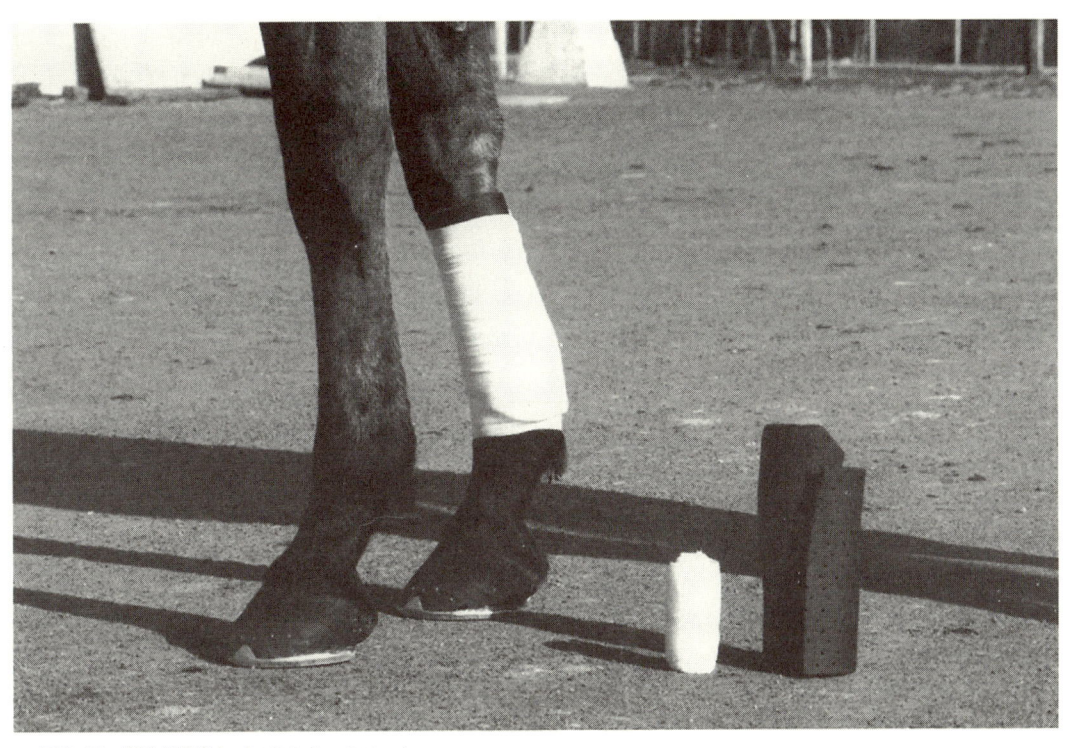

写真49：運動用肢巻とプロテクターのコック.
　　　　プロテクターは後肢の追突に耐えるように補強されている. 膝の屈伸に支障のないように大きさを調節できる.

写真50：ハンティング手綱（二重手綱）の持ち方. ギャグ
　　　　銜はコンバーターに装着されている. 1本の指だけ
　　　　を二重になっている手綱の間に挟み込む著しく改
　　　　良された持ち方.

で騎乗できることである.

　選手の服装は〈スポーツ〉用の軽装である. 総合競技では, 寒い季節には, 〈10 min, box〉のときに, ブルゾンを用意する. 長靴の材質はゴム製でもいいが（ゴム長靴）, 一番よいのは水濠障害時を除けば革の鞍と馴染みのいい革製の長靴である. 長靴には鞍と密着する内側に石鹸をつけてこすってはいけない.

　拍車は馬に怪我させない形で, 長さは3 cm以下（国際総合馬術競技）, 尖ってなくて〈棒拍〉タイプである.

　ヘルメットは安全基準に適合した品を使用する. プラスチック製のカードに名前, 最近の予

防接種，潜在的なアレルギーや病気を書き込み，英国と同じく，ヘルメットの裏側に貼り付ける．ヘルメットは，落馬の際に鼻を傷つけないように，ひさしは固くなく，障害飛越直後の着地のとき，上下に動かないように各人で調整する．色彩豊かな保護帽をかぶり，服装に個性をもたせる．

　手袋はウール製で，握った手綱が滑らないようにゴムのいぼ付きがよい．これは雨や，ひどい暑さのために馬がかく汗で手綱が滑るような場合にお勧めする．逆に，ハンティング手綱を使うときは煩わしい．指先のない手袋を利用する選手もいる．この手袋は暑くなくしかも軽い．母指の密着は確実で，他の指の邪魔をしない．

　鞭の長さは75 cm以下である．本体（胴）は十分に固く瞬時に馬に指示できる，しならないものがよい．先端に付けられた先革は，二重革になっており，幅は5～6 cmで痛さよりも音で刺激するものである．力を入れなくても拳でつかんでいられるように，柄（グリップ）はかなり太い．減脚時の手綱は衝受を確認できる長さに拳を置く（写真51）．

　ボディープロテクターはすべての選手が利用している．この種目を専門にしているイギリス人も皆使っている．これは運動の邪魔にならないように，各人が調整すべきである．材質は硬めのスポンジで，各自の身に合わせられている．いろいろなタイプが販売されており，最優良なのは上半身全部を包み，背中の下部まで保護している．そして脊柱を補強する．しかし，肩パットによる鎖骨の保護は重視されていない

写真51：ブリッジという手綱の持ち方．鞭とストップウォッチ．
手綱をブリッジにすることによって，選手は着地が難しくて前のめりになるのを食い止める．拳で手綱を安定させるとともに鞭を固く握りしめる．文字の大きいストップウォッチは手首にして，止めてしまうリスクを避ける．

（写真52）．

　ストップウォッチの文字盤は非常に大きく，特に秒の文字はギャロップ中でも読めなければならない．ロード＆トラック（A，C区間）走行では，アラーム付きだと便利である．

　腕時計のバンドはぴったり合っていなければならない．あるものは水平に読める．他のものは母指の操作で斜めになる．1分ごとに音で告げる時計は，より精巧である．それはストップウォッチの足らないところを補うが，2つの機能（読みやすさと音の告知）をもつタイプのものが便利．腕時計は10分以上にわたって，毎分音で知らせ，かつセルフタイマーを備える必要がある．そうなれば全自動となり，出発時に自動的に始動する．これを左手首に，ストップウォッチは右手首に付ける．後者は関節を曲げ

耐久競技（野外騎乗）

カントリーである．A～Cの区間はクロスカントリーへの準備区間である．

所定の時刻が混乱したり，守られないときには，要所，要所を見失うことなく，上手に対応し，一連の流れを十分理解することが重要である．スティープルチェイスとクロスカントリーにおけるスピードはストップウォッチで調整され，ロード＆トラック走行（A区間とC区間）はオフィシャル時間に従う．この2つのシステムは，一貫して使用する．つまり，スティープルチェイスの後にストップさせたり，ゼロの状態に戻したりせず，タイムを引き継いでいく．

スピードレース，スティープルチェイス，クロスカントリーは分刻みで区分される．記憶に留めるべき目印は数多くあるが，3ないし4区間にしか分割されないコースに比べると時間のよりよい管理が可能となる．さらに，分単位を目印にするのなら，音響時計や針付きのストップウォッチを使えばより簡単である．

各区間の独立性は次のように理解すればよい．

選手はA区間のスタートを切るのに，60秒使える．ペナルティーはない．したがって，スタートの合図をいらいらしながら足踏みして待つのは無益なことである．5～10秒の遅れは重要ではない．走行中に失敗がなければ，選手はA区間の終点には常に早く到着できる．この時間的猶予を利用し，ウォーミングアップを行う．掲示出走（出番）時間はスティープルチェイスの出発となる．逆に，到着が遅れると直ちに出発となりすべての時刻がずれる．

写真52：ボディープロテクター．
これは脊柱を保護するとともに，肋骨の骨折と胸郭の陥没骨折を防ぐ．

るとき，知らないうちに止まることがないようにする．すべてがうまく運べるときは，時計で十分である．しかし事故（拒止，落馬）が起きたときには，ストップウォッチはその瞬間から遅れを取り戻すための手助けとなる．

一般的に，選手の背丈に対して大きすぎる背番号は安全ピンで固定する．

2．4区間

耐久競技は，通常，それぞれ独立した4つの区間からなっている．つまり，A区間，B区間スティープルチェイス，C区間，D区間クロス

第3部　馬術競技

　スティープルチェイス（B区間）に実際に費やす時間は規定タイムと異なる場合があり得る．選手が予定より早く終えたとき，C区間の到着時間からの差を差し引かねばならない．事実，これら2つの競技（B区間とC区間）は中断することなく，つながっている．B区間のゴールは，次のC区間のスタートとなる．このタイムイン内の到着は大きな大会では5〜10秒でしかないが，規定のスピードがより遅い場合（選抜競技，ジュニア競技，国際総合馬術競技CCI*），20〜30秒に達することもある．つまり斟酌の対象となる．だが，クロスカントリーの出発は掲示出走（出番）の時刻が守られる．

例：
- スティープルチェイスのスタート 14h22'
- スティープルチェイスの予定ゴール時刻 14h26' とC区間の予定ゴール時刻 14h56'，クロスカントリーのスタート時刻 15h06'
- 実際のB区間の到着時刻 14h25'45" は 15" の早着
- C区間のゴール時刻 14h55'45" となり，クロスカントリーの出発 15h06' は変わらない

　それとは反対に，もし選手がスティープルチェイスを遅れてゴールした場合には，C区間のために与えられる時間は同じである．したがって，C区間のゴール時間はそれだけ延長される．この遅延は（落馬の場合を除く），クロスカントリーの時刻は競技の全般的進行を混乱させないため，変更されない．

例：
- スティープルチェイスのゴール予定 14h26' とC区間のゴール予定 14h56'
- スティープルチェイスの実際のゴール 14h26'10"
- C区間の新たなゴール 14h56'10"，しかしながらクロスカントリーの出発は 15h06' で変わらない

　一般的に選手は予定より少し早くC区間に到着する．この時間稼ぎは，調教された馬なら数分となり得ることがあり，つまり10 min, boxによる体力回復のための時間延長のアドバンテージとなる．

例：
- C区間の予定ゴール時間 14h56'，クロスカントリーのスタート 15h06'
- C区間の実際のゴール 14h54'
- クロスカントリーのスタート 15h06'，休養時間12分

　もし選手が速歩区間，ロード＆トラックで道を間違えた場合，たとえばC区間の到着が遅れることがある．スタート前の体力回復は10分間（10 min, box）であるため，クロスカントリーのスタートはそのぶんだけ遅れることとなる．

例：
- C区間のゴール予定時間 14h56'，クロスカントリーのスタート時間 15h06'
- 実際のゴール時間 14h56'40"
- クロスカントリーのスタートは 15h06'40" に遅延

もし遅延時間が短ければ，クロスカントリーの掲示出走時刻はそのままで，計画に変更はない．

3. 競技の進行

今までの説明を明確にするため，われわれは耐久競技を2つの角度，つまり選手側とグルーム側から考えることとする．

選手は，全行程，ロード＆トラック，スティープルチェイス，クロスカントリーを完全に知っており，オプションすべてを研究し，コース全部を繰り返し，すべての状況を想定する．また選手は自分の目の前にコースの様子，障害付近の走行や自分自身のイメージトレーニングができる．起こり得る出来事を客観的に予測し，その各々における取るべき行動も検討済みである．

クロスカントリーの前日，馬は，分速400～450mで6～8分間ギャロップで走った後，簡単な障害を数個飛越する．練習用障害が整っているときには，自信をもたせるため，コース上の難しい同じ内容の連続障害を障害飛越用の障害で高さを低くして練習ができる．この練習を繰り返し首尾よく行うためには，テクニックのレベルを低くしなければならない．自分がこの連続障害を飛越できることと，翌日の競技の歩調と雰囲気の中で無事に通過できるであろうことを自分自身にいいきかせるのではなく，まさにその証を手に入れることが必要である．

朝，選手は興奮することなく，また進歩のない堂々めぐりな考えもやめて自分のコースに集中する．選手は力まず体調を整えるため，自分のもてる力を大切に使い，決められたコースの進展に従う．仲間が自分を注視していることを意識して，虚勢を張らず自分流に，ゆったり落ち着いた姿を見せることに努力する．待つ必要がないように，あまり早く会場に到着しないようにする．ただし，大勢の観衆で通行が難しくなる危険性がある場合は別である．選手は馬の肢を調べ，タイムテーブルを作り，必要なことだけ伝えに厩舎に立ち寄る．次に，選手は馬とは関係のない本を読んでもかまわない．チームを信頼し，読書で心身を落ち着かせてから，出番の1時間前に厩舎に現れればよい．自分の仕事を熟知しているグルームの付近を歩き回っても無益である．この合間を使い，公式の時間を時計および場合によっては，ストップウォッチの時間を合わせる．A区間の出発点で時間を照合する．いずれにせよあまり正確でないスタート地点の大時計を見て納得してはいけない．オフィシャル時計に示される時間を見るべきである．

次に一般的には粘着シートに走行表を書く．ときには，棄権や何かの出来事で，競技から外れていく選手が続出し，最終的に進行表を変更することがある．だからあまり早く作ってはいけない．選手は自分の前腕にこれを貼り付け，A区間，スティープルチェイスの出発時刻およびC区間の到着時刻，さらに全コースの1kmごとの通過予定時間を書き込む．

これは4行からなっている．1行目と3行目は距離数を表し，他の2行は分（時間数は削除）を表す．C区間では1kmを4分で走行する．ただし，C区間の最初の1～2kmを除く．なぜなら，馬は元気を回復するので，最初の1

kmに与えられる時間は6分までと予測し，大きな競技では，2km目は5分間と勘定する．

次に例を示す：
(A) A区間：4400 m，20分－スタート 14h02'
(B) スティープルチェイス：2640 m，4分－スタート 14h22'
(C) C区間：6600 m，30分－スタート 14h26'，ゴール 14h56'
(D) クロスカントリー：5500 m，10分－スタート 15h06'

走行表は次のように記される．

A	1	2	3	4	B	1
02	06	10	14	18	22	32*
2	3	4	5	6	C	D
36	40	44	48	52	56	06

* 32 = 22 + 4 + 6

この走行表を守る選手はスティープルチェイスに2分早く，そして〈10 min, box〉の強制休養に約1分30秒早く到着する．この走行表以外にオフィシャルの出番表とロード＆トラックのコース図をポケットの中に入れておく必要がある．なぜなら，コース上の方向を示す標識が倒れている場合があり得るからだ．

A区間のスタート直前は冷静に常歩で大きな輪乗をしてスタートを切る．フライングより数秒遅れのスタートのほうがよい．馬と喧嘩しないように，自由に速歩をさせることもある．もし歩調が活発すぎれば，選手はあまり早くゴールに到着しないように，安定した常歩に落とす．もしコースの状況が問題なければ，ウォーミングアップの不足を補うため駈歩をしてもよい．A区間のゴール・ラインを越えると，スティープルチェイスの出発点のほうに向かい，すぐ近くまで速歩で進み，高まった心臓の働きを保持する．鞭は時計の反対側に持ち，時計のタイマーはスタート1～2分前に始動させる．最後にスタート時間の15秒よりも，できれば10秒前に，スターティング・ボックスに入る．選手は手綱を取って，再び上手に馬を御し，スタートミスをしないように，ストップウォッチをスタート時間2～3秒前で始動させる．もし馬が落ち着かなければ，選手はグルームを呼び外方の手綱で馬を持たせる．そうすれば馬はグルームの周りを回る．グルームもスターティング・ボックスの入口の前に立ち，最終的にそこから離れることができる．もしスターティング・ボックスが大きければ，出口（スタート・ライン）を背にして待ち，スタート時間に合わせて馬の向きを変えるのもよい．

発走係はスタート時間をカウントダウンして告げる．それに合わせて，ストップウォッチ，時計を始動させる．信号灯あるいは警音器に注意をする．馬は徐々に競技の歩調にまで高める．フライングの場合，スタート地点から100 mのところにいる審判員が赤い旗を振ってそれを告げる．再スタートのためにはできるだけ早くスターティング・ボックスに戻るべきである．

各障害は，速さのために不安定になりやすくなったバランスを崩さず，引き続いて飛越する．アプローチでは，選手は安定して脚を締めれば，馬の緊張を維持できる．上半身の動きが非常に小さければ，バスキュール中や着地の際でも馬の緊張は変わらない．最後の完歩まで馬

は決して放任されることなく，手綱の張り具合にわずかの変化があってはならない．強いコンタクトは維持すべきだが，逆にもし弱くなっても，選手はそれを強くする必要はない．第1番目の障害は少し注意しなければならない．というのは，馬がスピードの速い状態でのアプローチに，しばしば戸惑うからである．コースは入念に作られており，余分な距離の走行はタイムロスになる．障害は少し斜めに配置されることがある．走行距離で損をしないように，真正面を通過しなければならない．この斜め置きは接近する角度を変えることでアプローチの最終的な調整ができる．両肩の正確さとバランスは守らなければならない．後肢は，これに呼応して一層効果的に働く．場合によってはストライドが伸びることはあり得る．馬が規定の速さにならない場合は一定のペースの維持だけが可能である（写真53）．

ゴール・ラインを通過すると，ストップウォッチのラップタイムボタンを押す．馬はアシスタントエリアまで軽い駈歩を続ける．グルームは蹄鉄とクランポンを検査する．上腹帯と鼻革をゆるめ，暑ければスポンジに水を含ませて馬体を拭いてやる．スティープルチェイスの時間がアナウンスされると，選手は自分のストップウォッチと見比べて，〈10 min, box〉の強制休養所の到着時間をそれに合わせる．

次に，馬を馬自身のリズムで速歩をさせる．調教の行き届いた馬であれば，直ちに自分のリズムを見つける．しかし，そうでない馬は，分速250 mのスピード（4分＝1 km）で走行するようになるまでに，2～3 km走る．スティープルチェイスを同じ手前で回るとき，あるいはグラウンドが硬いとき，なかには非常に疲れている馬がいる．これらは1ないし2 kmの間，しばしば歩調を乱した後，焦って飛ばしさえしなければ，調子を取り戻す．

予定された計画に基づいての時間の管理は大変重要である．調教された絶好調の馬であればたやすく時刻を守り，おおいに余裕をもってゴールする．反対に，もし馬が疲れすぎていると，感じた場合，最初の1 kmのうち500 mを常歩で歩く，それは6分続くであろう．これは計画したタイムスケジュールより，遅れることになる．

要するに，重要なのは規定内のタイムでゴールできることである．大概の速歩区間（ロード＆トラック）は強制通過（P. O.）のところで反転する往復路である．折り返し地点の通過は失権（正しく通過するには，右側に赤い小旗が置かれている）を避けられるようコース・デザイナーによる表記の仕方で決まる（図36）．

選手はC区間のゴールラインを速歩したまま通過した後，大会獣医師が直ちに馬の歩様が跛行していないかを判断できるように，手綱を長くして速歩走行させる．

次に，選手は下馬して大会獣医師に馬を見せる．大会獣医師は馬の呼吸や心拍動数を検査する．疲れた馬の呼吸度数や心拍動数が高どまりかを見極めるのである（写真54, 55）．

それから，グルームは馬を受け取り，腹帯を外す．選手は，チーム監督あるいはコーチと会い，コースの再確認と最終アドバイスを口頭で行う（再確認とオプションの変更）．もしチーム監督などがチームの選手たちに関する情報を

第 3 部　馬術競技

写真 53：スティープルチェイス（ジェット・クラブ号／Jet Crub，著者騎乗）．
一定のペースの維持，随伴および選手のバランスが馬の負担を軽くする．

伝えない場合はその情報が有益だと判断していないのである．目標としていることはコースであり，チーム順位，あるいは個人順位である．

　この機会にコースの再考を行い，涼を取るか，寒ければ厚着をし，スタート約 5 分前に，再騎乗して，出発の時刻を待つ．

　選手が再騎乗し，手綱を調整するまでにグルームは馬の前肢にワセリンを塗って準備を整える．腹帯を締め直し，数回，ギャロップで輪乗をする．それはさまざまな歩調で行う．他の馬の邪魔をしないように注意し，ウォーミングアップをさせなければならない．10 min, box には 3～4 頭いる．通常の競技進行が中断され（障害の破損，あるいは事故）混乱し，6～8 頭の馬が詰め込まれた場合，非常に危険である．

　スターティング・ボックスに入るのはスター

耐久競技（野外騎乗）

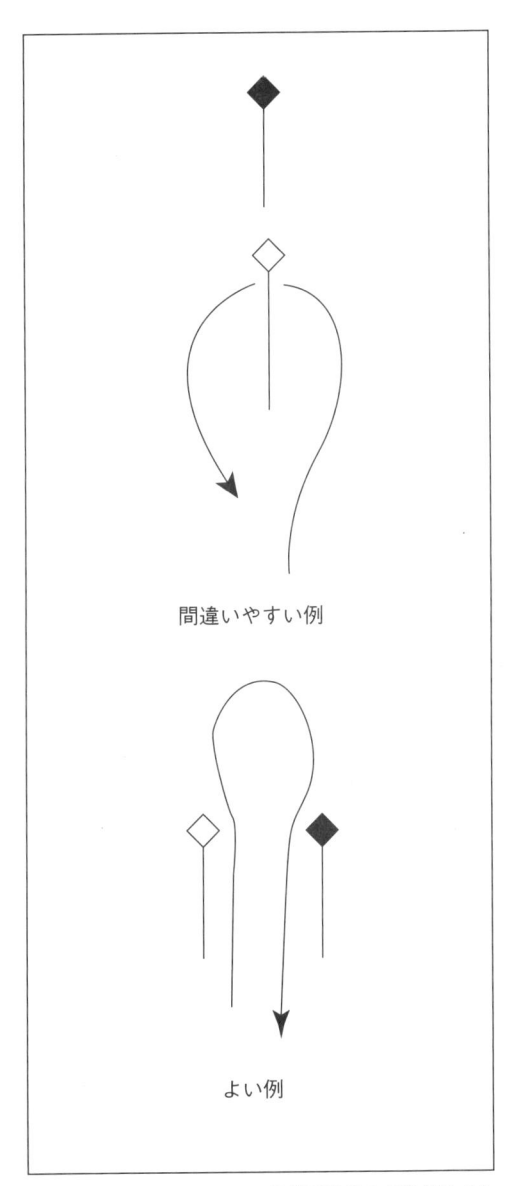

図36：ロード＆トラックの強制通過は1方向だけである．下のシステムは混乱を避ける．

写真54：C区間のゴールイン．

写真55：〈10 min, box〉における獣医の診断．
オフィシャル獣医は馬を検診し，回復の程度および歩様が正常かを確かめる．

ト時刻の間際であり，ストップウォッチの始動はスタート時刻の1〜2分前である．やり方と段取りはスティープルチェイスの場合と同じである．障害通過については，後述する．

規定に関して想起すべき要点は，次の通り．
競技が，何らかの事情で中断されたとき，選手は障害の前か，あるいはストップ・ラインのところで止められる．ストップ・ラインは，コース図に記入され，十分余裕をもって，やさしい障害の前に位置し，正しく選択されている．

選手はこのラインをしっかりしたギャロップで通過し，競技役員はその時刻を書き留める．馬が元気を回復した後，競技が再開されると，選手は馬のウォーミングアップを済ませて再度ラインを通過し，競技再開する．

ゴール後にグルームは馬を引き取ることができる．オフィシャル獣医が馬を診察する（国際競技では必須）．獣医は興奮状態やときには回復の程度を判断する．重傷を負ったときには手当の指示をしなければならない．獣医は，自分の診察結果を審判員団に報告する．これは，競技中の馬の検査を補完する．選手は障害に関する情報やチームのメンバーに参考になることをコーチやチーム監督に報告する．

4. グルームの役割

グルームの役割は極めて重要である．グルームは，プロ精神に徹して自分の任務を遂行する．つまり，選手はこのデリケートな全区間を通じて，グルームを頼りにできなければならない．そういう意味で，選手とグルームは一緒になって，同じ目標に向かって協力しているが，ここでは2人の作業を切り離して説明する．

クロスカントリーの前日，グルームは乾草の割合を減らすか，あるいはその配分を午後一番に早める．蹄鉄をチェックし，釘を打ち替えるか，締め直す．10 min, box で使う道具を入れるカバンを準備する．このカバンの目的は現場で不測の事態に備えて必要な用具を用意するためである．個人的には最低限必要なものだが，チームにとっては十分揃えたいものである．朝，車が 10 min, box に入れる時間内に，カバンを運び込む．4区間で万事首尾よく運ぶように，スケジューリングする必要がある．

クロスカントリーの日は，スタートの3時間前に飼付ができるように時間の配分を調整する．したがって，その前の飼付はそれだけ早めることになる．

飼付時刻
　通常：8時　　12時　　17時
第1のケース：　スタート　14時
　飼付時刻
　調整後：7時　11時（2/3）　16時（1/3）
　18時
第2のケース：　スタート　12時
　調整後：7時　10時（1/3）　14時（2/3）
　18時

また，ときには飼料を減量（1回分の飼料の1/3）して，スタートの2時間前に与え，残りを競技の後に与える．飼料を4分割するやり方もある．

クロスカントリーの朝は，乾草を取りやめ夜に与える．いつもの通り，数時間水に浸し，埃などを取り除いた乾草をヘイネットに入れる．

寝わらが麦わらの場合，馬がその上に寝転がらないように寝わらを敷かない．クロスカントリーから帰ってから寝床をつくるため，わら束を横に積んでおく．

用具すべてを準備し，点検し，数量を確認する．馬体をほぐすため，曳き馬もしくは騎乗して30分歩かせる．四肢は休息用の肢巻（空バ

ン）で保護する．非常に暑いときは別として，馬着を着せる．

　スタートの1時間前から，徐々に馬の準備に取りかかる．皮膚に軽い炎症がおきないように，あまり早くからクロスカントリーのプロテクター類を装備してはいけない．バンテージは熱で蒸れるのを抑えるためにベビーパウダーをつけ，留め金を下から締めはじめて装着する．特に手根骨の小靭帯を締めすぎないように，また膝の屈曲部を窮屈にしないように注意し，加減する．この締め具合は非常に重要で，グルームは選手がその付け方をチェックすることに驚いてはいけない．肢が繊細（弱い）な馬については，接着力のある弾性に富んだ包帯肢巻を使い，球節の萎縮や震えを抑える．これらの包帯肢巻を球節の回りに亀のような形に巻き付け，その上からバンテージか運動用肢巻を装着する．

　運動用肢巻は常にコック*22の上に巻く（写真49：151頁）．このプロテクターは装着中，回転しないように管全体を包み込む．これは後肢の蹄鉄が前肢の後ろ側に当たっても大丈夫なように強化された固い物でなければならない．固定する運動用肢巻は管の前面を支点にして1巻きごとに，適度に締める．細紐で結ばれ，結び目は四肢の外側に位置する．全体は肢巻の1巻き1巻きを固定するポイントにまっすぐに合わす．最後に，粘着テープを巻き付けて完成する．

---

*22 衝撃吸収プラスチックでプロテクターの芯の形をしている．

ワンコを装着する．ときには，保護力を補強するために，あるいは砂地では怪我をする傾向のある馬のけずめ毛を保護するために，上下互い違いに重ねながら，二重に付ける．クランポンはビスで留めているので，前日に，ネジ山を掃除し，再度ねじ立て（ダイズ廻し）をして，綿布玉を入れる．ねじのピッチには油が塗られている．穴の配置は常に変わらない．着地の際の肢勢を水平に保つため前肢にクランポンを2本ずつ，後肢の外側に1本付ける．ときには，非常に滑りやすい地面の場合，傷を負う危険を考慮して，内側に小さいクランポンを付ける．

　乾いた地面には，小さくて尖ったクランポンが，また，やわらかい地面には太くて長いクランポンが選ばれる．後者の場合，尖ったスパイクを使うことは危険であり効果がない．不正確な動きをする頻度が非常に多くなる（写真56）．

　総合馬術競技では，ワセリンを使用するときや，地面がぬかるんでいたり，あるいは森林などを走行するので尾を三つ編みで大きな1本にすることもある．尾を編み上げて，三つ編みは長さが40cmになるように，それを3つに折り曲げて，2本のゴム紐（ゴムのチューブ）またはビニールテープで固定する（写真57）．

　項革の付近のたてがみも三つ編みにする．危うい着地で，選手が過って頸に沿って拳を（馬の）耳まで滑らせたとき，頭絡を維持（脱絡防止）させるため，項のたてがみを三つ編みと紐で頭絡の天井と固定する．

　国際総合馬術競技では，馬匹番号はむながいにしっかり付けられている．長靴は靴墨を塗る

第3部　馬術競技

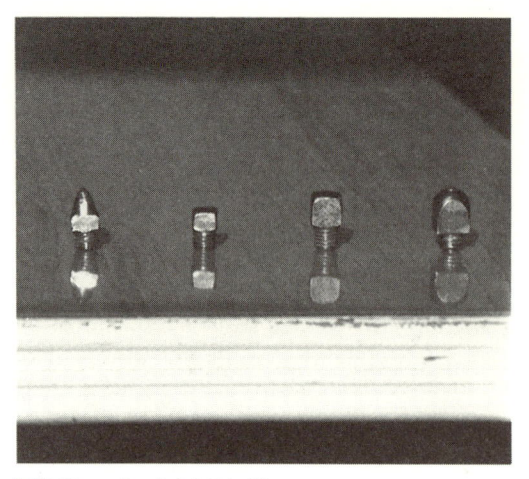

写真56：いろいろなクランポン．
　　　　各々の地面に適合する形状，長さをもつクランポンがある．2〜3種類を揃える必要がある．

が，特に内側の鞍に接するところにサドルソープは使わない．鞭，手袋，拍車，ヘルメット，ボディー・プロテクター，ストップウォッチはひとつにまとめておく．

次に，〈10 min, box〉に必要な荷物ケースの不足を補い，馬に付き添って長旅をするためのバケツを準備しなければならない．さらにスポンジ，クランポンの付いた予備蹄鉄，クランポン用のスパナ，タイムテーブル，場合によっては選手のジャンパーも含まれる．

馬房の前に，エプソン塩（1リットルの水に1〜2握り）[*23]を溶かした水を入れたバケツに包帯肢巻1対と綿布を浸して置いておく．この準備は固定包帯の布地を冷やし，消毒し，強めることを目的としている．

ひとつのバケツに飼料を入れ，他のバケツに

[*23] Epsom salts：瀉利塩．

写真57：尾の三つ編み．
　　　　3つにまとめられた尾の三つ編みは幅の広いゴム紐でとめられている．この三つ編みは地面がぬかるんでいるとき，また後肢にワセリンが塗られたときに尾を保護する．

電解質を溶かした水を入れる．この最初の飲み物は水分を補給し，発汗によって減少するミネラルを補うことができる．この飲料はクロスカントリーを終えた馬には常に歓迎されている．

グルームの時計と選手の時計を合わす．

馬はA区間スタート10分前には準備を完了していなければならない．このスタート・ポイントは厩舎のすぐ端に位置していることが多い．もしもっと距離が遠ければ，それを考慮に入れておく必要がある．

選手がA区間を出発すると，グルームはスティープルチェイス用に用意された車に行く．移動がシャトル便で行われるときには，時間を告げて，A区間のスタートを待たずに出発する場合もある．グルームは，自分の選手と一緒に下見をしたときに，進入路，スターティング・ボックス，アシスタントエリアをすでに見届けている．

グルームはスティープルチェイスのスターティング・ボックスで，選手がストップウォッチをスタートさせる間，馬がフライングをしないようにスターティング・ボックスの中で馬の口を持って，入口の前に立ってスタートを切るのが難しい馬を補佐することができる．スタートを切った後C区間のゴールに移動して，アシスタントエリアで合流する．

グルームは，選手が自分の前に来てから，クランポンや蹄鉄すべての有無を調べ，鼻革と上腹帯をゆるめ，そして鼻革を解いて，水を含ませたスポンジで馬に一息入れさせる．注意深いグルームはスティープルチェイスの走行時間を選手に告げる．落鉄した場合，装蹄師がいれば，〈10 min, box〉地点まで《easy-boot》タイプの簡易蹄鉄を使って速歩走行するよりも，むしろ直ちに装蹄するほうが好ましい．たとえばコースが舗装されていて，地面が硬い場合，前肢を水平に保つことでクランポンの付いた蹄鉄を使用すべきである．重要なことは左右同じであることである．〈10 min, box〉の時間中に再装蹄のため，釘を抜いたりすることは時間のロスとなる．

グルームは遅れすぎないように，C区間のゴールラインで合流する．なぜなら好調な馬は6〜8分早く，到着できるからである．

馬は，〈10 min, box〉の強制休養所に入ってから，オフィシャル獣医の診察を受ける．選手が下馬し，鐙を上げ，審判員団の邪魔をしないで腹帯をゆるめてから，グルームは馬を引き取る．ときには，審判員団は再度馬を速歩走行させることを要求し，数分後にそれを観察することがある．心拍動数は一般的には1分間に60〜80回の間である．しかしこの値は暑さによって，増加する．例外的に興奮しやすい馬は，毎分100回に達する．しかし5分も経過すれば30％下がる．統計表は存在しない．元気回復の状況判断は審判員団の秘密事項に属する．獣医の決定が助言となる．毎分100回以上の心拍動数で早期に下がらず，呼吸が速まっている馬は除外される．心拍動数の数値をメモしておくと役に立つ．そうすれば，その馬のトレーニングデータの流れのなかで理解することができる．

汗が多量に流れるときは，発汗を助長したり，冷えないように毛布をかけて，曳き馬で歩かせる．手綱はタオルで包み込む．馬着やレインコート，首や胸前の毛布の選択は，正しく判断すべきである．

馬装，バンテージの尾錠，肢巻，クランポンおよび蹄鉄を点検する．点検が終わると，曳き馬で馬を活発に歩かさせる．クロスカントリーの出発5分前に選手が再騎乗し，腹帯を締め直し，後肢にワセリンを塗る．前肢にワセリンを塗るときは手綱をワセリンから除けて塗る．そして選手はスターティング・ボックスに入る前に再び速歩とギャロップを行いスタートの準備

をする．

　ゴール直後，グルームは獣医のインスペクションが終わり，審判員からの検査終了の指示が出てから馬に接触することができる．馬はそこで鞍を外され，厩舎に戻れる．場合によっては，馬に毛布をかけ，30分ほど活発に曳き馬をさせる．

　クロスカントリー後，すぐに障害飛越競技が続く国内競技では，腱に危険性が少なければ，騎乗して10～15分速歩走行すれば，体力回復を早めるのに効果がある．総合馬術競技の場合は，障害飛越競技が翌日行われるので，体力の回復が早くても有利とはいえず，潜伏状態の疾患があれば，それが表にあらわれる危険度が高くなる．

　クロスカントリー直後の非常に短い休養時間が重要ではじめの30分の曳き馬中に馬に水を飲ませる．その後，馬は馬房に戻り，飼を食べ，もちろん水を飲む．このときに馬の装備を取り外し，プロテクターなどをひとつひとつ付け替え，水につけてあったバンテージを取り替える．場合によっては起こり得る炎症性浮腫の発生を抑えるため，肢をむき出しにしたままにしないことが肝要である．プロテクターは腱にダメージを与えることのないように両手で注意して外す．

　馬に飼付をする．この〈運動の後〉の飼は効率的に糖分の蓄積を促す．最初の水桶に入れる電解質はイオンや無機塩の不足を補う．馬の発汗はこれらの成分を非常に多く排出する．異常な発汗によってイオンのバランスを崩さないように，適切に馬に毛布をかけることによって，発汗を抑える必要がある．

　馬は飼を食べるために30分馬房にいるのだが，その間馬具の手入れと，少し馬の手入れをする．それから数歩，曳き馬の速歩で歩様を確認する．寒ければ馬着を着せる．問題がなければ45分ないし1時間のんびりと曳き馬を続ける．

　跛行している場合には，手当をする前に，獣医に診察を依頼する必要がある．獣医は原因（肢，捻挫，腱炎）を見極める．原因次第でそれぞれ異なる手当が行われる．肢の痛みは釘のせいではないか，蹄壁を軽く叩いたり，球節を曲げて，異常な痛みを覚えれば捻挫ではないか，腱に沿って指を滑らすと，摘んだ指に対する反応で腱炎ではないかなどと判断される．

　靭帯や腱の疾患は，痛みを抑えるために，硝酸マグネシウムを少し加えた氷と消炎性パップ剤を交互に用いて，湿布（あるいはバケツの中に浸けて）して，まる15～20分かけて冷やすとよい．腱だけに関するなら，腱の伸張を抑えるために，2～4 cmの支えで肢を高くする．これらの手当を受けたにもかかわらず，翌日稀に，ホースインペクション／馬体検査に姿を見せない馬がいる．いずれにしても，一連の競技は先へと進行してゆく．

　曳き運動を終えて，四肢に未だ付着しているワセリンを取り除くため，洗浄剤を溶かしたぬるま湯で洗浄した後，消炎性パップ剤を塗り付けた清潔で分厚い綿布で包む．よい手当をすれば四肢をよく休ませることにつながる．ちょっとした感染や傷に付けられた消炎膏で生じる浮

腫は避けねばならない．手入れや消毒の後，切り傷はすべてコルチコイドが入っていない癒合を促進する軟膏をつけた殺菌された包帯で包みこむ．できれば消炎膏は避け，特別の軟膏で代用する．

古い薬は捨てるべきである．アルコール系やカンホルスマ*24 を使って，馬体をマッサージすると皮膚の表面に大量の血流が現れる．これは直接の目的，つまり，総体的な体力の回復と老廃物の排泄である循環の一部を迂回させるのである．

1日の終わりに，曳き馬で速歩の歩様確認と常歩の曳き運動を30分間行う．人参またはリンゴを混ぜた食欲をそそる飼を用意する．これには電解質を混入してもよい．電解質は水よりも飼の中に入れるほうが好ましい．なかには，喉が渇いているとき，つまりクロスカントリーから戻ってきた直後は別として，この水を飲まない馬がいる．水の中に電解質を入れたときは，必ず消費量をチェックし，夜は新鮮な水を入れたバケツを馬のそばに置いておかなければならない．

疲労困憊した馬は夜遅く，1時間ごとに10分間歩かせる．

疲れた馬の免疫保護作用は弱くなる．そのような馬は寒さや伝染病に一層敏感になり，帰厩して（家に戻って）からも日々，馬の管理に気を付けなければならない．

---

*24 camphrée：地中海地方産のアカザ科の草本．葉は樟脳のにおいがする．

5．クロスカントリーの騎乗

個々の障害の飛越技術を説明する前に，それがなければバスキュールの問題が解けないという，姿勢に関するキー・ポイントを想起することは無駄ではない．

バスキュール局面は垂直的加速の次に来る水平的減速を特色としている．

馬の動きについてゆくために選手は短い鐙を支えにして騎乗する．選手は手綱を調整し，背筋をまっすぐにする．そして骨盤を前に出し，肩を後ろへ引く．後ろに傾きすぎてアンバランスにならないように，肩と骨盤は相対的な動きをする．踵を低くし重心を下げる．選手はこのように身構えて，動揺することなく推進力を維持する．逆に鐙が長すぎると，足首が曲がらず，ふくらはぎは十分伸ばされず，（馬を）しっかり締められない．

手綱はブリッジにして調整する（手綱の端を左の拳から出して，馬の頸の上を横切らせ，右の拳がこれを受け取る）（写真51：152頁）．選手が前にあおられたときには，このブリッジを支えに身体を安定させることができる．

騎座が安定した選手は身体全体のバランスをとるために，しっかりとした下半身を使いながら，アンバランスを引き起こすことなく上半身を最大限に利用することができる．逆に，手綱が長すぎると，肩は用をなさず，拳は腹のところで動かせなくなる．そして馬が（障害の着地から）立ち直る重要なときに，手綱の張りを確実に維持できなくて，操作不能に陥る．しか

も，折り悪く拳が力を失えば，馬の拒止を促す結果となる．

　上半身が先行せず，過度に後ろに残る場合，選手は遅れを取り戻すため，身を乗り出すに違いない．そして，飛越の上昇段階で，馬の飛越弾道（バスキュール）を乱すことになる．両肩の強すぎる動きを避けるために，選手は両肩を後ろに引く前に，肩の筋肉を収縮させて，手綱の影響力を制御する．あらかじめ，肩が前方に向けて柔軟になる場合にのみこの運動は可能である．

　耐久競技においては，選手は容易に3つの姿勢が取れなければならない．
◆ 各障害の間での鐙を支点に，バランスを保ちながらスピードを出す姿勢
◆ スティープルチェイスの障害飛越とクロスカントリーのスケールの大きい障害では，踵を下げ，踵に体重をかける特徴的な姿勢
◆ 技術的に難しい障害については，骨盤を前ぎみに，肩を軽く引きぎみに，踵を前下方に傾けて重心を下げ，動きについてゆくバランスが確実に取れる野外障害専門の姿勢

　後者の2つは従来型の障害姿勢におけるバランス姿勢ではない．しかし，この2つの姿勢は馬が飛越体勢に入るとともに勢いが減速する瞬間があるときに行われる．平地での障害飛越の練習では，これらの姿勢をすることは難しい．

　飛越では，選手は，馬と一体だから，上半身を前に傾ける必要はなく，自然にそのようになる．選手は馬と動きをともにし，節度を守る．馬が次の3つの現象を怖がることを認識すべきである．つまり，
◆ せわしく動き回り，自分のバランスを失うこと，
◆ 背中が押さえつけられ，後肢の動きが邪魔されること，
◆ 前駆が突然重くなること，
である．

　最後に，何よりもまず，馬は自分の口を気遣う．選手が手綱を放すのはおそらく馬に行動の自由を与えることであり，それは馬自身のバランスを取り戻すことを可能にするだろう．しかし，それが反射的行動になってはならない．普通は，拳がやわらかく，指は閉じて，肩の力は抜けてコンタクトが柔軟である．着地してからは，片手もしくは両方の手綱を放したり，もしくは単に，指を開くだけで着地の誘導や指示はできない．さらに，飛越中および着地の際，馬のスピードは速くないので，選手はこのタイミングを活用し，走行ライン上にいられるように曲げたり，まっすぐに修正する．

　最後のポイントとしては馬は選手の上半身が前傾するほど，お尻が鞍から離れることになる．つまり，選手は身体の重心を中心軸から遠ざけ身体を揺らすことになり，動きの自由を失い著しく不活発となる．

　着地はいいかえれば垂直的ブレーキのようで，停止であり，それから馬の歩がローテーションされてゆく．たとえば特別な機械で激しく揺らされて，鞍の後橋に乗ってしまうようなことがないように．稀にも，馬が最大限の動きをするなか，選手は馬の重心に常に戻れることが大切である．

馬の肢は，ロックされたように動きが止まり（飛越中の着地前），着地より新しいストライドの動きへの準備ができている．それに対し，選手は鐙の上に立ち，背筋が機敏に動けるようにして，バランスを大きく崩しそうなときテコのように腕を大きく後ろへ動かして，強い勢いを吸収する．この姿勢はソミュール国立馬術学校のカブレオーレの姿勢と似ている．上半身を後ろに傾け，脚を自分の真下に位置する乗り方はより危険だが，不安定感を緩和してくれる．脊柱を反らす姿勢である．できることなら，両肩は力むことなく，手綱をゆるめないで，拳が完全に追随できれば選手はすべての準備を整えられて，飛越中に不安定になることなく，着地してからも馬をコントロールすることができる．

6. いろいろな障害を飛越する技術

クロスカントリーの障害を飛越するためには，バランス，スピード，大胆さ，および推進力が要求される．連続障害ではこれらの要素によって，難度による障害のクラス分けができる．

まず障害の飛び方を研究しよう．スピードが最優先されるために効率よく飛越しなくてはならない．そして，馬が障害に向かう気を大切に（尊重）しなければならない．もし，馬が頭を下げてギャロップをしたら，頭を一定の高さに維持させて，走るスピードを調整すれば十分である．選手は軽いコンタクトで足り，必要な活力を最小限にするため，馬を障害に十分接近させる．手綱の張りを強くすると飛越弾道を高くする危険があり，何ら利益を伴わない．逆に，コンタクトをゆるくし，選手のふくらはぎが固くなって（脚を使う），スピードを増せば増すほど，馬の筋肉組織が活発になり，この筋緊張によって，馬は飛越体勢を壊すことはない．そして，アプローチの準備ができていて，十分なスピードがあれば踏切地点が遠くても飛越できる．

野外コース中のこの競技用フェンス（写真58：口絵）は最もやさしい障害のひとつである．飛越には最小限のコンタクトとバランスで十分である．

ところが，上部のブラシが広がっていたり，あるいは雑木が束ねられている場合，馬が斜面を走行して〈よく見え〉ない場合は，用心する必要がある．

ブル・フィンシュ[25]は，非常に人気がある生け垣である．落ち着いた馬は，これに触れずに飛び越えること，つまり大きく飛越し着地を目だたせることができる．しかし，すれすれに飛越する必要があり，派手な，また無駄な飛び方をしてはならない．歩度を加速させず自分の揺るがぬ態度を示すため，バランスを軽妙にとり，口とのコンタクトはやさしくし，選手は脚を十分下げる．かくして，馬は障害の上を〈流れる〉ごとく飛越する．つまり，最小の力で障害を通過する．著しい歩様の伸びは，結果的に遠くて不利な距離で踏み切ることがあり得る．着地が厳しくなり，骨盤を前に進めて準備する必要がある（写真59）．

飛び上がり障害や障害の上部に乗る飛越の場合も同じ考え方でやわらかいコンタクトで踏切

---

[25] bull finnch：騎馬の狩猟隊が乗り越せない高い生け垣．

第3部　馬術競技

写真59：ブル・フィンシュ（ジェット・クラブ号／Jet Crub，著者騎乗）．
この馬は無駄な飛び方をせずに着地を抑える．

地点を障害に接近させる．異なるところはアプローチの仕方で，より効果を上げるためにストライドを小さくして，速くする．このように馬は小さいストライドで，飛節をよく曲げた歩様を容易にする．選手は後肢の通過を妨げないように騎乗（馬に随伴）する．

土でできた小山に対する馬の飛越弾道はその形状をたどることである．通過に無駄がないように，馬の重心をできるだけ低くする．高く飛ぶ必要がないから，手綱は軽いコンタクトで十分である．スピードは，その形状が険しければ，それだけ一層抑えたスピードにする．馬が肢を滑らす場合，選手は鞍上にしっかりと座り，馬の走りを安定させる．しばしば小さい水路が斜面の変化を鮮明にし，障害飛越をたやすくすることもある．

羊牧場の囲い柵障害は，着地後方が目視できて飛び上がり障害なので飛越しやすい．やはりこれもバランスをそれほど必要としない．選手は拳をゆるめ，脚を固く締め馬の踏切を障害に接近するように促し，飛越弾道をあまり高くしない．着地は一層穏やかにする．着地飛び下りであれば，そのぶんだけスピードを落とす（写真60）．

幅広い水路の飛越は大きいストライドが必要である．遠くからストライドを広くしておく必

168

写真60：羊牧場の囲い柵（ティトゥス・ド・ラロシュ号／Titus de la Roche，ピエール・ミシュレ選手／Pierre Michelet）．馬は障害の上を滑るように飛越するため，手綱のコンタクトは非常に軽くする．

要がある．水路の踏切ラインがはっきり見えない場合はそれだけ選手は確実に踏切を合わせなければならない．選手は馬の信頼を得るために，手綱の張りを強くする．逆に，水濠（水路と呼ばれる小さなSpa）のように川岸がよく識別できれば，手綱のコンタクトをゆるめてもよい．そうすれば踏切の準備は簡単にできる（写真61，および写真62：口絵）．

ボリュームのある障害の飛越について要約すると，無駄のない飛越と近い踏切が望ましい．それは肩を柔軟にし，ふくらはぎを固く維持しながら，常に同じ調子の最高のストライドによ

って得られる．あらかじめスピードを落とす役割は姿勢にある（表1）．最も日常的な誤りはコンタクトを強くし，ストライドを広げたまま，馬を制限することである．この行為は弾道を大きくし，高く飛ぶため，飛越の無駄を多くする（写真63：口絵）．

次に掲げる種類の障害は，バランスがおおいに大切であることを説明している（表1）．

踏切横木のある，またはない垂直障害や秣桶障害（写真93：216頁）のような踏切に難点のある垂直障害が，最も伝統的な障害である．こ

第3部　馬術競技

写真61：乾壕（ケミ号／Kemis，ヴァンサン・ベルテ選手／Vincent Bert-het）．
このような大きな乾壕は若馬のときから小さな乾壕で調教されてきているため，馬は安心して飛越できる．

れはバランスを崩さず，したがって一般的にはスケールの大きい障害よりも遅いスピードで近づく．これは脚を強く使うことなく，走り込んで飛越する障害ではない．しかし，なおざりにはできない．注意を怠らずに通過しなければならない．幅が広くなければ，狭くて窮屈なコンビネーションの場合と同じようにスピードを落として飛越する（写真64）．

　バランスを改善するためには，選手は身を起こし，頭と首を上げ，拳の動きを妨げないで，脚で推進力を維持する．拳は，口－拳－背中－尻の線を崩さないように低く維持する．これら一連の動きは基本的には選手のまっすぐに起こす上半身と肩の筋肉の収縮に関係する．この運動はぎくしゃくしないで，安定して継続する．馬が完全にその両肩上で安定するように，側方のバランスをとりながら，馬を落ち着かせることに専念する．馬が頻繁に非常に速くギャロップするとき，あるいは疲れたときには，後肢が前肢の蹄跡を逸れて走行する．馬のアンバランスな推進は効果が薄い．調子が乱れた馬は障害に前膝を突っ込んで転げることもあり得る．

　疲れた馬は選手が肩を後ろに引いても，対応を拒むことがある．そのときは，エネルギッシュに，しかし荒々しくなく，繰り返すこと，《馬を拳から引き離す》つまり，残る数メートルの間，頭をいわゆる〈水平に〉もしくは水平より高くして，障害飛越にさらに有利な態勢を

耐久競技（野外騎乗）

表1：スピードとバランス．

スピード	速歩または遅い駈歩	CSO（障害飛越競技）の駈歩	中間駈歩	ギャロップ	スティーブルチェイスのペース
後駆上の多くのバランス		コフィン障害飛越（図43）の入口 水濠の飛び込み（写真71）	バノラマ障害飛越 目隠飛越（写真94）	穂桶障害（写真93） 飛び上がり障害（写真69）	幅広い正面オクサー（写真65）	
後駆上の非常によいバランス	水濠の出口（写真86）	下り坂の障害 障害に対して斜め飛ぶ飛越 上り坂のピアノバスケット	垂直障害（写真64） 長いコンビネーション（写真73-76） ダブル・コーナー（写真18, 19, 70）	水路＋柵	
後駆上のよいバランス	水濠の中の障害 水濠（丸太）（写真96）	短いコンビネーション バウンス（写真14, 80-83） 狭小障害 日影の障害	自然の飛び上がり障害（写真69） 通常のコンビネーション 回転上に置かれた障害 隠れた障害	トラケーネン（写真68）	幅広い自然水路 Spa sur trou（写真62） オープンディチ
変わらないバランス	水濠の通過 水濠へ飛び下り（写真90） 空間飛越	下り坂のピアノ障害（写真95） バノラマ的丸太	小山 羊牧場の柵（写真60）	ボリュームのある障害 フェンス（写真58） ブル・フィニッシュ（写真59）	踏切ラインのはっきりした水路 スティーブルチェイスの水濠 小川（写真39）

スピードを落とせば、バランスを改善しやすい。
バランスをとるには、推進が必要である。すべての障害は飛べる高さと真直性の潜在能力を試している。なぜなら、通常この種の運動で必要とするスピードやスピード以上のバランスが要求されるからである。

第3部 馬術競技

写真64：落差のある垂直障害（イリス・デュ・ボワ号／Iris du Bois, アルマン・ビゴ選手／Armand Bigot）．選手は馬とともに飛越するが，着地に段差がある障害では後肢は気にしなくてよい．

維持する必要がある．この姿勢で軽いコンタクトで馬のバランスを維持することが肝要である．そうしなければ，頸を起こすことによってき甲が沈み，あるいはしばしば前肢を折り曲げて少ししか上げないことになるに違いない．

正オクサー（写真65：口絵）の前面には，ときには踏切横木あるいは乾壕がある．飛越では高さをクリアし飛越幅をカバーするには，馬に一定のはずみをつけるため，両後肢の同程度での踏み込みを特徴とする最適な推進姿勢を取らねばならない．この障害は垂直障害の克服に似ている．理由は何よりもまず，バランスが必要である．飛越幅のカバーは2番目の目標で，これは加速よりもリズムの強さによって達成される．

バランスは，先に述べたように，重さをかけずに，頭と頸を配置することによって得られる．バランスは絶対に保持され，選手はテンポを維持するため，規則正しいリズムで脚を使う．項をもぐらすことを決して許してはならない．むろん騎座や，もっと悪いのは拳で加速することは厳禁である．バランスを崩すことなく推進を維持するためには，選手は鞭で肩に合図する．あるいは舌鼓を使うのがよい．

もし，推進力が落ち，弱くなれば，選手は冷静に対処しなければならない．すなわちカーブの後や，連続障害の最初の入り方が悪い場合である．無秩序な鞭の使い方をせず，手綱がゆるんでいれば，調整し直し，経験を生かして，で

耐久競技（野外騎乗）

写真66：傾斜地にあるオクサー（フランガン号／Frangin，パスカル・モルヴィエ選手／Pascal Morvillers）．
選手は自分の馬が飛越幅の広い障害を通過できるように，必要な自由をすべて与える．

きるだけバランスを取り戻し，ギャロップを継続しなければならない．スピードは出さない．

さらに，飛翔幅の広いタイプの障害については選手は飛越時に付き遅れをしてはならない．そうすれば，馬は1cmの飛翔幅も失わないで済む．障害に接触しても，馬は支障なく飛越する．逆の場合には選手は後ろにのけぞり，鞍から落ちる．とりわけ馬はオクサーの真ん中に落ちるのを怖がるので，イギリスで重視された飛越中の馬の自由は最も重要である（写真66）．

幅の広い水濠の後ろに設けられた生け垣（写真63：口絵）やパリサードの飛越も同じく十分なバランスが要求される．それらをクリアす

るためには高く飛ぶ必要がある．目標は障害の高さであって飛越幅ではない．たとえ大きさが重要と考えられても，生け垣は高ければ高いほど飛越は容易になる．バランスはもちろんのこと，推進力の増加も必要である．脚も拳も決して馬を野放しにしないで，飛越するまでその操作を続ける．項は最後まで高く保つ．障害の踏切が近いオクサーと違って，馬には，膝を上げるにあたって，より多くの余裕があり，飛越が一層引き伸ばされ，手綱とのよいコンタクトが可能になり，馬を安心させる（写真67）．

水濠が前にあるパリサードに比べて，トラケーネンは，多少とも境界がはっきりしていて溝のちょうど中央部に丸太が位置する障害であ

第3部　馬術競技

写真67：パリサード（ル・ルガール・ノワール号／Le Regard Noir，マリ・クレージュ選手／Marie Courrege）．
競馬騎手の秘訣となるような非常によいバランスは常に難しい障害では行われている．

る．飛越幅が広い場合，まず歩様の幅をちょうどよい大きさにしてバランスを改善する必要がある．間違いなのはバランスをとるためにスピードを落とし，項をもぐらせたまま，障害に向かって加速することである．この手法では馬は窪みを怖がり，バランスをとれず，飛越しないというリスクを伴うことになる．飛越させるのに大切なのはスピードではなく，バランスであることを理解しなければならない．つまりバランスが飛越弾道のちょうどよい高さと十分な広がりを確保するからである（写真68）．

斜面にある障害はバランスだけが必要となる．減脚することは飛越弾道に有利に働き，前膝を上げる余裕を多くする．下り坂では，馬は背中と飛節のたわみを維持することによって，後肢の踏み込みを増す．選手の唯一の配慮は，両拳を下げ，両肩でスピードを制御しながら，無意識の調和と筋肉の柔軟性を維持することである．この結果，肩の動きを容易にして，前膝を上げる余裕ができる．

バンケット（飛び上がり障害）は，大きくかつ重量感のある垂直障害と同様に高い．したがって，大きく飛越する必要がある．理由は，馬が前肢を上に置くのだから，同じ高さの垂直障害よりも高く飛越することになる．とはいえ，いつも大変な活力が要求されるわけでもない．なぜなら，馬は前肢の着地を利用して自らの体を牽引できる．バンケットはときには乾壕と組

耐久競技（野外騎乗）

写真 68：トラケーネン（ニアルカ号／Niaruka. ジャン-ピエール・ブランコ伍長選手／le Marechal des Logis Jean-Pierre Blanco).
拒止のリスクをすべて避けるためには，馬の運動の正確さが不可欠である．

み合わせて馬が物見するような障害もある．スピードが抑えられれば，必要なバランスは簡単にとれる．選手は，極めて大きな活力を要求しなくても，馬にとって可能な歩調でバンケット上に乗ることで，それを乗り越えることができる．飛越中は，後肢を曲げて，障壁にぶつけるのを避けようとするために，特に馬の腰に負担がかからないようにする必要がある（写真69）．

コーナージャンプは，同じ方法で，最後までコンタクトを維持しながら飛越する．飛越幅を短くするため正確なアングルで進入する必要が

ある．この命題は，選手と障害固有のポイントと数10 m 先に定めた目標を結ぶ直線上を走行するときにのみ達成できる．選手が障害にねらいを付けることだけに気を配っているならば，ライン上（軸）を維持することはできない（写真70）．

加速するのではなく，障害を飛越できるペースで，馬と喧嘩することなく徐々に減脚していく．あまり激しい乗り方では，飛越して通過するには，指を開かざるを得なくなり，馬に逃避する可能性を与える結果となる．2番目の命題はまっすぐに飛越することである．多くの馬は

第3部　馬術競技

写真69：飛び上がりバンケット／Contre-haut（オカピ号／Okapi，ジャン–ジャック・ボワッソン曹長選手／l'Adjuant Jean-Jacques Boisson）．
　　　　選手は馬と意気投合しており，後肢の屈撓を妨げていない．

　一方の後肢が他方より弱いので，斜めに飛越する．調教によって押す力でよれを調整し，競技ではその傾向が表れないように努める．また障害を逃げようとする側の手綱の張りを維持することによって，この斜め飛越の傾向を弱めることができる．

　トレーニングでは，選手は一方の拳を開く．この調教でコンタクトの柔軟性を維持することによって，障害通過を助長する．この種の飛越を定期的に練習すればコーナー障害の難しさは克服できる．

　コーナージャンプは飛越ライン（軸）により先端部を少しだけ斜めにして飛越する．ただし，障害が連続することで，左右対称の障害配置の場合は別である．

　連続障害における斜め飛越（障害に対して斜めに進入する）や，あるいは障害ラインを短くするための斜め飛越では，同じ手法が要求される．つまり，目標を遠くに置き，障害に向けて馬をラッシュさせない程度のペースと，スタイルよく飛越できる適度なバランスが必要である．なぜなら，斜線上を飛越する馬は前膝を高く立ち上げなければならないからである．適切なスピードを選ぶことも最重要事項である．馬は一方の肩，特に閉めた側の肩に寄りかからないために，縦方向や横方向にもよいバランス状

耐久競技（野外騎乗）

写真70：ダブル・コーナー（オルシデ・ダビル号／Orchidee d'Avire，グザビエ・ラベッス選手／Xavier Labaisse）．コーナー障害の飛越は下見で歩いたライン通りに遠くにポイントを置く方法を行う．

態を維持しなければならない．したがって，飛越する前の選手の体重移動は元の位置，姿勢にぜひとも戻す必要がある．

　障害に近づくとき，選手は両手綱を同じ長さに調整し，気を配りながら片方の手綱を衛受をした状態で開いて障害を通過する．コーナーに向かうのと同じように，反対のことがよく行われてしまっている．選手が内方手綱を固定すると，馬の肩の動きの邪魔をし，前膝が上がるのを妨げる．そうすれば開いた側の肩が逃げたままになるので，馬は逃避してしまう．

　幅の狭い障害であれば，バランスを保つのに少し注意し，徐々に減脚すれば足りる．しかし，選手は馬を加速したり，誘導したりする場合，最後まで手を抜いてはいけない．

　コフィン障害（図43：210頁）に飛び下りるような微妙な障害では，スピードを落とすと同時にバランスと推進の2つの違った性質をもつ動作が要求される．原理は柔軟かつ活発なストライドを組み合わせることである．ゆっくり近づくことによって，馬は障害が自分を待ち受けているのだと思うので，馬の不信感を和らげることができる．普段は逆の反応が見受けられる．つまり，速歩か小幅のギャロップなら，それほど難しくないのに，選手は障害飛越が不安になればなるほど，速く障害を通過したくなる．ストライドを縮小することで，動きがとれ

177

ないほど近づくこともなく，長すぎて躊躇したり拒止したりする危険もなく，都合のよい位置をたやすく見つけることができる．下り坂では，ゆっくり障害に近づくと飛越距離は短くなり，したがって着地は確実になる．もちろん推進力は必要である．馬が逃げ出したり抵抗したり，あるいは馬体を収縮したりはさせずに，半減脚をかけることによってこの追加的な運動を受け入れさせるには，事前の調教が必要である．《半クラッチにする》ために，選手は障害飛越の間，飛越中も両肩で半減脚をかけながら，常に両脚を締めなければならない．手綱のコンタクトがきつくなり得るが，馬の上部ラインの柔軟性を崩さないためにも，馬体上部の緊張緩和に気を配る必要がある．特にこのコンタクトを硬化させる懸念があるならば，強く締めている両脚をゆるめるのを自制する必要がある．障害に向かって前進すればするほど，選手は鞍にしっかり座り，身を起こし，両手を下げて維持する．上半身を後ろに引き，下げた踵をゆるめるようなことをしてはならない．踵を下げるのはふくらはぎの効力を維持するために必要である．

トレーニングで，柔軟なコンタクトを維持する利点を感じとるには，障害に向かって両拳を開くとよい．最後まで両脚を離さず維持する必要性があることを理解するには，低い障害で鐙を履かずに飛越すると効果がある．つま先を上げ，ふくらはぎを固く締め，上半身を起こしながら，最後まで脚を締めると，障害飛越の爽快さが味わえる．

最後に，減脚は障害のアプローチ寸前で段階的に扶助を行う．スピードダウンは障害にいき着くまで続けなければならない．クロスカントリーの終わりごろ，疲れが現れ選手の力も弱り，馬の柔軟性がなくなってくると，抑えることがかなり容易になるが，距離が長くなれば走りきることが，難しくなる．それが一層真実味を帯びてくる．走行の終わりごろの拒止が増えるのはこのような事情による．同様に，飛越のペースが崩れてから，障害のほうに向かう誤りは常にあることだ．馬は自分を不安にさせる何かを目の前にすると，拒否するか，あるいはバランスを崩して加速して障害に衝突する．

同じような考えで，水濠に飛び込んだりもする．周囲（障害配置）の状況が気がかりで困難になればなるほど，ストライドの減速や収縮がますます必要になる（表2）．たまたま同じ飛び込みで，幅広い障害であっても，スピードは遅いままでなければならない．リズムだけは上げる．そのことによって，可能な限りゆっくり幅広く飛越できることを信じることが非常に重要である．これら（野外走行技術）の要求は高い水準の競技までに至る両者にとって極限のファクターである（写真71，および写真72：口絵）．

コンビネーションは個別に，考察することとする．簡単な障害と比較すると，コンビネーションは一般的により遅く，しかしうまくリズムをとって飛越する．バランスに必要なことは，馬が障害に向かおうとする意欲をそぐことのないように，減脚中に徐々に調整する．減速をバランスとエネルギーに変えるには，選手は脚で力強くリズムをとりながら操作する．この走法は，容易に障害に向かうよう強く作用する．なぜなら，それらの走法は数多くの障害に対応で

耐久競技（野外騎乗）

表 2：飛越のスタイル．

歩幅の長さ	超ロンゲ (4.50 m)	ロンゲ (4.00 m)	ノーマル (3.50 m)	ショート (3.00 m)	超ショート (2.50 m)
すれすれの飛越				パノラマ障害	空間飛越 水濠の飛び込み コワインの入口
近い踏切	フェンス スティープルチェイスの水濠 スキージャンプ (Spa)	幅広い正オクサー	狭小障害 日陰の障害 羊牧場の柵	パノラマ的丸太 カーブに置かれた障害	上り坂の障害
通常の踏切	ブル・フィニッシュ オープンディチ	長いコンビネーション	コーナー障害 バウンス 秣桶障害 障害に対して斜めに飛越 通常のコンビネーション	短いコンビネーション 水濠の中の障害	下り坂の下の障害
経済的飛越	トラケーネン 水路	水路＋柵 ボリュームのある障害	飛び下り障害 小山	下り坂の障害	

注：スピード＝振幅×テンポ
　　近い踏切＝小さいストライド＋リラックス
　　大きな踏切＝大きなストライド＋バランス

見つけるべき解決法：運さ＝安全
　　　　　　　　　　スピード＝飛越幅

第3部　馬術競技

写真71：水濠への飛び込み（ネプチューン・シャリエール号／Neputun Charière, 著者騎乗）．
選手はハンティング手綱を非常に短く持たざるを得ない．

き，それらへの取り組みに応じて必要な推進力を確保し，コンビネーションから抜け出るのを迅速かつ容易にするからである．つまり飛越のために，減速中のバネのエネルギーを抑えて，コンビネーションの通過中にそれを解き放つことを考えなければならない．

これに対して，コンビネーションの入りを勢いよく飛びすぎてしまい，あわててスピードを落としたために推進力をなくした場合でも，もし馬が若くて，もの怖じせず，あるいは少しばかりの躊躇なら，大きく飛んでも体勢を元に戻すことができる．しかし，次の障害の飛越弾道がずれれば，切り抜けるのを難しくする．

コンビネーションの通過の過程では，選手は気をゆるめず，すぐに対応する必要がある．幾多の障害飛越によって，アンバランスにならないように注意し，着地後できるだけ早くその場で両手綱を調整し，両脚を馬体に密着させる．着地における選手の姿勢は，次の障害での馬の鮮やかさに影響する（写真73-76）．

コンビネーションのなかには，曲がりながら障害に接近し，斜めに飛越しなければならないことがある．まずはA障害に特に注意力を集中して，うまくアプローチすることが望ましい．そうすれば，A障害で支障（肢を当てる，危ない着地，手綱を取られるなど）があっても，B障害の通過は容易になる．独立した障害

におけるのと同じように，ラインを決めていくための目印を設定する方式が不可欠である．選手は自分の目印を決め，障害の頂点がちょうど視野の底辺に来るようにする．コンビネーションにおいては，接近および飛越直前のはずみの1歩の調整は，距離つまり障害間のストライドのタイプを知ることによってよりやすくできる．選手はそれだけラインの尊重に集中力を注ぐのである．

カーブ上の飛越では，回転時におけるリズムの維持に力を注ぐ．選手は馬の外方の肩が外に逸れるのにまかせず，また内方の肩を固定せずに，必ず両手綱を操作して回転する．飛越弾道の最終段階に，強い推進でライン上に適合させることで簡単に飛越することができる．

ピアノバンケットのように土盛りをした障害に対して，連続して飛び登るときには，馬は非常に多くのエネルギーと力が必要である．馬が効率よく進むためには，歩幅は小さく柔軟にリズムをつける．選手は脚を馬体に接触させて，手綱を張って馬が背筋を強くするように援助する．障害飛越では，選手はコンタクトをゆるめないで，肩とともに動きについていき，馬に後肢を曲げさせることで飛越を確実にする．

飛び上がりバンケット（写真69：176頁），パノラマ的垂直障害（写真94：222頁）で構成されているノルマンディー・バンク（写真77－79），およびバウンス（写真14：45頁，写真80－83：186, 187頁）も同じ要領でアプローチする．飛ぶ高さがきつくなり，飛越距離が短くなればなるほど飛越の速さが遅くなる．ステップにくると，馬は垂直障害をかするように低く飛び，着地面が限られているため，選手は頻繁に指の力をゆるめることができる．飛び上がりバンケットに上がった後，ステップ上で逃避するのを避けるため，垂直に飛越しなければならない．飛越中，選手は後肢の通過を容易にするため，馬とともに前進し着地に備えるため，両拳をき甲の両側に据えて手綱はブリッジで持つ（写真51：152頁）．

バウンスも同じ感覚で通過する．このタイプのコンビネーションは本来，エネルギーと柔軟性を組み合わせた弾力性を必要とするが，選手はよく過度になりすぎ，馬を硬直させてしまう．スピードは各障害間の距離と障害の外形に合わせてかなり遅くする．最初の障害はコンタクトを強くせず，リズムを取って前進しながら飛越する．馬は着地後，あまり遠くに進まないように，飛越に力を入れすぎることなく，〈流れるように〉次の障害に向かう必要がある．

選手は脚を活発に操作してリズムを維持すれば，馬は活気づきこの障害を楽に飛越する．馬体上部のラインの柔軟性を低下させないため，頭頚を上げさせない．したがって，この飛越には次のような特色がある．ゆるやかなスピード，節度のあるバランスおよび軽いコンタクトである．コンビネーションの飛越過程で，選手は馬の後肢の屈曲を邪魔せず，Bの障害に向けて急がせないために，馬を自分の手の内に入れるように気を配る．選手は堅実かつ完全なバランスの上にいられるように踵の上に身を置く（写真80－83）．

盛り土の小山（バンケット）は次に控える障害の通過を条件づけることがある．これら2つの障害間の距離を知る必要がある．それを見極

第3部 馬術競技

写真73−76：コンビネーション（パシャ号／Pacha，機甲兵科ミッシェル・ビラ軍曹選手／Michel Billat）.

耐久競技（野外騎乗）

コンビネーションの飛越では，選手のバランスのよさと，着地後，選手が元の姿勢にすぐに立ち直ることが必要である．

第3部　馬術競技

耐久競技（野外騎乗）

めてストライドを決める．この場合，土の上を低く静かに通過する必要はないが，ストライドを整えねばならない．馬はバンケットに飛び上がり，飛び下りなければならない．選手は馬を手の内に入れ収縮駈歩で通過する．障害はバンケットに隠されて，その上に登るまで見えない場合がある．そのときは次に控える障害から適当な距離の位置に，バンケットの着地となり得る目標を遠くから選定する必要がある．このようなアプローチは最終段階で運を天にまかせるような偶然にできるものではない．バンケットを通過するには，選手は鞍に深く座り，下り坂に適した位置に踵の支点をとりながら，次に控える障害の飛越のため，馬を活動させ導く準備をする．

ときには，ちょうど下り坂が平地に達するところに障害が据えられていることがある．このようなコンビネーションはさらに困難である．というのは，踏切のための調整が難しいからだ．下り坂はストライドをつめて，ゆっくりしたスピードで下る．馬は地面の形状を心得ていて，特に急峻な坂は飛び下りない．スピードが遅ければ，膝を上げる時間的余裕ができる．馬が両肩に重みをかけて下りるのを許してはいけない．なぜなら，地面の変わり目を飛んだりして，障害ではないのに飛越をする危険があるからだ．

逆に，飛び下り障害（写真89：口絵）のコンビネーションはやさしい．理由は，すべてあらかじめ調整されているからである．目的は，飛び下り障害によって動揺しないことである．特に飛び下り障害が大きい場合や次の障害が狭くてコントロールが必要なときには，飛び下りることでアンバランスにならないようにする．空間に飛び上がるのではなく，下りるにまかせるようにしなければならない．スピードを落とせば着地は容易になる．選手は減速して馬をより手の内に入れ，両脚で絶えず圧迫しつつ，鞭で肩を刺激し，必要なら舌鼓で元気づけながら誘導する．

馬が走りたがるときには選手は確固たる，しかし柔軟な態度で，馬との調和をはかる．それでも選手は間違って，落馬を防ぐため，たびたび鐙を支えに立ち上がり動きに逆らう．そして着地してから鞍に尻をおろし，馬がバランスを模索するのを邪魔してしまう（表3）．

馬が着地に注意ができるように，十分な自由を与える必要がある．脚は正しい位置に，拳はブリッジでしっかり手綱を握り（写真51：152頁），馬とともに坂を下りる．次の障害までの距離が近くとも，着地の落差にかかわらず，上半身は後ろへ反らしてはいけない．こうすれば，選手はたとえ〈バンパー〉のように脚の位置が前にずれたとしても，より力強く，能率的に騎乗できるが，着地のときに投げ出される危険があるので，タイミングが遅れると脚は正しい位置に戻れなくなる（写真84-85）．

特に難しいのは，水濠の中ほど，あるいはそこから出たところあたりに設置された障害である．着水してから，水の深さ，しぶき，波をものともせず，できるだけすばやく障害に立ち向

◀ 写真77-79：ノルマンディー・バンク（オボビロット号／Obobbylot，ジャン・トゥレール選手／Jean Teulère）．
手綱のコンタクトは軽く，選手は馬の動きに合わせた正しい騎乗で自在に制御できる．

写真 80-83：一連のバウンス（ネプチューン・シャリエール号／Neptune Charriere，著者騎乗）．

このタイプの難しい連続障害に近づいたときは選手は馬をゆっくりと，リラックスした状態で飛越ライン上に誘導して，各障害では強く脚を挟む．

第3部　馬術競技

表3：選手のアクション.

脚の使い方	馬体に触れる程度	馬体を圧迫	馬体を締める	エネルギッシュに圧迫
フリー・コンタクト	垂直障害	水濠の出口	斜面上の障害	空間飛越 乾濠＋柵
強くて、柔軟性のあるコンタクト	狭小障害 株桶障害	水濠の中の障害 コーナー障害 障害に対して斜めに飛越 飛び上がり障害	日陰の障害 コンビネーション	水濠の飛び込み コンバイン障害の入り 幅広い正オクサー
通常のコンタクト	ボリュームのある障害	狭小障害 上り坂のピアノ障害 バウンス	カーブ上に置かれた障害 トラケーネン	自然な乾濠 乾濠
軽いコンタクト	下り坂のピアノ障害 フェンス プル・フィンシュ	羊牧場の柵 小山	スティープルチェイスの水濠（Spa） スキージャンプ	上り坂の障害 縁がはっきりした乾濠

見つけねばならない解決法：
◆ 軽いコンタクトで飛越すれば, 馬は選手を信頼する.
◆ 調教された馬は、選手の脚と手綱のコンタクトに従うようになる.
◆ 選手の役目はスピードを落としながら, 推進力を高めてバランスを維持し得ることである.

188

写真84-85：コンビネーション　飛び下り障害と垂直障害（マルスナ号／Marcenat，著者騎乗）．
選手は飛び下りてから，遅れずに垂直障害を飛越通過しなければならない．

第3部　馬術競技

かう準備をしなければならない．

　つまり，あらゆる手段を使って，手綱を取り直し調整することである．馬の支え（手綱）は障害の拒否や落馬などの瞬時に起こる不安を解決する．

　この手綱さばきは，トレーニングで馬に着水して直ちに停止する習慣をつけている限り，難しいことではない（写真86）．

写真86：水濠からの脱出（カール・ド・プラシヌー号／Quart de plasineau，マリークリスチーヌ・デュロワ選手／Marie-Christine Duroy）．
　　　馬が水濠の中でギャロップするとき，選手は誤らないように手綱のコンタクトを正確に維持している．

最後のテスト

1. 馬体検査／ホースインスペクション

　最終日の馬体検査と余力審査（障害飛越）を機に，馬の回復の程度とトレーニングの状況が明らかになる．

　ほとんどトレーニングせず，軽々しくクロスカントリーに出場した馬は四肢を痛め，力と柔軟性を失う可能性は十分ある．そこからも元気を回復したと思われる馬であっても，これら2つのテストには注意深く準備をする必要がある．

　早朝，馬体検査の約2時間半から3時間前に，馬を馬房から連れ出し，曳き馬で速歩をさせて歩様を検査し，すべてがよければ，20分間ほど常歩の曳き運動をさせる．跛行する馬の場合，消炎膏を取り除き，腱を入念に検査する．歩様検査は跛行の原因を見極める前にチーム獣医が診察するよう注意する．跛行している場合，最も賢明な方法は症状を悪化させないため，競技への参加を取りやめることである．跛行がはっきり現れないときは，重大事だが，なかなか決断しにくい．

　審判団はいつも入念な手入れに心を動かされる．健康に問題がない馬は，手入れが行き届いている．最初の曳き運動から帰ると，グルームは馬に飼付をする．それから，たてがみを編むことからはじめ，尾を三つ編みにし，忘れずに空バンテージをする．四肢は消炎膏をぬぐい取り，また，馬体に残ったワセリンを石鹸とぬるま湯で丁寧にすべて洗い落とす．市販の新しいグリースは手入れが一層容易である．手入れを終えたら，汚れを防ぐために清潔な薄い馬着をかけて，その上に馬着を着せる．寒い場合は，清潔な薄い馬着の上に馬房用馬衣を着せる．四肢は，腱がよく乾燥しているように見える場合，冷水または酢酸鉛水溶液に浸したバンテージで包む．この準備段階での最終の手入れの前に，筋肉痛を解消するため，30分ないし1時間，騎乗し常歩または速歩で馬体をほぐすとよい．

　ひとわたり手入れが済むと，グルームはプレゼンテーション用の水勒に馬匹番号（国際総合馬術競技）を取り付け，バケツにブラシ，スポンジ，雑巾類，肢に塗る蹄油や刷毛を入れて準備する．最初のインスペクションのときと同じく，肢はきれいな地面，つまり公式のプレゼンテーションの場に来たときにのみ蹄油を塗る．その間，選手は競技に臨む衣服，すなわち競技用の服に着替える．また馬場馬術用の鞭を携行する．

　長時間馬を歩かせて遅れることのないよう

に，ときどき棄権していない選手をまとめて計算し，出場時間の30分前に馬房を出る必要がある．馬は活発な足どりで，選手に従わねばならない．馬は速歩を数歩要求されると，外見上，跳ねるようにするだろう．そうでない場合は，鞭で誘導する（馬がまっすぐに進むように，第三者が鞭を持つ）．たとえ最初のインスペクションのときほど警戒心がなく逃げようとする傾向が少なくても，馬はなお用心するので，これらの対策は賢明である．

実施することは第1日目と同じである．馬は用心深さを見せず，まっすぐに，かつ自由に頭頸を維持する．反転後，再び蹄跡上に入ったときに，速歩で走行する．最終的に柔軟に常歩に移行し終える．審判員団の決定が直ちに行われず，馬が傍らに止め置かれた場合，馬に毛布をかける必要がある．選手は自分の馬をもっと立派に見せるため自分の失敗の原因を反省する．腱ないし球節に何らかの疑いがあれば，痛みを増やさないように，ゆっくりした速歩を見せるために，待機する間はあまり歩かさないほうがよい．逆に，それが肢のこずみか，あるいは過敏な反応でしかないようであれば，より力強く見せ速歩の出発を繰り返す必要がある．頭頸を曲げることなく，まっすぐに前進させなければならない．

選手は，自分の馬および自分のグルームのために，両者の努力に報いるべく，このインスペクションで立派に見せなければならない．

インスペクションの後，馬は馬房に連れて帰り，馬房用馬着と休息用バンテージを巻く．

2. 余力審査（障害飛越競技）

いろいろなやり方があり得る．

◆ 障害飛越競技（CSO）の前にパレードが行われる．司会者の呼び出しで，出場選手たちは観客の前を行進する．

◆ 障害飛越競技は競技参加者が非常に多いため，2クラスに分けられる．暫定的に分けられた後のクラスはインスペクションのすぐ後で，CSO（余力審査）を行う．獣医のインスペクション終了後，障害の経路が公開されたら，直ちにその経路を確認する必要がある．速歩区間もスティープルチェイスもない国内競技では，障害飛越競技はときには馬場馬術とクロスカントリーの間に行われる．これによって，観客者にとって日程の最後に行われるクロスカントリー全部を見ることができる．そして平静と正確さを必要とする他の競技（馬場馬術）と爆発的な性格の競技（CSO）を近づけることによって，ドーピングの使用を抑えることが可能となるが，障害飛越は体力回復としての価値はない．

総合馬術競技（スリー・デイ・イベント）では，馬は競技に耐えてきたばかりで疲れている．その好気性代謝は強く刺激されて，正常になるまで多くの日数が必要となる．逆に，乳酸嫌気性代謝（CSOの爆発的活力に有効）は24時間で許容範囲に戻りやすい．もし全体の活力がトレーニングのレベルと相入れる状況にあり，また筋肉細胞の病変部がなければ，もちろん体力回復は可能である．クロスカントリーの翌日でも馬は障害飛越ができる．しかし，活力

を長く維持するのには困難を伴う．速歩で低い障害を通過することで障害飛越のメカニズムと柔軟性を見つける必要がある．そのうえで一度，垂直障害と低いオクサーを飛越させ，最後にもう一度，競技の高さを飛越させる．

馬に再度活力を与えるには障害向きの正しい姿勢をもっている馬については，ほんの少しコンタクトして，脚で前進させながら飛越させれば有効である．この方法は力や技術に欠ける馬には勧められない．なぜなら，突然飛越を放棄して，混乱したり自信を喪失する危険があるからである．選手と馬の両者の調和は維持しなければならない．気がゆるみ，低い障害の飛越に満足してしまうことがある．一般的には疲労を伴わないよい姿勢を見つけだすことである．拳で馬の邪魔をしたり，ひと飛びごとにあるいは2回連続してのジャンプの後は，馬は静かな常歩で体力を回復させる．

手に持った横木を飛越したり，支柱の先端に横木の端をX型にかけて置いたり，非常識な距離に修正したり，経路上の障害の高さ以上の高さを飛越することは禁止されている（支柱の穴に公式に認められた最高の高さ以上には粘着テープを貼ってあり，上げることができなくなっている）．それらの規則を守らせるために，準備運動馬場にはスチュワードが控えている．障害の準備運動は自分の出番の10人前の選手から，また飛越は自分より5人前の選手からはじめる．数分間，常歩をした後，競技場馬場に入る前に最終のやさしい障害飛越が求められる．

経路上では，自由になり解放されようとする疲れた馬に要求しすぎることなく，活力を無駄に消耗しないようにすることが重要である．

アプローチでは項を下げるのを避けなければならない．推進力を効かして前進しながら，選手は馬の歩調をはっきり観察する．障害の近くに追い込むのは間違いで，落ち着きとバランスを維持する．馬は疲れておりこれまでのような対応をしない．下り坂やコンビネーション通過で，馬の反応は期待できない．やさしい障害，特にそれらがより大きな障害の後にある場合は用心し，正確を期す必要がある．障害の高さよりもむしろ連続性やそれらの配置や外観に難しさがある．上手な選手はデリケートな馬で経路に入っても，前進するにつれて馬との信頼関係を改善していく．障害を〈あと7つ，あと6つ……〉と逆算してはいけない．最後の飛越まで，ますます上手にやり遂げたいと思うことである．最後に，アプローチでは〈はっきり見て〉緊張をほぐす．ストレスや失敗への不安は正しい間歩の妨げとなる（写真87）．

経路走行が終わると，賞の授与まで，馬に毛布をかけておくべきである．結果がどうであろうと，馬には太陽の下で，あるいは風から守られて，草を食べながら待つだけの功績がある（写真88）．馬に感謝することを忘れるな！

第3部　馬術競技

写真87：最終競技（テスト）：障害飛越競技．
　　　　　選手の集中力と沈着さが馬の疲労回復の状態と同じく重要である．

写真88：競技会におけるグルーム．
　　　　　総合馬術競技用の馬を世話するためには
　　　　　プロ意識と献身がおおいに求められる．

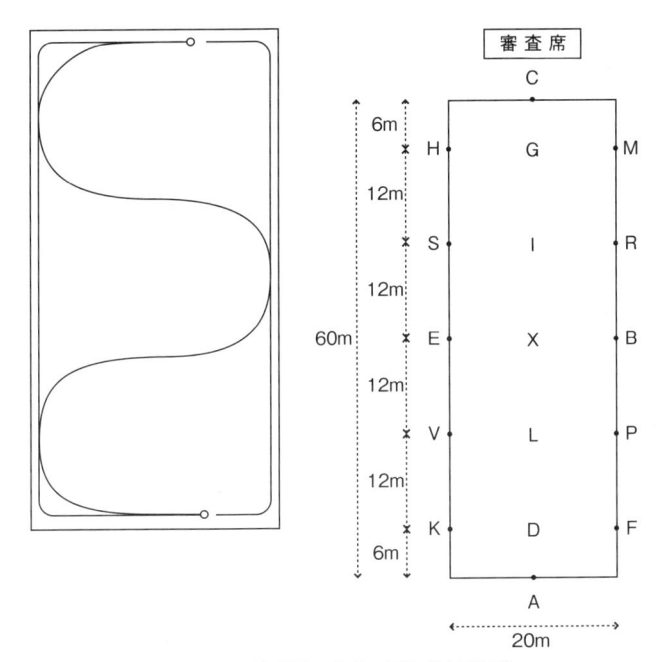

付図：馬場馬術競技の蛇乗の図と長方形馬場.

4ᵉ PARTIE
LA CONSTRUCTION
D'UN PARCOURS DE CROSS

第4部
クロスカントリーの
コース・デザイン

第4部 クロスカントリーのコース・デザイン

コース・デザイナーの役割

1. クロスカントリー・コースの構想

この章を読めば，コース・デザイナーが意図する基本方針がよく理解できる．選手はその知識を得ることで，クロスカントリーが提起する問題点を理解でき，より一層障害を完飛する解決の手助けとなる．第4部は，もちろん若いコース・デザイナー用でもあり，その仕事上で彼らを指導し，考えられる危険を避けることによって，首尾一貫性をもった教育者として育てるべく，援助するためのガイドでもある．従来から明示されている原則や自分たちのインストラクターの教えすべてを忘れているコース・デザイナーを見かけるのは，残念である．つまり，選手は，幸運だけが真の友人であるかのように，うまく作られていない障害を前にするからである．

すべての選手が，トレーニングや競技コースを，想像し，考えさせるように仕向けられている．コース・デザイナーはコース上でいつも選手と一緒にいることはないが，選手たちに影響を与え，納得させるために，明解なアイデアをもたねばならない．まずは選手育成の競技，教育を目的とした小規模なワン・デイ・イベントを整備する必要がある．そうすれば，難しさが提起され，向かうべき方向が選手らの間に明白に現れてくる．

次の問題を明確にする．
- 大胆さ
- 地形とのバランス
- 正確な誘導での飛越ライン
- 敏捷さ
- 適切な間歩による障害間の距離
- 必要に応じた活力

これらは，典型的にアピールできるスリー・デイ・イベントのもっとも発展分野で表現される．高いレベルの競技は，これらの困難な問題をすべて網羅している．

コースの構想は，論理的な手順に従う，知的かつ熟慮した方策であり，次の事項にかかわる問題を配慮する必要がある．
- 競技および出場者のレベル（他の選手と比較した地方大会のレベル）
- 競技シーズンにおけるチャンス（復帰のための競技，選抜競技，国内競技，ワン・デイ，ツー・デイ・イベント）
- コース製作作業をうまく進めるための制約と時間

シーズンはじめの競技は，競技への段階的な復帰を可能にする．馬を速い速度で大きな障害の飛越に熟達させ，簡単なコンビネーションの通過に慣れさせることである．難しくするので

はなく，前シーズンの復習を行う程度と考えればよい．

　選抜競技は，選手権大会の基本である．つまり，そのスタイルは総合馬に期待するものに近い．この競技には，可能な範囲内で，同じスピードの4段階が含まれている．ただし，高速と勇気を必要とする競技については，森林の中やスピードを出せない地形における数多いコンビネーション通過の技術を本質的に必要とするような競技とは区別しなければならない．

　国内競技は努力を必要とする．つまりワン・デイ・イベントがトレーニングに組み込まれる場合，馬は精神的にも，肉体的にも消耗しない程度で，呼吸が速くなるぐらいの運動をさせるか，あるいは体内貯蔵のスタミナを引き出させるコースでは極端になることなく，ギャロップの技術を身につけさせなければならない．

　選手権大会はもっとも優れた人馬のペアーを輩出させねばならない．これは選抜競技である．したがって，最優秀選手を選び出すことに意義がある．反対に，6～7歳馬の選手権大会の目的は，将来の名馬を見つけだし，作り上げることである．

　入門用コースは，異常に大胆さを要求するのではなく，自信を与えなければならない．つまり，それは参加すること，うまく乗りこなすことを促し，危険を最小限に食い止め，自分たちの馬をいたわる者を少しでも多く育成することにある．

　コースは適切な基準に従って，選択する．土質は気象条件の影響を頻繁に受ける．したがって，走行にもっとも適した季節を熟知すべきである．

　イギリスのような羊用の草原が理想的だ．羊は草原を踏みつぶすことなく平らにしていく．羊たちにとって草原は，湿気が多く，常にやわらかである．そして牧草は，ショックを和らげる絨毯のような性質を残すために，若芽の間は刈り取らない．

　ソミュールのようなブリュイエール[*1]の生い茂った土地は最適だが，不安定である．フォンテーヌブローやコンピエーニュ[*2]の森の中のような砂地は，四季を通じて利用できる．他地域がときに氷結したり，水浸しになったり，あるいは乾燥しすぎたりするのを考えると，地の利は重要視すべきである．

　コースは，競技の性格を変えないかぎり，起伏があっても使用できる．

　牧草地は，小石が多くなければ整地機器で土地改良ができる．一般的に牧草地は悪天候に非常に弱い．季節はよく選択しなければならない．なぜなら，雨は牧草地を決定的に耕作地へと変えてしまう．

　競技の目的は，馬の丈夫さをテストするのではない．もっとも速く，もっとも技術的に優れた馬を評価するのである．したがって，事前の地形選択や維持は非常に重要である．

[*1] エリカ，ヒース．冷温帯の湿地や荒地に生える低木の総称．
[*2] Compiègne：パリ北東方オアーズ川沿い郡庁所在地．

2. コース・デザイナーの役割

主催者が整備された競技場を利用できる場合，まず，競技用の障害を選び出す．図面に，その競技場独特の難しい箇所のすべて，つまり水関係，乾壕（写真61：170頁），土盛り障害，次に下り坂における大胆さやバランス，誘導，ラインなど，通常では困難なことのほか，ストライドに応じた的確な障害間の距離，飛越弾道，最適のスピードを地図上に書き込む必要がある．問題点に対して調和のとれた配列を探索すべきで，理論のない障害を決して作ってはいけない．

野外コース製作図面に新しく作る個々の障害を記入したうえで，開催日までのコースレベルごとの製作工程表を計画する．決して，コースの終盤に障害を集中させて，馬の肉体的耐久力と選手の気力による影響があらわになるようにしてはいけない．むらのない配列は，集中力と気配りで作りあげられる．最初は難しいコースを避けるべきである．後半に興味を引くようにする．そのためコース・デザイナーは順次コースを作っていくが，時間がかかりすぎて，あるいは資金の不足により，簡単に済ませないように注意が必要である．

コースのはじめはいつも走行しやすいようにする．スタートからエンジンがかかるのに時間のかかる馬にはオプションを提供する．最初のコンビネーションは4～5番目に据える．それは魅力的であり，前進しながら挑むことになる．最終のコンビネーションは最後の障害には配置しない．

野外コースを作るときスピードと距離が重視される．距離が長い場合，300 mかそれ以上の距離ごとにひとつのコンビネーション障害，逆に，短いコースに再配置される場合，150 mごとにひとつのコンビネーションとする．連続障害の飛越後，すぐに元のスピードには戻りにくい．常に後駆のバネによる飛越とスピードとの調和による．馬が十分なリズムにのって，なおまだ元気なときに，コースの中央部あたりに非常に難しい連続障害を設置する．新馬で距離の短いワン・デイ・イベントに出はじめの馬は野外コースに慣れていないために，ゴールまで走りきる努力を維持し続けることが大変である．

難しい障害を配置した後は，それらをつなぎ合わせる障害で，先へと続ける必要がある．それらは，次のような難しさを生み出す．つまり，低いレベルの競技におけるようなコフィン障害（図43：210頁）のAの垂直障害や，あるいは水濠に飛び込む（写真71：180頁）数ストライド前（＞5）の競技用フェンス（写真58：口絵）のように，連続性を複雑にするため，いろいろなアプローチの技術を必要とする正反対のタイプを組み合わせたものである．簡単，かつ〈疲れを癒す〉障害は，非常に難しいものや連続障害と区別し，コースの配置位置に配慮する必要がある．

コンビネーションラインの設計は斬新で，特にワン・デイ・イベントの場合は魅力的で，進入がやさしく，最初のコンビネーションは軽く飛越してしまうようなコースを製作するようにする．最初の難しさは，飛越能力が競技用障害の高さに届かない馬やスティープルチェイスの活力を十分に出せない馬をすばやく除外するな

どして，乱暴に扱うことなく，馬をリズムに乗せねばならない．この手法はときとして実行するのが難しい．

コースの最終障害は，堂々としていて，人馬転倒よりもむしろ疲れきった馬が飛べないと拒否するような形の障害にすべきである．

3. ライン，ルートの選択

同じ競技場でも，いろいろなルートが，各レベルのコースに対応する．低いクラスの障害を障害の高さを調節する穴を1つ上げて留め金を差し込み，バーを1段高くしただけの焼き直しコースであってはならない．

各レベルのコースは，高さや距離よりも，そのコースの風格や障害の姿・形によってそれぞれ異なっていなければならない．

初心者用のコースは，カーブが多くて，スピードは遅い（分速500 m）．障害はカーブのすぐ後に配置する．これは初心者がスピードを抑え，馬とともにバランスよく，障害を飛越せざるを得ないようにするためである．若い選手には，優秀な馬を与える機会よりも，むしろ上手に手ほどきをし，知らず知らずの間に，正しい技術を身につけるようにしなければならない．このような障害の間隔が短いコースによって，馬が壊れることはない．クラブの馬は，公平に安心して乗ることができる．騎乗技術を確かめるために袖のない障害を飛越することは，より魅力的である．

幅の狭いコンビネーションは，ときには大きなカーブ上に設定される．この場合，選手は静かに通過せざるを得ない．コースの一般的な形に反したカーブ上に設置されたコンビネーションでは，直角に飛越するように指導する．水濠に飛び込むのは，下り坂または簡単な飛び下り障害に向かうのと同じである．バウンス（写真14：45頁，写真80-83：186，187頁）では，常にやさしいオプションを提供する．最後に，下り坂の終わりの地点に障害を設置してはいけない．

若馬用のコースは，障害競技と同じような袖付きの大型障害を備えたスピードコースである．そこでは，馬の生まれながらのタイプ，障害に対するゆとり，ギャロップにおけるスピードとバランス，そして最後に意欲を示せることが大事である．理想としては，この種の競技は拍車を使わず，鞭も無理に利用せずに走行すべきである．ゆるいカーブで，障害は正面から向かうように飛びやすいアプローチを行い，きつい動きで飛節に負担をかけないようにする．コンビネーションは，ストライドの大きい馬にペナルティを科すことにならないように障害間を縮めない．コンビネーションは必ず若馬が飛びやすい距離でなければいけない．その後，競技を続けることで，その若馬自身の素質や能力はセレクトされてゆく．

クロスカントリーのすべての障害全体として，鮮やかさを備えるには，特に乾壕，土づくりのバンケットや水濠が提案される．だが，やる気の芽を摘んでしまわないため，ローソク飛びやぎりぎりのところでの飛越が起こらないように障害飛越の点で罰してはいけない．水濠の着地面はゆるやかな傾斜にして縁を作らない．水への飛び込みは丸太が置かれ，1～2ストライド前のゆるやかな下り坂を，接近しやすく速歩ででもアプローチできるようにする．着地が

斜面であったり，あるいは難しい接近の際は慌てずに行う必要があるので，木の丸太は垂直障害よりも好まれ，選手のスムーズな騎乗に支障をきたさない．また，不手際なバランスの取り方で後肢を障害に当ててしまっても通過できるように作る．ボリュームのある袖付きの茂みの障害は軽いコンタクトで向かえば危険なく飛越できる．

　トライアルレベルの各障害は人馬に対しての質問となる．その論理的解決は複雑である．各障害の範囲，形態，障害間の距離は理論に基づくものでなければならない．1番目を大きく飛びすぎて，ショートになった障害間を完飛するなど考えられない．連続障害の最終障害への対応は，障害間の距離がアプローチする技術として重要となる典型である．それに伴い，コーナージャンプの出口（写真18・19：49頁，写真70：177頁）や幅の狭い障害，あるいはコフィン障害も同様である．

　ワン・デイ・イベントのレベルでは，パリサード（写真67：174頁）[*3]のような踏切横木のない垂直障害や柵，直線ラインの連続障害，水濠の飛び込み，コフィン障害を設置することができる．そこでは，低いレベルに対しては，丸太で十分である．同じく，コンビネーションには，多数のオクサー（写真65：口絵，写真66：173頁）が含まれており，障害間は障害の幅にしたがって距離の変更が必要となる．適切な距離は障害の形態によって違うためにコンビネーションのAの垂直障害をオクサーに変更することはできない．

[*3] Palissade sur trou.

丸太で作られたバウンスは垂直障害である．このレベルの競技ではオクサーにはしない．

　ツー・デイ・イベントレベルのコースでは，選手のバランスやラインの正確さの問題（斜めあるいは曲がりながら飛越する障害）が用意される．ワン・デイ・イベントレベルでは正確さ（コーナー飛越），アプローチや障害の間歩の問題が強調される．水濠に飛び込むのは障害独自のスタイル－初歩レベルでは飛び下り障害（写真89：口絵）で，これらは誘導練習や難しい飛び出しによって，水中（池の中という意味）で馬を制御することを促す．高いレベルの水中に着地する障害（垂直障害または屋根付き小型オクサー）は飛び込みに発展してゆく．重要な飛び出しの飛越は飛び込み方によって決まる．水の深さはどこも浅い（20～30 cm）．転倒せずに飛び込むことを，馬に教えることが重要である．障害の連続は，選手に慎重にスピードを調整することを促す（写真90）．

　スリー・デイ・イベントレベルでは難しい障害飛越をアレンジすることができる．（馬と選手の）折りあいがつき，またその成功の確率に基づいて集計できる．数ストライド先で，拒止，逃避またはタイムロスによって難しい通過でペナルティを科される障害が，付随するに違いない．水濠の出口（写真86：190頁，写真90）で，曲がりながら5～6歩で，大型障害が続く．難しいコンビネーションは，手綱操作の手をゆるめられないまま幅の狭い障害でしめくくることになる（図37）．ときには，オプションが提示される．選手は技術的に高度な通過にチャレンジをせずにオプションを利用して，タイムをロスしながらも競技を続けられる．通

コース・デザイナーの役割

写真90：水濠の出口（ネプチューン・チャリエール／Neptune Charriere, 著者騎乗）．
屋根の高さは，少なくとも3.50mのこと．

常，障害はすべての地形，つまり平担になってからや，下り坂を下りた後，あるいは両側が切り立った坂道の間を数m利用できる．そのレベル，またそれ以上で，ダブル・コーナー（写真70：177頁），池の中にある障害，バウンス・オクサー，パノラマ・オクサー（恒久的に屋根が付いている），ブル・フィンシュ（写真59：168頁），あるいは〈スキージャンプ〉の向こう側に見えにくい障害等がある．

選手権大会は別として，非常に難しい障害飛越には，それぞれ失敗しないようにオプションがあり，苦手な障害を徐々に調教することが可能で，直接ダイレクトラインにトライしなくても，コースの続行が可能である．選手の成功はその選択にかかっている．ある種のコンビネーションにおいて最初の障害飛越をためらうほど緊張する馬で，力ずくに通過するのは非常に危険である．オプションを通過すれば，約20秒失うことになる．このタイムロスは，コースの距離が短いだけに減点数が非常に大きい．

われわれが説明した規則に従って，一度配置する障害を想定すれば，コースを描くことは可能である．各障害間の距離が，図面上に記入されていれば，すばやい計算で行程の長さの確かな情報が得られ，規定と比較することができる．適切に配置された一定の移動可能な障害（荷車，樽，木箱など）は必要に応じて，動か

第4部 クロスカントリーのコース・デザイン

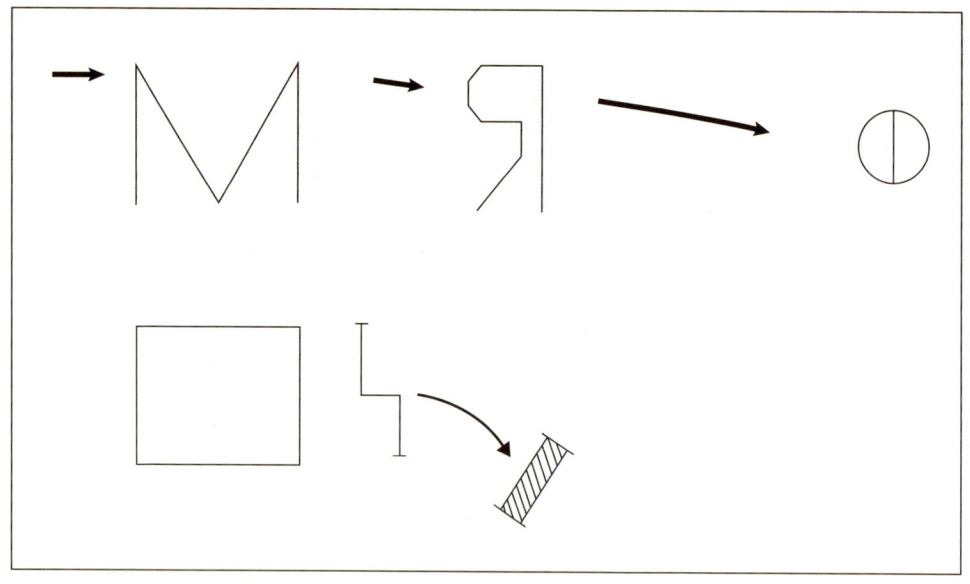

図37：大変にテクニカルな狭い障害，または幅広いが，屋根付きの障害で，数ストライド後に障害が設置されているコンビネーションは難しい通過を実証している．

して距離を調整する．

最初の障害は，規定上スタート・ラインから150〜250 m のところに位置する．これによって，選手は自分の馬とともに野外走行のリズムをつかむことができる．第1障害の大きさは規定の最大高の10％減，認められた幅の50％減である．

最後の障害とゴール・ライン間の距離は仮にも選手が自分の馬を無理に追い込んで，数秒でも稼ごうとしないように，短く縮められている（30〜75 m）．漏斗型の安全地帯がゴール・ラインの後ろに，設定されている．これはクロスカントリーを終えた馬から観衆を引き離し，両者を保護するためである．選手は，徐々に速度を落としてゆく．

結論として，コースはバランスがとれていなければならない．その難しさは通過できるか，拒否するのではなく，障害全体の調和，連続する障害，地形に応じた障害の配置にある．頼れるのは勇気と技術であり，幸運とアクロバットのような才能ではない．コースは，馬と選手の肉体と精神を重要視するという思想を基礎にして，理解すべきである．

野外障害の製作

1. 野外障害

　この章の目的は快適で，教育的な，危険のないコースを製作するために，守らねばならない規則を制定することにある．もし立派に作られた障害が選手の技術を改善するとしても，見落としていた細目の欠陥が，馬の心理に挫折や疑いや恐怖を引き起こすことがあり得る．コース・ビルダーは，自分が作ったコースが将来の馬の調教進度や未来のレベルの高い競技における影響を与えることを自覚すべきである．したがって，間違いや不注意は許されない．

　障害は，いろいろな目的に対応する．
- ◆ 障害は，馬の調教・テストそして評価に利用される
- ◆ 障害は，これら2つの難しいことを結びつけて準備し，調教進度に寄与し得る

　目的は，障害の大きさ，形，場所を決める．そして，それは競技のレベルに，つまり競技者の舞台に応える．この舞台は，最優秀選手によって，容易に制覇されるべきだが，弱者にとって危険があってはならない（表4）．

　それらは景観の中にとけ込み，自然のラインを利用し，周囲の景色を台なしにすることなく，人工的な建造物の助けを借りる．

形さえも違ったふうに見える多種多様性が必要不可欠である．したがって，簡単な垂直障害でもパリサード，門扉，遮断機のように多様化された形を現している．つまり，踏み切った水濠，斜めあるいは回転しながらの障害，飛び下り障害のすぐ後の斜面上の障害などである．

　コースは規定によって明確にされる．しかし，もちろん場所，形，外観にかかっている．少し大きくても生け垣（写真63：口絵）は飛越しやすい．最も高いスキージャンプ（Spa）（写真62：口絵）では，乾壕をたやすく飛び越えることを立証している．馬は障害の外観を気にせずに巧みに切り抜けるようにする．そしてそれは，必ずしも障害のサイズを小さくすることではない（図38）．

　目標が十分示されるのであれば，作られたもの，つまりラインの正確さ，馬や選手のバランス，障害の形に対するバスキュールの整合性などによって，障害へのアプローチの体勢をはっきりわからなければならない……．

　目標の一貫性が求められる．そこで次の錯誤，つまりパノラマ障害や羊牧場の囲い障害の根元にあるディチあるいは丸太の前の踏切の錯誤を排除する必要がある．なぜなら，ブル・フィンシュ，フェンスのような非常に飛びやすい

第4部　クロスカントリーのコース・デザイン

表4：障害のタイプと競技のレベル．

競技のレベル	若馬	トレーニングレベル	ワン・デイ・イベント	ツー・デイ・イベント	スリー・デイ・イベント
選手の目標	—	操作	バランス／ラインの尊重	接近の問題／ストライドの合意	問題のすべて／選抜
馬の目標	大胆さ／周囲に注意	—	訓練／優雅さ	新たな問題／準備	準備／駐歩の可能性／速い飛越の可能性
ルート	ギャロップ	蛇行	コースを締めくくる処置／ギャロップを少なく	技術的連続／ギャロップ	各障害に質問がある
障害	袖／正面／期待される障害	期待される障害／カーブを抜け出る	期待される障害	任意の踏切	各種／オリジナル
上り坂の障害	平地におけるストライド	頂上の丸太	頂上にて	頂上のすぐ後の垂直障害	頂上のすぐ後のオクサー
下り坂の障害	平地へ下りてから	平地へ下りてから	下り坂の下	下り坂において	下り坂を下りたすぐ後
パノラマ的障害	丸太	飛び下り障害	羊牧場の囲い*	垂直障害	屋根付きオクサー
連続障害	—	—	思考法	さまざまな障害	反対のタイプの障害
コンビネーション	障害2基／広場で	障害2基／カーブで	障害3基	障害4基／障害、減点	障害4基およびそれ以上／障害、減点
水濠　飛び込み	ゆるい坂	飛び下り障害	丸太	垂直障害	屋根付き障害
水濠　飛び出し	ゆるい坂	ゆるい坂のカーブ	飛び上がり障害**	障害	水中の連続障害
バウンス	ダブル・バンケット	上にピアノバンケット	丸太	垂直障害	オクサー
	下りピアノバンケット	垂直障害	飛び下り障害－垂直障害	乾濠－垂直障害	

* Bergerie
** Contre-haut

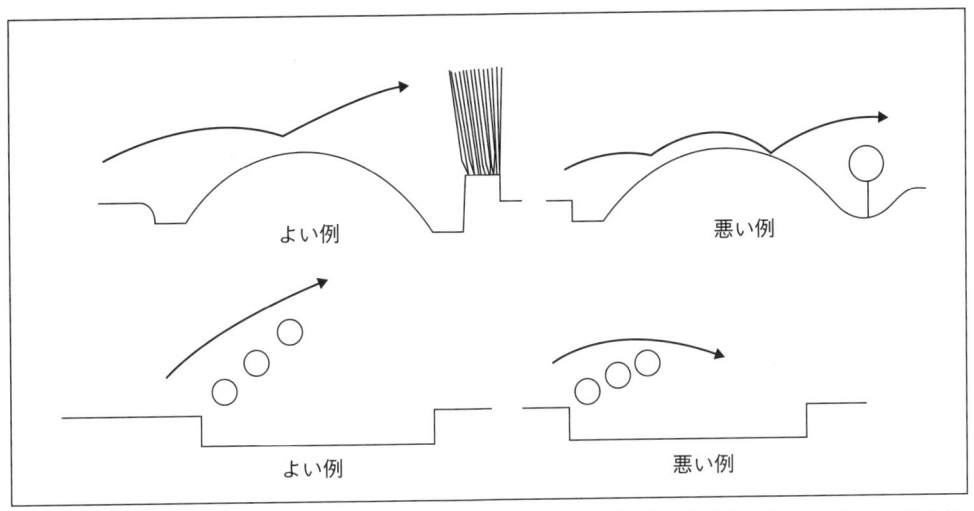

図 38：安全性を高めて，やさしい飛越にすることで，馬は自らバランスを取り，必然的に高いバスキュールになり，能力も上がることになる．

障害やあるいはパノラマ的で，インパクトのある障害を擁する長いコンビネーションについては，近くで踏み切らねばならないからである（図 39A と B）．

2. 競技用障害

障害は危険を伴わないようにするため，期待される飛越に対応する大きさでなければならない．そうでない障害は，形または高さを変更することによって，造作を修正すべきである．メインとなる障害は，重要視されるために重厚な感じが必要である．

障害の位置は，その飛越の難しさと関心度に影響する．

◆ 下り坂の手前 1～2 ストライドの飛越はやさしいが，評価は最高となり得る．それは視覚の幻影により，見応えに起因するからである．

◆ 下り坂での方策は，バランスを取ることにある．

◆ 下り坂の終わる地点にある障害は一層難しくなる．鮮やかさと正しい通過を確実にするため，バランスと推進の取り方を調和させなくてはならないからである．

◆ 平地に降りてからか，あるいは 2～3 ストライド後の通過は容易になり，特にスピードの上手な調整が求められる．

◆ 最も難しい障害の位置は平地に下りてから，1 ストライド以下のところである．馬がそれほど短い距離で踏み切るには，優れた柔軟性が必要である（図 40）．

いずれにせよ，踏切と着地は注意深く観察する．シーズン中で，天候条件が悪いとき，馬の往来が盛んになると，それに耐えなければならない．たとえば地面が滑る場合，下り坂でのカ

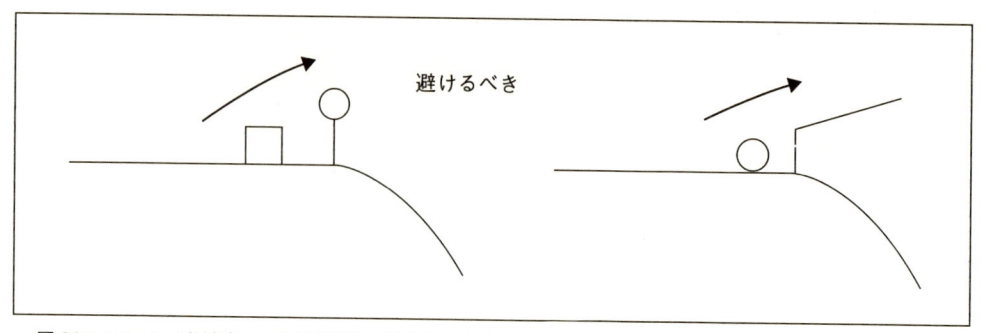

第4部　クロスカントリーのコース・デザイン

図39A：パノラマ的障害のように接近して踏み切らなければならない障害は，むやみに高く飛んではいけない．

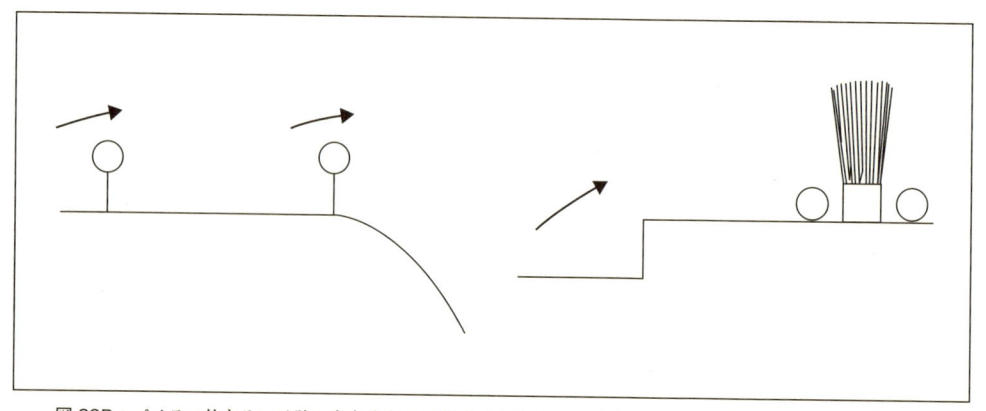

図39B：パノラマ的あるいは強い印象を与える障害で終わるコンビネーションは距離を短くすべきである．

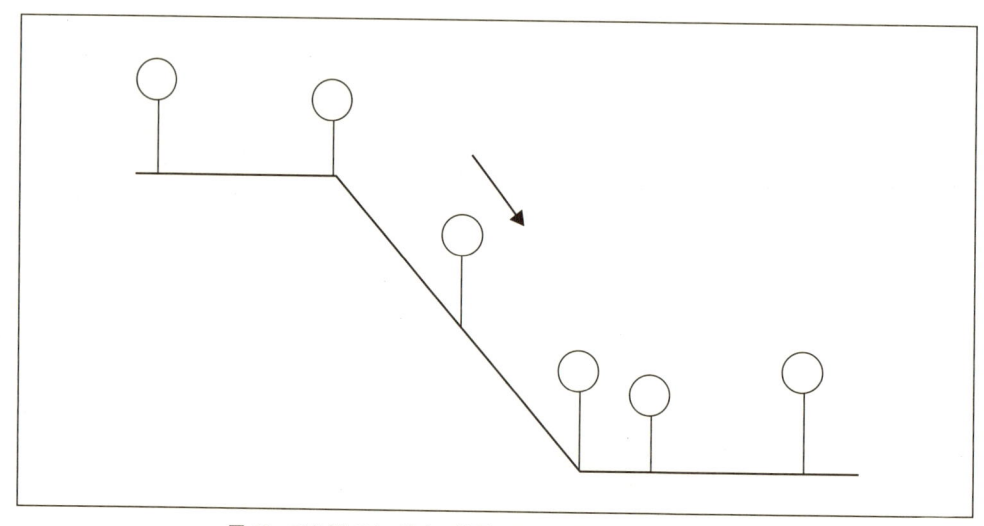

図40：下り坂では，障害の位置によって難しさのレベルが違う．

野外障害の製作

ーブは危険で，障害の飛越がとても難しくなる．

　平地に魅力的なコースを作るには，豊かな想像力を働かせる必要がある．非常に起伏の多いコースでは，激しい暑さでは走行が厳しく，まさに苦境となり得る．

　特に上り坂に障害を設置してはならない．なぜなら技術的なメリットがないからである．障害は下から見上げると大きく見える．推測する高さ（約1.50 m）は，規定内でなければならない．頂上に配置された障害の外観は水平線にくっきり見える（図41）．もちろんもっと大きいのを作るか，あるいはもっと容易に飛越できるように下り坂が終わってから（障害までの距離がオクサーについては2 m，垂直障害については，2.50 m），配置するのも可能である．

　空中に飛び出す飛越は四肢にとって，あまり意味がない．そのうえ，飛び下り障害の数は，規定によって制限されている（写真89：口絵）．障害が生け垣のオクサーのように大きい飛越が必要な場合，着地は一層きつくなる．したがって，着地は改修されねばならない．つまり，地面には砂を入れてやわらかくし，競技の途中で保全する必要がある．どちらかといえば，平坦か少し下り坂がよい．登りぎみの斜面への着地は，止めるべきである．というのは，球節の無理な屈曲を引き起こすからである（図42）．

　パノラマ的な，あるいは着地が飛び下り障害になっているオクサーは，これをためらう馬がオクサー障害の真ん中に落ちないようにカバーをすること．

　下り坂の下の飛び下り障害については，障害はその上に突き出るような構えになってはならない．馬が飛越で空中に飛び上がるときに，後肢をぶつけるような危険がないようにするためである．

　コフィン障害は，今日ではよくあるコンビネーション障害になっている．この障害は，入口障害と出口障害が配置されている．2つの特異な盛土の間の窪みの中に位置する乾壕からなっている．そこに飛び下りる勇気と，そこから飛び上がる敏捷さ，そして活力が必要である．下り坂のストライドの長さは4.50～6.50 mである．その歩幅は下り坂や飛び下りに必要なゆっくりしたスピードでも，障害間の距離は短くなる（図43）．

　垂直障害は（写真64，72，94：各172，口絵，222頁），ときには〈無味乾燥〉といわれているが，決して不正確な踏切であってはなら

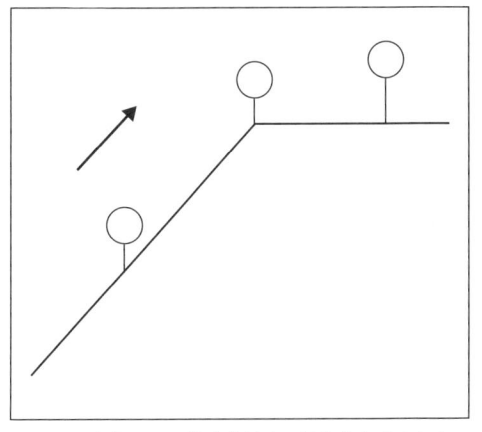

図41：上り坂では，障害を地上に浮き立たせるためには頂上に，さらによいのは，衆目を集めるためにもっと先に設置するべきである．

209

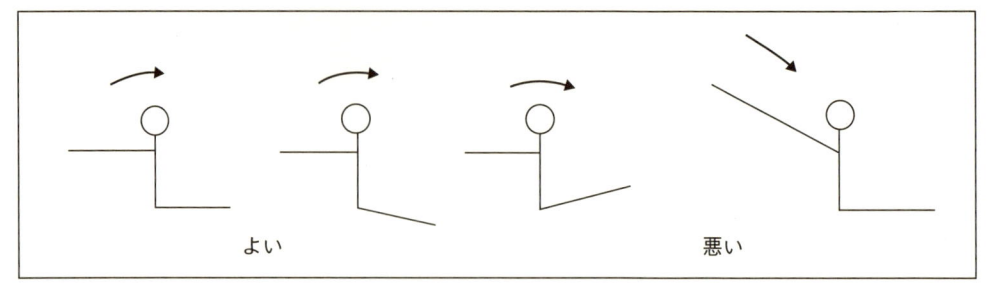

第4部 クロスカントリーのコース・デザイン

図42：飛び下り障害への着地は水平か，あるいは下り坂であり，決して上り坂であってはならない．下り坂の下に位置する飛び下り障害は高いほうから下りるので高く飛ぶことはない．

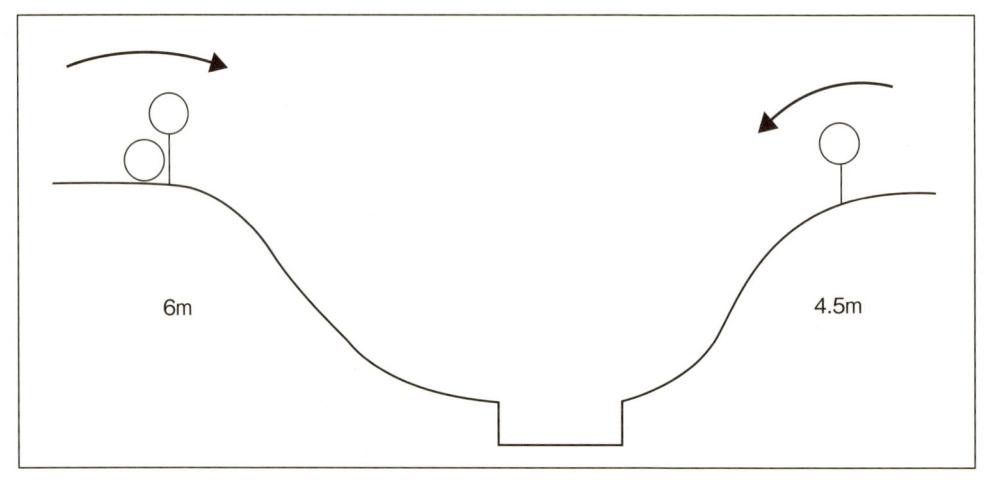

図43：コフィン障害では進入が難しく，下り坂が急であれば，踏切がそれだけ近くなる．

ない．この障害に丸太が使われていても，最も太い丸太を一番上に置いてはならない．細い丸太で組み立てられていても，この同じ考えを守るべきである．

丸太の直径は，低い障害であれば15〜18 cm，高い障害なら20〜25 cm，障害の正面幅が広ければ（8 m以上10 mまで）25〜30 cm，トラケーネン（写真68：175頁）の場合は30〜40 cmが最適である（図44）．

安全を確保し，障害に重量感をもたせるため，杭を一定の間隔（2.5〜3 m）で，打ち込む．支柱は障害の全体の陰に隠れるように，また馬が接触しても怪我などしないように面取りする．障害の幅が狭い場合は，端の杭は出しすぎないように切るか，あるいは装飾や屋根に使うために非常に高くしておく．それらが20〜40 cmの高さだと，馬が前膝をぶつけるか，選手の脚がぶつかる危険がある．

うまく安定するように一般的に丸太は，非常にしっかりした主となる支柱に支えられ，より軽い留め金の上に乗せる．丸太の節は馬に怪我をさせないように切り落とす．

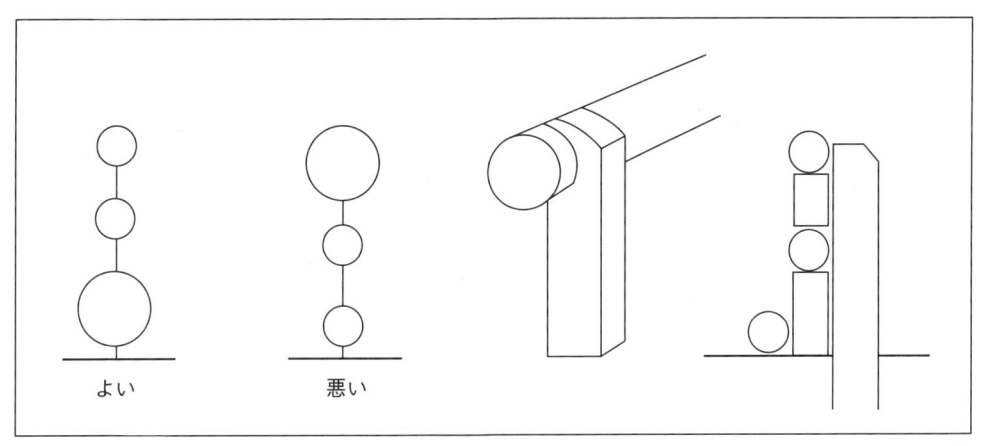

図44：垂直障害は，決して不正確な踏切を置いてはならない．支柱の高さは一番上の丸太のところまでである．特に丸太は丈夫な支柱に支えられ，軽い留め金の上に置かれる．

最上段の丸太と地面の間には，補助の丸太を一定の間隔を置いて配置する．留め金によって簡単に高さを調整できるようにする．

障害が下り坂の斜面に沿って設置される場合，丸太の太いほうを坂の下のほうに向けて置くと，より水平に見える．それが樹墻(じゅしょう)*4 のように作られている場合，どこからでも飛越できるように，各部の幅が算定される（図45）．

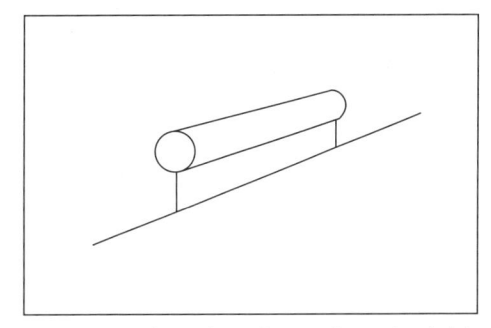

図45：丸太の直径の太いほうが，下りのほうに向けられる．

障害に取り付けられる屋根（写真90，93：203，216頁）は，選手の邪魔にならないように，少なくとも3.5 mの高さが必要である．

パリサード障害は，平板を垂直に立てて，釘で止めて，上部の縁は鋭角でないように丸味を持たせて斜めにカットして作られている．両側は完全に覆いをかぶせる．そのように補強されたパリサード障害は両手前から飛越することができる．

欄干のように前方が透けて見えるバラスター障害は，独創的な垂直障害である．垂直の各バラスター（図46）の上部は上の丸太に固定され，下部は地面に埋められるか，あるいは踏切の丸太に釘付けされる．各バラスターの間隔は，拒止の場合，肢が入り込まないように狭い（8 cm以下）か，簡単に蹄を引き抜けるように，十分広く（25 cm以上）のどちらかである．鮫の歯の形をした斜めのバラスターの場合，地面側のVは，拒止した場合でも馬が直ちに抜け出せるように広くなければならない（図46）．

---

*4 果樹で仕立てた生け垣．

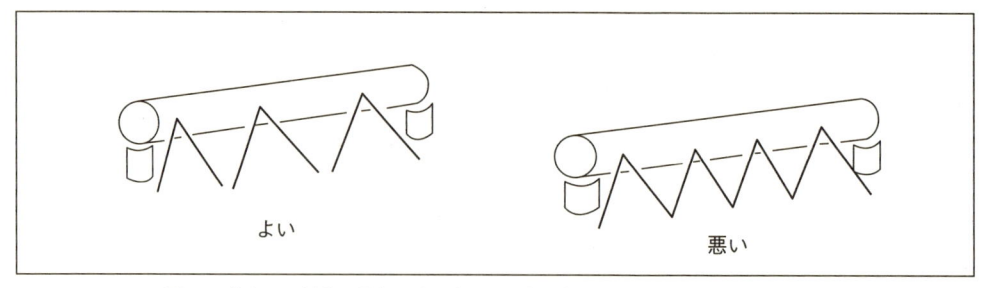

第4部 クロスカントリーのコース・デザイン

図46：作りは，拒止の場合に肢が挟まるような危険な作りであってはならない．

写真91：ポルターユ障害（メタコメット号／Metacomet，ローラン・ブスケ 現仏総合チーム監督／Laurant Bousquet）．障害袖が横に幅広く，囲い柵になっているので，方向性の問題では拒否しにくい．

　美しい垂直障害であるポルターユ障害は（写真91）[*5] 大邸宅の玄関のように作られている．大きく見せるため，木材の厚さは少なくとも8〜12cmある．杭および補強材は支柱で隠さねばならない．

　壁や石，セメント類を使う障害の場合は，馬が怪我をしないように，丸太あるいは縁を丸くした板を，その上に置くようにする．

[*5] Portail：飾り門塀．

通常，枝全体を支えている生け垣を固定した部分は，極めてはっきり見えるようにすべきである．後ろ側の支柱や丸太も前面からはっきり見える高さにする．

紐で束ねた生け垣を垂直障害の背に金属で止めた障害は飛越しても壊れることはない．生け垣で隠された扉のような障害には馬は触らない．障害横幅を4～5 mに広げて，袖を高くしなければならない．

オクサーは，バランスと推進力を組み合わせた適切な飛越が要求される．大きい外観とよく見通せる奥行き幅によって，馬と選手の果たす任務はやさしくなる．

丸太オクサーの後ろの丸太は，常に手前より高くなっている．下り坂では上部の高さは坂の傾斜に従わず，水平に設置する（図47）．

馬が錯覚しないように，奥の丸太との間は明確な空間にしておかないと馬は手前の丸太に注意しない．このようにオクサーの上部は，空間のままにするか，あるいは馬が上に乗っても大丈夫なようにカバーをする．オクサーの間に馬が転倒して，四肢が挟まれる危険性があるので，そこには1～2本の丸太を置くだけではいけない．同様に，障害をより大きくするために用いる枝の束などは全体に行き渡らせ，馬がオクサーの上に肢を乗せてももちこたえられなければならない（図48）．

ステール障害（写真92）[*6]は特殊なオクサー

[*6] Stère：木材積載障害．

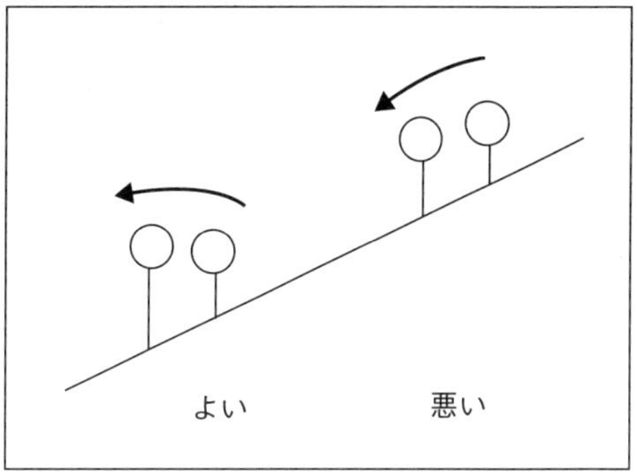

図47：下り坂に設置される障害は，傾斜して作ってはならない．

である．上部に重ね置きした薪木は，馬が肢で蹴って動いたり，落ちた薪木が走行の邪魔になったりしないようにしっかり固定する．上部で固定された丸太や2本の針金が木材の束に挟み込まれている限り，耐久性は保障される．前面に置いた丸太は踏切を誤らせる．したがって，丸太は根元に置く必要がある．

スキージャンプ（Spa）の飛越は簡単だが，馬をフラットにして飛越させてはいけない．危険を伴わず快適に飛越するため，前面のほどよい傾斜および最適の高さを保つ必要がある．どちらかといえば，形は少し反りぎみで，特にへこまないようにする．大きさが重要な場合，幅をつけるよりもむしろ3番目の丸太と同じ高さで，4番目を追加する．水路の上に丸太を置くときは水濠幅の半分を板や丸太で覆うと飛びやすい障害になる．この障害は障害競馬の水濠と違い，さらに飛越高さが低く，乾壕を飛ぶように飛越する．

間違ったスキージャンプ（Spa）の設置をすると選手のアプローチは迷いやすい．最も太い

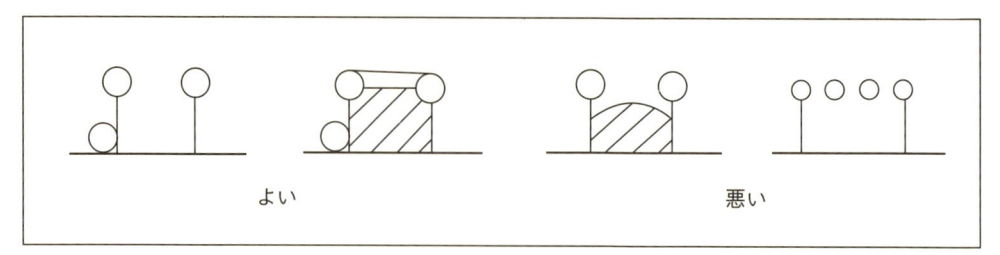

第4部　クロスカントリーのコース・デザイン

図48：オクサーの上部をカバーする場合，全面を丈夫に覆わなければならない．

写真92：ステール障害（モヒカン号／Mohican，ローラン・ブスケ 現仏総合チーム監督／Laurent Bousquet）．
ステール障害は馬が触っても動かないようにしっかり固定しなければならない．

丸太は下ではなく頂上に置いて，補足する丸太は踏切に置いてはならない．着地面の水路の縁を見えないように設置しないと，着水して水路の縁をボロボロに崩してしまう（図49）．

山形の特徴のある障害は手前が少し水平になって，その背後に低い生け垣を置く．着地面は傾斜していて馬が飛びやすいようになっている．

ひとつの装飾として生け垣の代わりに花を上に置いてボリュームをつけたりもできる．土台はぎっしりと麦わらを詰めた束が一般的である．その麦わらの間隔ならば馬が躊躇しても蹄を滑らすことはない．麦わらを束ねるのは針金

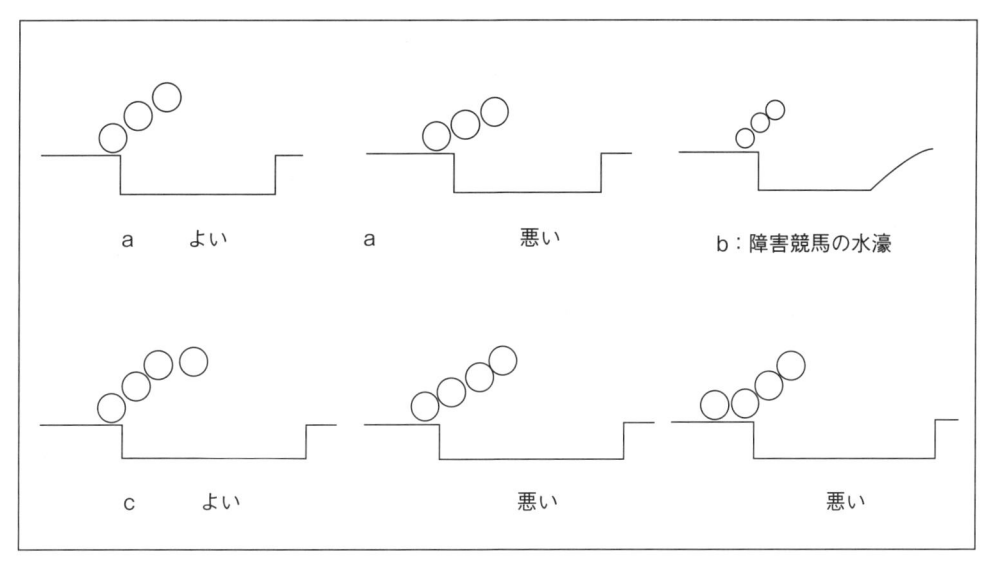

図49：a：Spaは，より上手に通過するために，馬の体を起こすようにアプローチしなければならない．
b：Brook（水濠）は，どちらかといえば，ゆるい傾斜地にある．
c：Spaの構造を強化して，4番目の丸太は3番目と同じ高さにする．

でもロープでもよく，好みである．まっすぐ向かう単体障害は罠のような障害にしてはならない．

乾壕は板と垂直杭で土留め，強化される．各杭は，面を取り，表に出ないように地面に打ち込む．同じく，乾壕の縁の土が落ちてこないようにするため，縁には丸太を置き，半分を土に埋める．

乾壕を掘ることは重要な仕事である．次々といろいろなレベルの競技でこれを頻繁に使って乾壕の利用率を上げるようにする．最初に選択する幅は，縁のはっきりした最小規模の競技用乾壕である．最長幅を規定内通りにする．より高いレベルになると，トラケーネンのような乾壕の上に設置した障害が規定内の基準で使われる（図50）．

秣桶障害（写真93）は，踏切をはっきりしないと非常に危険な飛越になり得る個性的な障害のひとつである．踏切は，不正確であってはならない．麦わらがいっぱい入れてあるこの障害は，馬の肢を乗せても大丈夫なように作られてなければならない．麦わらの束は，蹄がひっかからないように，きつく縛られ，飛越方向に合わせて縦に積んである．変わった点は上部が板製で丈夫に作られており，その上には麦わらの茎を散乱して飾りつけている（図51）．

パノラマ的な羊牧場の柵の障害は，馬が飛越中，肢を乗せることなく，きちっと飛べるように仕向けるため，前面が垂直に作られている（図52）．

コーナー障害は60〜90度までかなり広く開かれる．これは重要な意味をもちコーナーを飛越せざるを得ないのである．90度に開いた角

第4部　クロスカントリーのコース・デザイン

図50：最適の幅で掘られた乾壕は，いろいろなレベルの競技で利用される．

写真93：秣桶障害（マガリ号／Magalie，ディディエ・セグレ選手／Didier Séguret）．
秣桶障害は人気があり，秣が桶の高さまで十分入っていなければならない．

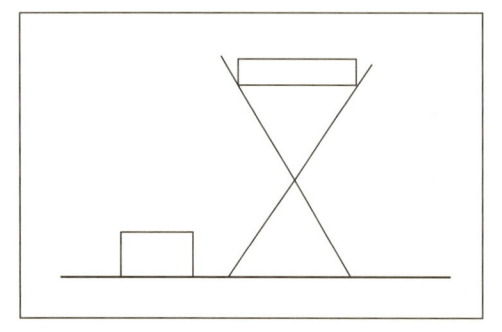

図51：秣桶障害と踏切．上部は板で，麦の茎で覆われている．

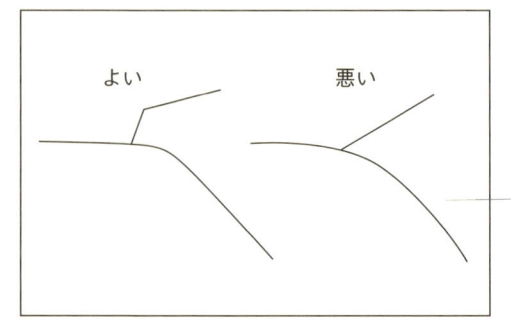

図52：羊牧場の柵の障害は，馬が一気に飛越するように，正面が垂直になるように作られている．

度は，1.40～2.10 m までさまざまな幅ができる．60度では，1.10～1.50 m までの開きの幅である．奥の丸太は，馬が，難しさを感知するように少し高くする（図53）．

コーナー障害でコンビネーションを作るとき，各障害が互い違いに，ふたつのバランスがとれるように配置する．そうすることによって，さらに難しさが増す．コーナー障害間が短くても長くても，コーナーとコーナーのそれぞれ内側の面が向かい合う際は平行に設置しない．コーナーからコーナーへはひとつのラインだけが飛越可能である．

ダイレクトルートを容易に飛越するためには，左右の均衡を維持しなければならない．選手が正しい斜線に応じてコーナーを飛越するには，各コーナーを地形と適切に配置する必要がある（図54）．

コース・デザイナーは一定の規則を守らねばならない．コーナーの接続部分は同じ太さの丸太を使用すると飛びやすい障害になる．着地面はしっかりとした地面にしておかないと後肢を

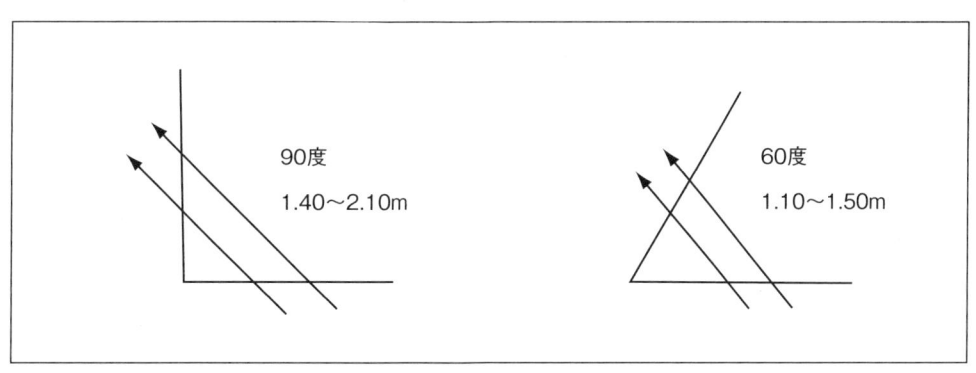

図53：コーナーを広くすることは，ラインと幅の問題を多く提起する．

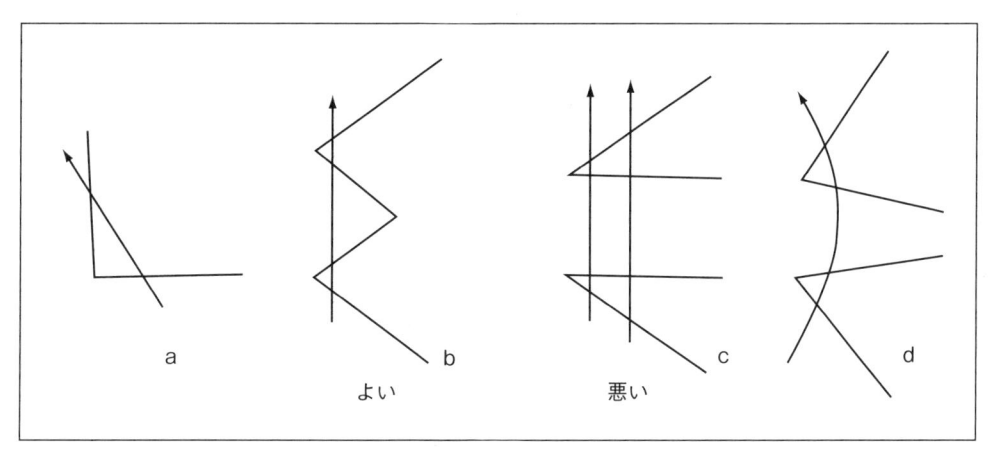

図54：コーナー障害のコンビネーションは，左右均衡で，ひとつだけのラインを提示する．
　　　a：コーナーは，60度以下から90度まで通過できる．

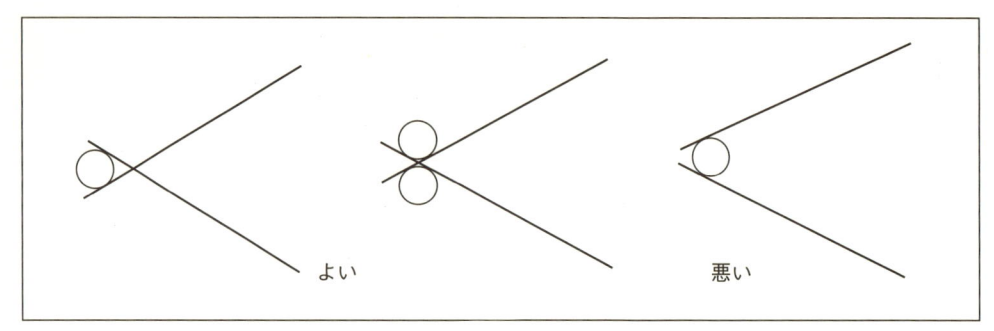

第4部 クロスカントリーのコース・デザイン

図55： 左の2つの構造がより堅固である．

頻繁に障害に当ててしまう．構造は支柱の前，または2本の支柱材の間に丸太を交叉させるのが勧められる．なぜなら，丸太の両側に支柱が設置されていればより頑丈になるからである（図55）．

3. コンビネーション

コンビネーション障害の飛越は，馬にとって高い能力が必要になる．つまり，コンビネーションに挑むための大胆さのほか，馬が次々と目にするそれらの障害に対応する敏捷さである．選手は障害の侵入において正しいスピードと適切なストライドを合わせなければならない．

事実上の落とし穴にならないために，コンビネーションは問題を提起し明解な解決策を提供する．いろいろな障害の様相は，一定つまり同じスタイル，同じ木材，同じ造作でなければならない．ひとつのコンビネーション障害はトータルにコーディネイトされており，各障害を統一するべきである．それは馬が飛ぶ能力を集中して飛越を続けられるか，それとも，物見をしてしまい残りの障害に対して馬が注意散漫になって危険度が高まるような問題を起こすことになる．

特にバウンスでは，最初の障害が，二番目の障害の踏切のように見誤らないように，同質でなければならない．馬がコンビネーションを目にするときには，時間的経過以外のいかなる順位もなく，障害の連続だけが見える．

コース上の障害の場所とそれら相互間の距離は，障害の大きさとともに難しさに影響を及ぼす．これらの3つの要因は密接に結びついており，したがって1つに決定的な価値を与えるのは難しい．

このような難しさに慣れた老練な馬に，コンビネーションの通過を試させるのが理想である．これを試みるには，コンビネーションを予定している場所に設置可能な組立式の障害（ポータブル障害）を準備する必要がある．〈テストする〉ライダーは競技のペースに近いスピードで飛越し，配置された障害について自分のもつビジョンを考慮してではなく，コース・デザイナーが考えた教育的主題の範囲内で，専ら対応に努力する．失敗または困難な飛越の場合は，障害の位置を移動させる．テストをする人馬にとっては冷静さと正確さ，ポータブル障害の安定性は，この手順が効果を発揮するための条件となる．テストで実施した距離が，競技の

ペースでも受け入れられるように，また，コースで特に疲れた馬を，力の入らないストライドのギャロップで完走させるためには，しばしばその距離を少し伸ばす必要もある．

このような試みができないときは，一定の障害を斜めに設置し，ちょっとしたゲームを行う．つまり，ライダーは接近する角度を変えながら，馬の状態に応じて距離を調整する．傾きが大きすぎないようにするためには，1.75 m すなわち半ストライドの遊びの可能性を残すことによって，正面から 6～7 m の距離が必要となる（図56）．

目的は弱者の安全，最もよく鍛えられたものにとって，快適なゆとりを確実に得させること，および美しい情景の保証を得ることである．次に掲げる表（右上）は，コンビネーションを周到に練り上げるときの助けとなる．これらは慎重に，地面の形状，大きさ，障害のタイプ，コース中の位置，地面の質に応じた値を勘案して決めなければならない（図57）．

直線では，ストライドは 3.50 m，踏切と着地では 2.00～2.20 m と算定される．距離は次の通り．

	ストライド			
	1	2	3	4
2垂直障害間	8 m	11 m	14.50 m	18 m
垂直障害とオクサー	7.60 m	10.80 m	14.30 m	17.80 m
オクサー2基の間	7.40 m	10.70 m	14.20 m	17.70 m

水濠における距離の算出は非常に難しい．なぜなら，それぞれの馬が違った走り方の癖をもっており，さらに水濠の深さが明らかにストライドに影響するからである．水の中におけるストライドの平均値は 3 m である．

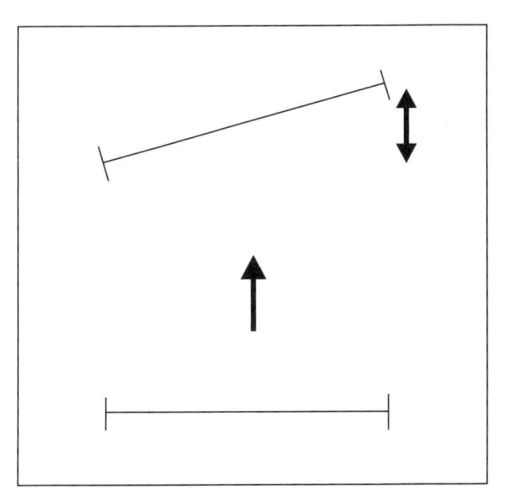

図56：正面から 6～7 m が，半ストライドの遊びを確保できるゆるやかな斜め置きを可能にする．

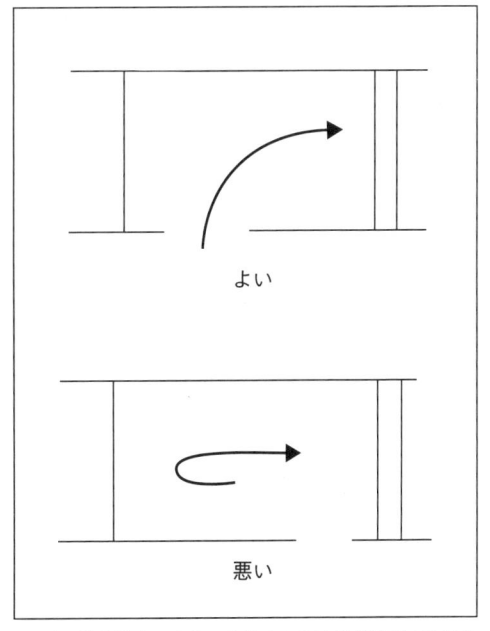

図57：閉鎖障害で出入口を作るときは連続障害を抜けられるように十分に距離がとれる位置に設置する．

第4部 クロスカントリーのコース・デザイン

　ストライドは上り坂では小さくなり，下り坂では大きくなる．坂が急であれば，馬は自分のバランスを最も巧妙にコントロールするために，短いストライドを維持する．

　飛び下り障害の着地では最初のストライドを2.00〜2.50 mにすると馬はバランスを取り戻せる．

　カーブや直角に設置されたコンビネーションを完飛するには，2基の障害間の距離は，回転のスピードロスのために（0.50〜1.00 m）短くなる．

　最適なスピードを貫き通すことが金科玉条である．

　一定のペースを守りながら，進まねばならないコンビネーションでは，勢いのよい飛越やアクションの大きい馬にペナルティを科さないようにするため，むしろ距離は広くする．そうすることによって，馬と選手は，活発な騎乗ができる．反対に，窮屈なコンビネーションは不安を煽り，用心を余儀なくさせ，手綱を〈引き締めぎみで〉騎乗せざるを得ない．

　通常のあるいは短い距離は，障害がパノラマ的か，狭いか，あるいは独創的な外観をもつときには奨励される．馬はいつも連続する障害をはっきり視野に入れていなければならない．

　無分別な障害飛越は慎むべきである．そのような場合，たとえばひとつの障害でブル・フィンシュの次の3ストライド以下のところには置くことができない（図58）．

　地面にかかわる障害，飛び下り，飛び上がり障害や乾壕が間に入ると，コンビネーションは

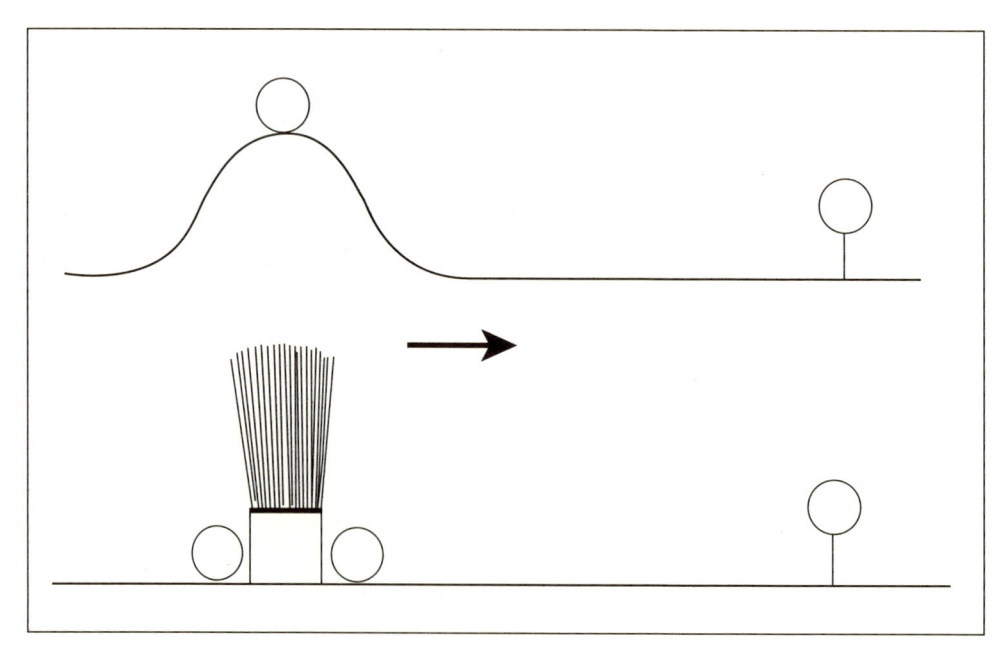

図58：障害は3ストライド以下の〈無分別な〉設置を行うべきでない．

複雑になる．下記の表は，バウンスやストライドの間隔に対応する距離を示している．各々の値は多かれ少なかれ公表されている平均値の前後約 30 cm の許容範囲がある．

◆ 上り坂にあるつい立て障害で，その先が見通せないと間歩は短くなる
◆ 下りぎみで，コースの終盤で，障害の先が明らかなとき，間歩は広くなる（図 59）

出口の障害として次の分類が認められる．つまり乾壕，飛び下り，オクサー，垂直障害（写真 94），飛び上がり障害の各障害それぞれの適切な踏切は，徐々に遠くなっている．したがって，障害間の距離は広くなる．次に掲げるのは例外である．

◆ バンケットや土手（飛び下り，飛び上がり障害）は乾壕や水壕との混同をしないように幅が広い．

◆ ピアノ飛び下り障害（写真 95）（ダブルバ

コンビネーション障害の適切な距離（± 30 cm）					
入口障害					
飛び上がり障害：	—	6.30	5.50	5.70	5.80
垂直障害：	6.00	6.00	7.60	8.00	7.20
オクサー：	5.80	5.80	7.40	7.60	7.00
飛び下り障害：	5.50	5.50	6.20	6.40	6.10
乾壕：	5.50	—	6.10	6.30	6.50
出口障害：	乾壕	飛び下り障害	オクサー	垂直障害	飛び上がり障害

バウンス障害の適切な距離（± 30 cm）					
入口障害					
飛び上がり障害：	—	3.70	2.50	2.70	2.80
垂直障害：	3.40	3.20	4.00	4.20	3.70
オクサー：	3.20	3.00	3.80	4.00	3.50
飛び下り障害：	3.00	2.80	3.40	3.60	—
乾壕：	2.50	—	3.40	3.60	3.80
出口障害：	乾壕	飛び下り障害	オクサー	垂直障害	飛び上がり障害

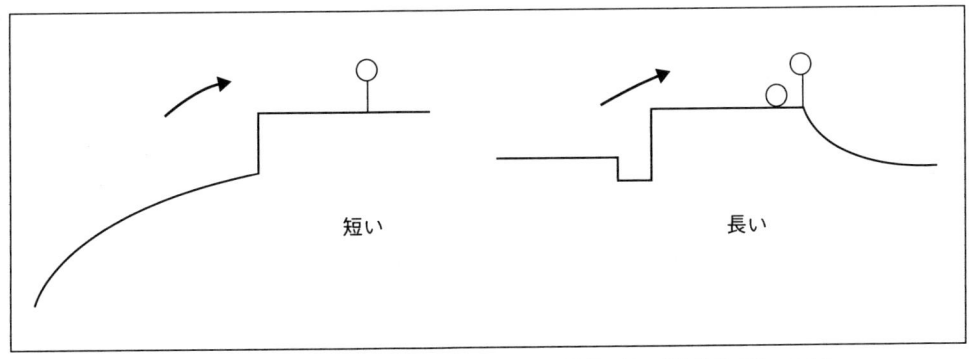

図 59：コンビネーション障害の距離は，コース中の位置，坂や形と外観で違ってくる．

第4部 クロスカントリーのコース・デザイン

写真94：パノラマ的垂直障害（ラエルト・デ・イフ号／Laerte des Ifs，ジャン・スマジャ選手／Jean Smadja）．この種の障害は，馬が自信をもって飛べるように外観を圧倒的な障害に作らなければならない．

ンケット，バンケット－障害）．これは短い距離が必要．なぜなら，馬は毎歩高く飛ぶのに，非常に大きな力を要するからである．

- 微妙な障害（飛び下り障害）．これも距離が短い．なぜなら，これらの障害は慎重に通過するからである．

障害間の間歩が増えればコンビネーション障害の難度は低くなり，間歩はより基本通りになる．

スリー・デイ・イベントで，斜めかつ接近した飛越を設定したときは完全な配列でなければならない．障害が低くてもジムカーナ[*7]のような曲がりくねったラインは全面的に排除すべきである．これらはまさに落とし穴である．本当の技術よりもむしろチャンスやアクロバット的才能に頼るもので，回転上の障害間の距離は直線上で測られた距離よりも50 cmぐらい短縮する（図60）．

コンビネーション障害に水濠が加えられる場合は少しでも紛らわしいところがあってはなら

[*7] Gymkhanas：屈曲した短距離コースに種々の障害を置き，走行時間を競う競技．

写真95：ピアノ飛び下り障害（オスマン・ベ号／Osman Bay, ジョエル・スタフォード選手／Jo'ell Stafford).
石作りの場合は，怪我をする危険を防ぐため，上部を木の板で覆う．

ない．馬が飛び込むべき水濠と飛び越えなければいけない水濠とを混同してはならない．3.5～6mの大きさの設置は危険である．

技術が運を上回るためには，水深が30cm以上になってはならない．もし，それ以上の深さであれば，飛び込み障害と飛び出し障害は小さめ（小型）にしないと，美しい光景は失われることになる．

水濠の中央に位置する障害は，馬が飛び込むことによって起こる渦や逆波はそのままにしておくべきである．これらの逆波は，馬を混乱させ，微弱な飛越をさせることになる（写真96）．

4. オプションルート

経路の多様性を増し，より興味深いものにするため，障害はいろいろなオプションルートを取り入れることができる．

障害にアプローチする角度はいろいろあり得る．乾濠の上にのこぎりの歯のように並べられた障害は，水濠が前か後ろにある障害と同じく，トラケーネンやコーナーのように真ん中を飛越する．斜めに置かれた障害は，距離の取りようによって幾通りにも可能な通過方法がある．つまり，多くのいろいろなラインのアプローチができる（図61）．

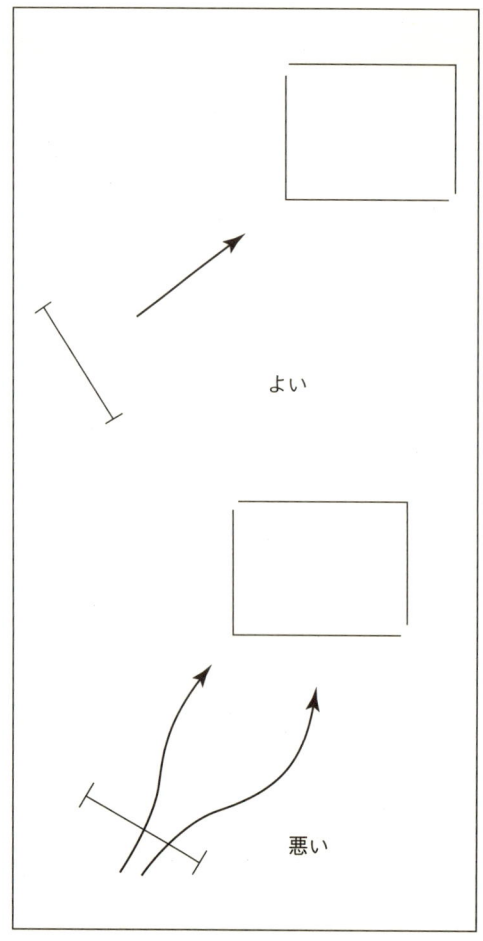

第4部 クロスカントリーのコース・デザイン

図60：アプローチラインが，明らかでなければならない．ジムカーナのようなラインは排除しなければならない．

同じような似通った障害でも，まっすぐのラインから外れるにつれて，飛越の大きさが小さくなることがある．

オプションによって，わずかな技術的やさしさとタイムを交換する場合，そのオプションルートでもダイレクトルートと同じ系列の障害である．すなわち，水濠のオプションは，もちろん水の中を通過させる．このように飛越ラインを選択できるシステムは，同じコースでありながら，それぞれ違ったレベルを人馬に体験させ，若い馬を徐々に成長させることができる（図62）．

オプションの選択はある程度の選手でも不安にさせることがある．というのは，オプションは，スタート前に選択する．またときには，競技の状況に応じて変更する場合もある．選手は自分の馬の能力，自分の実力，個人的な適性を評価し，飛越ラインを決めなければならない．十分承知して選択したオプションであれば，好機を逸することなく誤りを避けることができる．つまりそのオプションは，一般的にいって5～10秒失うだけだからである．

飛越ルートは，選択可能にしておくべきである．ダイレクトルートには取るに足らない障害は設置されない．そして，明らかに独創的で，バランスのとれたオプションを設定する．レベルの低い競技でさえも，考えられないような障害は設置されない（図63，64）．

選手らはオプションを特別扱いする．なぜなら，オプションは出番の最初の競技者あるいは前回の競技によって行われているからである．障害の審判員（フィールドジャッジ）は，コンビネーション障害のいろいろな障害通過を集計する任務をもっている．それらの結果によって，オプションはその後の競技における障害に，安定性をもたらすことができる．つまり，非常にバランスの悪い状態であれば，障害の外観を変えたり，魅力的な障害にしたり，ラインのカーブの方向を逆にしたり，あるいは高さや形を変えることによって修正することができる．障害間の距離は，垂直障害や大型障害の形

野外障害の製作

写真96：水濠の中の丸太（カーニバル号／Karnival，チエリ・メッソニエ選手／Thierry Messonnier）．
池の障害では，可能な範囲で馬が引き起こす波をそのままで放置しておくべきである．

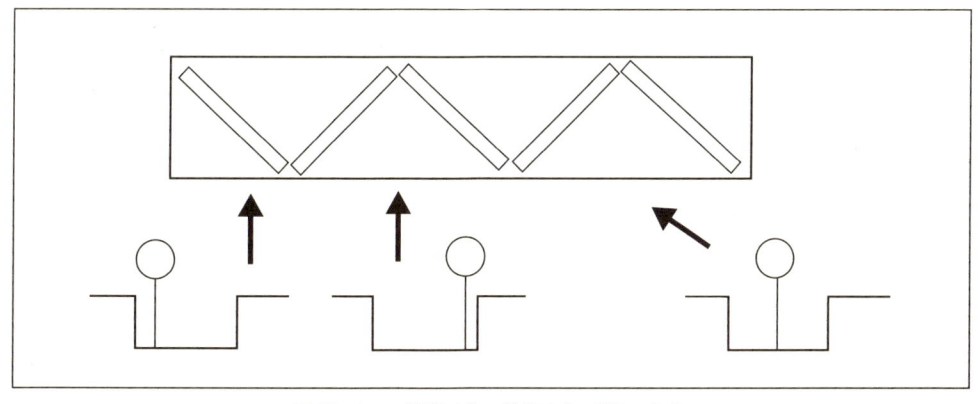

図61：1つの障害でも，飛越ラインが3つある．

に依存していることを忘れてはならない．ゆえに，事前に全体の整合性（形状，評価，距離を含めた地形）を考慮しないで，それらを変えることはできない．

オプションルートは相対的に通過が簡単だが，それによる最も大きなタイムロス（15～20秒）によってダイレクトルートと異なる．オプションルートは大きな困難を乗り越えられない

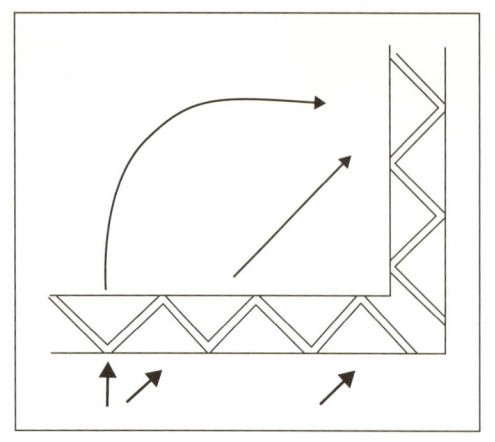

第4部 クロスカントリーのコース・デザイン

図62：オプションルートは，すべて同じ感じの障害でなければならない．乾壕の上にあるのこぎりの歯のような形の障害は，乾壕の上を飛越する3つのラインがある．

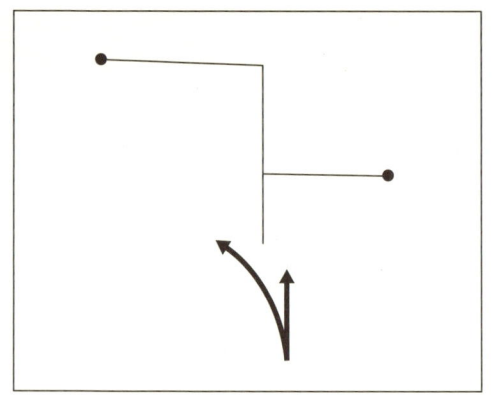

図63：選手はアプローチしている馬に急にラインの変更をしてはいけない．

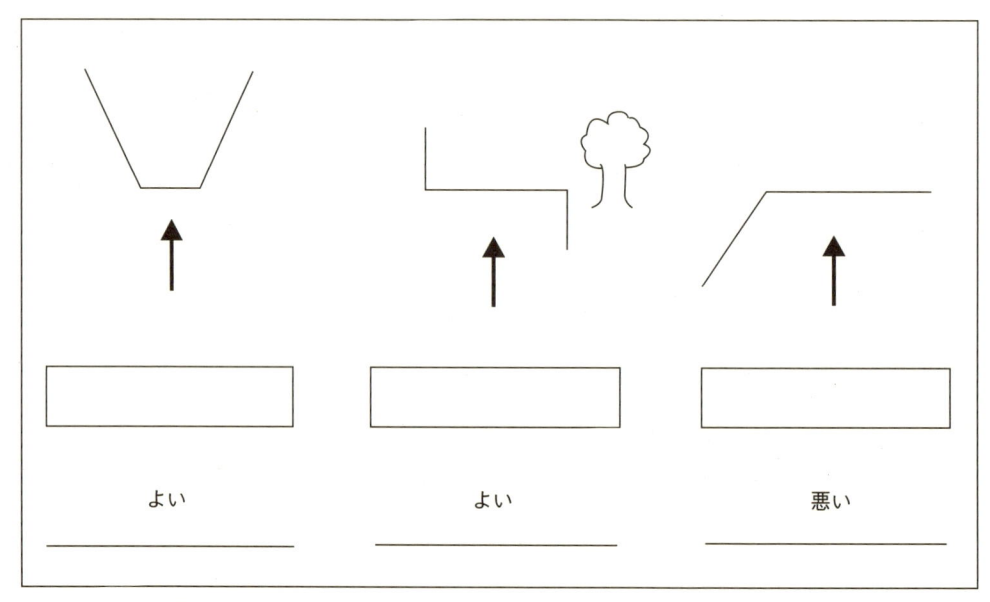

よい　　　　　よい　　　　　悪い

図64：オプションルートは，ダイレクトルートよりやさしくなくてはならない．

選手を排除することなく，大きなタイムペナルティを科すことになる．しかしながら，選手権大会のような権威ある競技会がストップウォッチを気にして，タイムを挽回するために馬を疾走させて酷使する選手がチャンピオンになるようにしてはいけない．

ダイレクトルートの障害で拒止した場合，人馬はそのオプションルートを進める．たとえばダイレクトルートのバウンスのB障害で拒止した後，用意されたオプション経路を通って，難しいジャンプから解放され，B障害を飛越することができる．提起された困難は解決されて

いないが，選手はすでに最初の失敗でペナルティが科されている．しかしながら，飛越する順番を変えることはできない．

障害が参加選手のレベルより，複雑だと思える場合，もし野外コースが非常な悪天候の場合，あるいはコース・デザイナーが落とし穴を仕掛ける恐れがある場合には，オプションルートを付け加えるべきである．3度の拒止は失権という，不測の事態による無駄な鞭打，選手の落胆を目にすることは，続いて起こる光景として痛ましい．これらすべてはスポーツに何ももたらさない．オプションルートは，脱皮し勢いをつけるための立派な解決策である．コースの目標は，競技者の上位3分の1をクラス分けすることにあり，残りを排除したり落胆させることではない（図65）．

本当のオプションルートは，半拒止すなわち調教審査（馬場）の8〜10ポイントに相当するものをなくさせるべきである．正しい判断で置かれた障害は，ラインを自由に延ばすことができる．コースの距離はダイレクトルートで換算

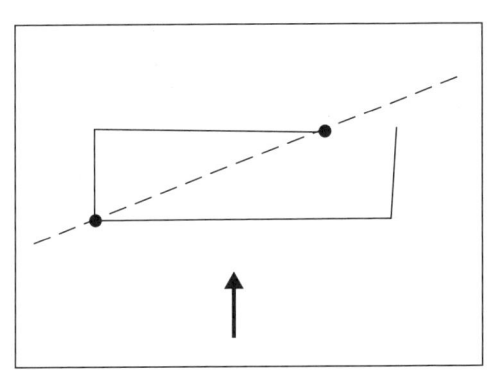

図65：障害の正面を乗り越えて，2飛越目で拒止した場合，減点は取られるが，直にオプションへの選択ができる．

（分速550 m）されているので，オプションルートを選択するとタイムインは難しくなる．なぜなら，遅れは簡単に取り戻せないからである．これに反し7000〜8000 mの競技で，たとえ長距離によって遅れを挽回できても，すでに苦労をしている馬にそれ以上の活力を要求するのは容易なことではない．

野外競技終了後，フィールドジャッジはコース・デザイナーとミーティングを開く．フィールドジャッジは選手が飛越した記録ノートを持っており，それには，出場者の走行表と規定の注意書き（付則参照），フィールドジャッジ用障害配置図やいろいろなオプションが記載されている．この配置図には，異議申し立ての手続きの参考となる障害通過の正しい道筋が記されている．列挙されたオプションの通過数と一般的な所感（ストライドの数，踏切の場所，飛越のできばえ）も記されている．これらすべての情報は，構想の誤りを適切に修正し，教育的目的に基づいて障害を配置し直し，新しいバリエーションを創造するには必要不可欠である．

5．スクーリング用障害

通常，競技用コースは特に低いレベルの馬のトレーニングに利用される．程度の高い馬では，競技シーズン中のトレーニングは野外の障害飛越を少し行う場合があっても，決して若馬のようには行わない．若い馬の調教とビギナー選手の定期的な実践練習が必要とされる．

このレベルのトレーニングで使う距離は競技で実施する程度で十分である．スクーリングと本番の目標に応えるため，競技に出てくるよう

第4部　クロスカントリーのコース・デザイン

な特別な障害を用意する．その障害は競技の構想から得る何らかの補足的な特徴を備えているべきである．

　両手前から飛べる障害．手前と奥の丸太が同じ高さであれば，両方向から飛越できる．奥の丸太を回転させて（転がせて），くさびで止めて，高さの変化を作り多彩な効果を作り出す．乾壕と組み合わせて，障害幅の中央に置いた丸太は危険もなく，両手前双方から飛ぶことができる（図66 A－D）．

　障害は重要な基礎部分や改良の余地が見込まれると，効率化される．規定いっぱいでの支柱（高さと幅）かどうかの査定を行う．次に留め金とボードを用いることで，障害を競技のレベルに適合しているようにする．木や人工的な装飾で越えるべき高さが規定よりも高い場合，その障害は競技には使えなくなる．（図67 AとB）．

　最後に障害は全方向性，つまりどの方向からでもアプローチできなければならない．その位置，その方向づけは，次の少しレベルの上がった競技に周辺の障害とともに，調和のとれたカーブの中に組み込まれるように考慮する．ワン・デイ・イベントでは，教育的に飛越ラインが各障害に向かって直角にアプローチできるように配慮する必要がある（図66 E）．

　これらの説明によって，コース・デザイナーは人馬の育成，将来の成績における肝要な役職であることがわかっていただけたと思う．

野外障害の製作

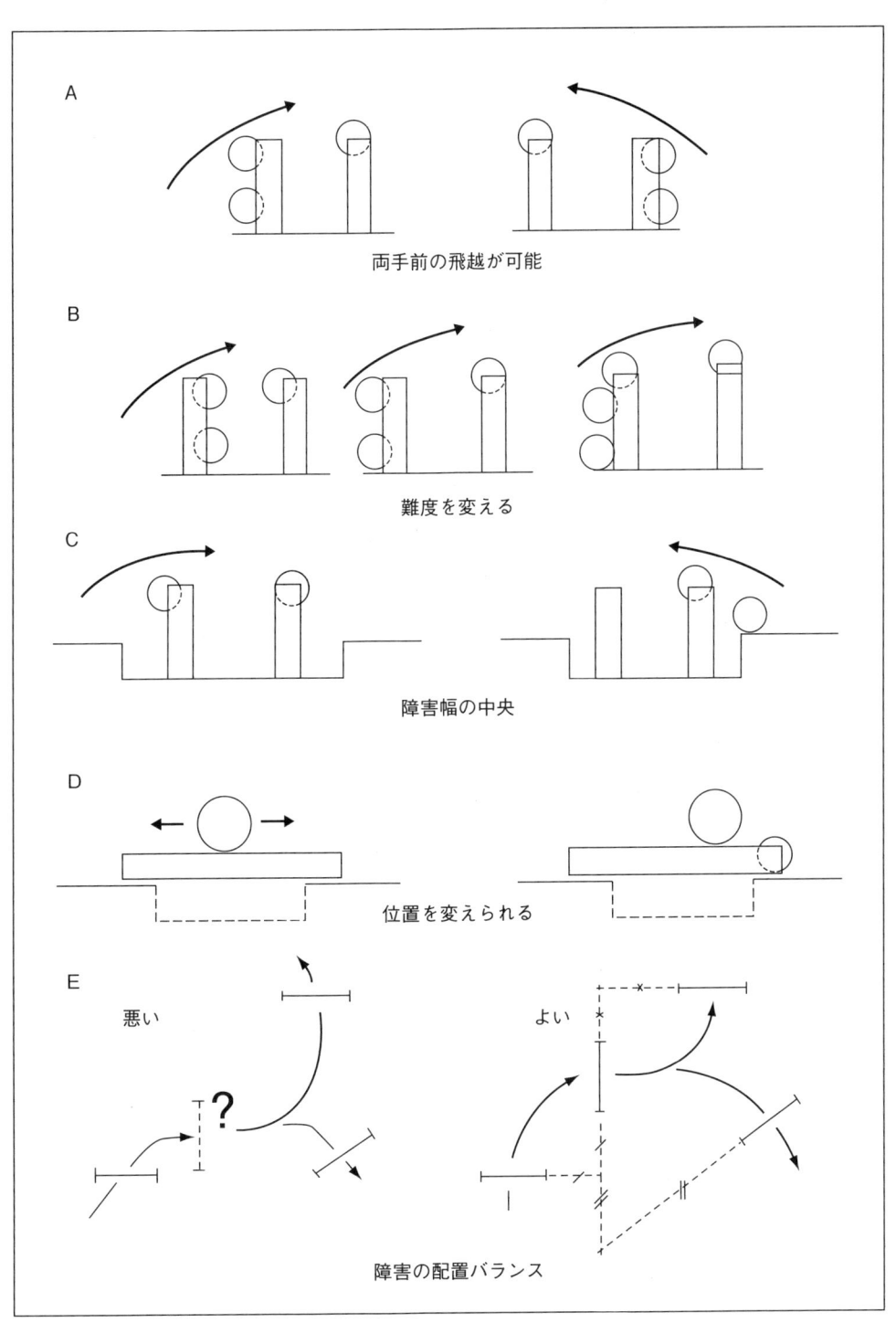

A
両手前の飛越が可能

B
難度を変える

C
障害幅の中央

D
位置を変えられる

E
悪い　よい
障害の配置バランス

図66：トレーニング用障害のいろいろな使用法.

第4部 クロスカントリーのコース・デザイン

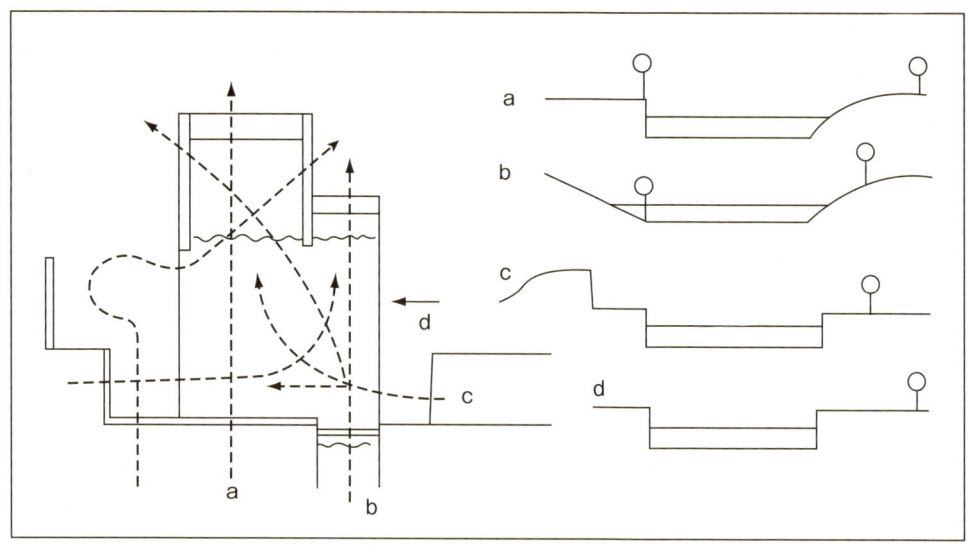

図67A：水濠の例．重要な造作物は多くのオプションの着想を考慮に入れて，効率のよいものにしなければならない．

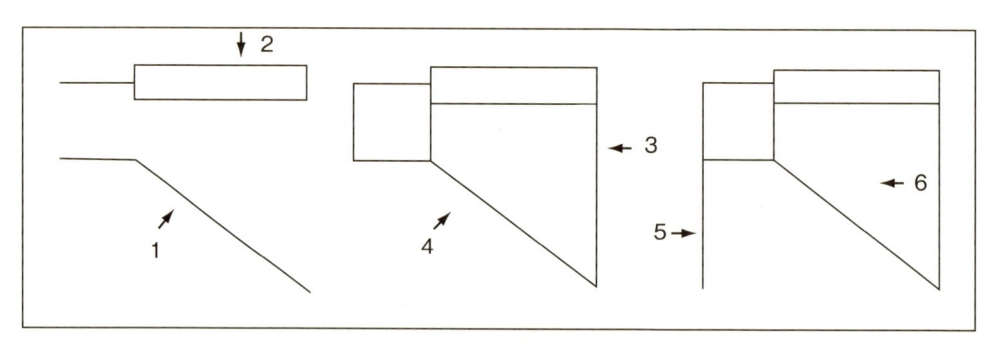

図67B：コンビネーションは競技ごとに，新しい難関を提示するため，進化しなければならない．

参考資料

障害に関する審判用の便覧

R：拒止がカウントされるのは，馬が後退するか，または再び飛越するため半回転しなければならないときである．停止からの飛越は，拒止ではない．

選手は，1障害または〈AB〉もしくは〈ABC〉と記された複数の障害からなる1コンビネーションの総体につき2度までの拒止はできる．3度目の拒止の際には，後続の出場者を邪魔しないように，障害から離れなければならない．

D：逃避は，馬が障害を飛越しないで，その障害の前面を通りすぎるときにカウントされる．

C：選手の落馬は明白である．馬の転倒は，その肩と腰角が地面に着くときにカウントされる．

A：気配りの援助，審判員または観客は，馬を捕まえたりヘルメット，鞭を渡す，馬に乗せる手助けは例外的にできる．何人も，元気づけたり，助言したり，どんな方法を用いようとも，馬や選手の飛越の援助はできない．

オプションについては，選手は最後のストライドで，肢を滑らせても，ラインを変えることはできない．

S：ある選手が失権して，コースから退場するために競技が中断される場合，障害審判員（フィールドジャッジ）は障害からかなり離れている次の選手を呼び止めて，通過するときに，タイム調整を行い，ストップウォッチを始動させねばならない．フィールドジャッジの許可が出たら，選手はコース上の中断した場所から，馬を誘導して，再びスタートする．馬がフィールドジャッジの前を通過したとき，ストップウォッチを止める．そして，その旨審判員に知らせなければならない．

第4部　クロスカントリーのコース・デザイン

装蹄のキーポイント

- ◆ 側面：前蹄壁のラインは，繋の上端の延長線上にある（図68 a）．
- ◆ 後面・正面：前蹄壁のラインは，繋の中心線にある（図68 b）．
- ◆ 側面：蹄尖壁と蹄踵壁は平行する（図68 c）．
- ◆ 蹄尖壁の角度は，前肢では45～50度，後肢では50～55度である．
- ◆ 蹄冠は地面に並行している．
- ◆ 肢は中心線を境に左右対称になっている（図68 b）．
- ◆ 左右2本の肢は，同じ形，同じ角度が理想である．
- ◆ 常歩の運動では肢は平らに着地する．
- ◆ 裏側を見ると，蹄叉は蹄の中央にあり，左右対称である．
- ◆ 釘は蹄鉄の最大横径部よりはみ出てはならない．
- ◆ 蹄鉄には，鉄唇をもうけ，蹄鉄がズレないようにしなければならない．
- ◆ 蹄鉄の鉄尾は，5～7 mm長くする必要がある．これはワンコで保護される．
- ◆ 蹄叉は，蹄踵に達する水平線を超過してはならない（図68 d）．
- ◆ 釘は蹄の高さの3分の1より高くてはいけない．
- ◆ 上弯は蹄のかえりをよくする．

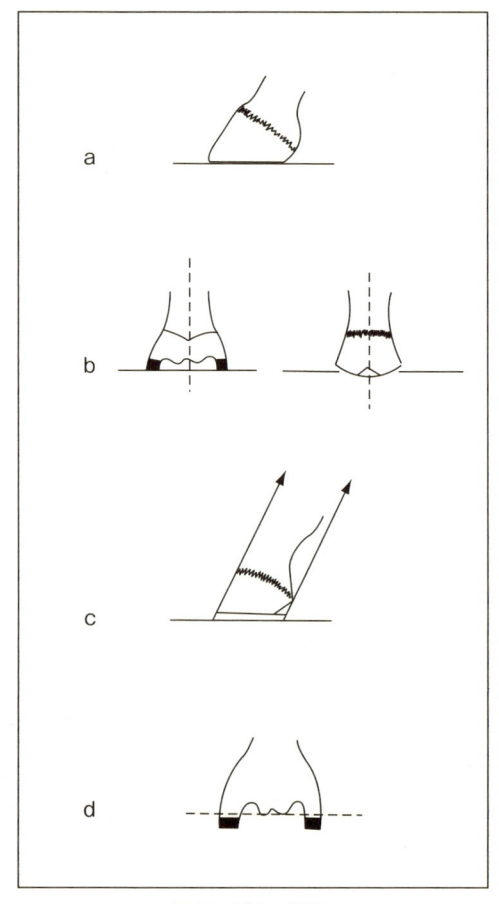

図68：正しい装蹄．

結 び

　この本を読み終わって，あなたの経験がどうであろうと，おそらくあなた自身の考えとは異なる何か難しい事柄に突き当たったに違いない．驚くことはない．紹介した技術はその真価を発揮している．これらの新しい事柄によって選手自身が自らの馬術について熟考するよう促せたならば，われわれの目的のひとつが達せられたのである．いずれにせよ，われわれは読者の好奇心を満足させ，疑問に答え，提案を検討する用意がある．

　〈科学的馬術〉は他のすべての科学と同様に，進化する．われわれはまさに技術の最先端にいるといえども，この本によって最終的な総まとめをあなたに示せるというほど思い上がってはいない．しかし，1989年における研究成果を提供するものである．このジャンルのパイオニアとして，この書は他の体験や，もちろん他の

結び

文献にも道を開くものである．

　われわれの望むところは，できるだけ多くの疑問に答えることができ，読者の成功にささやかながら貢献することにある．

　終わりに臨み，選手の皆様が総合馬術競技の花形であるスリー・デイ・イベントに出場されることを希望する．これこそこの種目にふさわしい感動のすべてを与え，その努力，その粘り強さに報いることができるのである．

参考文献

1) 馬のスポーツ医学：強い馬づくりのためのサイエンス：天田明男著－日本中央競馬会弘済会
2) サラブレッドの医科学宝典：解剖，生理機能，病理学，馬学から体の仕組みと病気を探る＝Hand book of Thoroughbred Pathophysiology：兼子樹廣著－アイペック
3) 馬の医学書－日本中央競馬会競走馬総合研究所－株式会社チクサン出版社
4) FEI総合馬術競技会規程第23版（2009年1月1日施行），FEIウエブサイト更新：2009年1月7日および2009年4月14日参照記述の誤りによる修正－社団法人日本馬術連盟
5) 国際馬事辞典：Z・バラノフスキー著，荒木雄豪編訳－恒星社厚生閣
6) 今村馬術：今村　安著－恒星社厚生閣
7) シュテンスベック氏の馬術：荒木雄豪・高津彦太郎・槇本　彰編－恒星社厚生閣
8) 実用馬術：レ・ザイフェルト著，南大路謙一訳－恒星社厚生閣

監修者あとがき

　このたび，日本で初めてとなる本格的な総合馬術競技に関する専門書が発行されたことは大変うれしい限りです．総合馬術はその名の通り，馬術三種目（馬場馬術＋野外騎乗＋障害飛越）の演技をバランス良く３日間にわたり，１頭の馬でこなすオールマイティーな競技なので，それに備える練習，調教は多義に渡ります．

　馬にあらゆる運動を要求するこのスポーツの解説は騎乗技術だけに止まらず，なによりも馬そのものの購入の諸注意から始まり，馬匹管理，普段騎乗しないときのライダーのトレーニング，乗馬技術，馬の基本調教法，競技会への準備や輸送，その諸注意と実際の競技場にて必要な事柄，競技場での準備運動の進め方，野外障害の飛び方，野外コースの意味と設営まで，本競技以上のすべてを紹介しています．

　一般的に小柄なフランス人は日本人体形に近く，世界と互角に競技できる技術を得るには，伝統あるフランス馬術がもっとも合理的（技術面）であり，同時にフランスのラテンの明るさは（精神面）競技者だけでなく，乗馬愛好者の技術向上にも必ずやお役に立てることと思います．また，フランス青年スポーツ省によるスポーツ指導法は，日本のサッカー界でも取り入れられているように，目的に対して明確に分析し，基礎からシンプルに段階を積み上げて技術力をつけることが特徴とされています．本書の内容も同様に，このスポーツ理論から成り立っており，その騎乗法・調教法は楽しく乗馬を長く続けるための必読と思われます．本書の馬術理論からなる技術向上は安全性向上とイコールであり，馬に携わる初心者，ジュニアでも共感され，達成感を満たしてくれることでしょう．特に馬を尊重し，馬自身に学習，考えさせて調教していく考え方は今後おおいに取り入れていくべきところと思います．

　ようやく，日本も総合馬術競技会が整ってまいりました．この競技のメインである野外走行はフルスピードのギャロップで人馬が一体となって大自然の野山を駆け巡ります．その爽快感は他の何よりも刺激的でエキサイトする種目であります．元々，馬は自らの生命の維持のため，唯一生き延びる手段として「走る」武器を持った動物です．狭い馬場を出て，全開で走る馬の姿が，なによりも美しく，輝いて見えます．ここに書かれた理論付けられていることを毎週末，地味でも地道な作業を積んでゆけば，颯爽と固定障害を飛越して行く鞍上のあなたの姿を想像できる気がします．

監修者あとがき

　本書が総合馬術を志す方はもちろん，乗馬愛好家，馬にかかわる方々に幅広くお役に立ち，少しでも馬のしあわせに繋がりましたら幸いです．読者のみなさまのご活躍と本競技の発展を願っております．

　最後になりましたが，この素晴らしい競技に賛同され，総合馬術競技の普及を願い本書の翻訳をなされた吉川晶造氏に心から敬意を表します．

2011年9月

監　修　後藤浩二朗

---

*　日本における総合馬術競技についてのお問合せは日本馬術連盟　総合馬術本部まで
　　http://www.equitation-japan.com/index.php?menuindex=posts&cat=26

訳者あとがき

　1952年以前は，オリンピックの総合馬術競技に出場できるものは，軍人の男性に限られていましたが，1952年にこの制限が撤廃されて以来，男性と女性が同等にこの競技に参加するようになりました．戦前，戦中を通して，軍人と運命をともにして戦場で活躍したもう一人の立役者に馬がいます．武運つたなく，1945年，戦いに敗れ，最終的にはむなしい努力に終わりました．しかし，戦後，日本の同胞は，その勤勉さによって，未曾有の経済発展を遂げ，世界のトップクラスに返り咲きました．今や日本は，経済のみならず，学問や科学，さらに芸術，スポーツの分野でも，ノーベル賞の受賞者，オリンピック競技のメダリスト，世界記録保持者などを輩出し，その実力を世界に示しています．このように変化する時代の流れの中で，かつては戦友だった馬は，今や民間人のライダーと組み，スポーツの国際舞台で再び活躍しています．
　ある日，何気なくアマゾンの書籍リストに目をやると偶然「Concours complet d'équitation」，つまり「総合馬術競技」の書名がそこにありました．乗馬に関しては，馬場馬術や障害飛越などの解説書は，いろいろ市販されていますが，私の知る限り，総合馬術競技の参考文献としては，「馬術への誘い」（恒星社厚生閣）と「FEI総合馬術競技会規程第23版」（社団法人日本馬術連盟）の2冊で，その内容は，いずれも総合馬術競技規定に関する解説書で，競技の具体的な指導書ではありません．総合馬術競技をめざして，日々練習を重ねておられる選手諸氏にとっては，物足りないのではないでしょうか．
　この本を邦訳すれば，こうした人たちにとって少しでも役立つに違いないと考え，恒星社厚生閣社長，片岡一成氏に実状を説明したところ同氏は，幸いにもこの出版を快諾してくださいました．ところが，この本をひも解いてみると，内容が非常に難しく，活字だけを頼りに邦訳しても，十分理解できそうもなく，やはり，馬術に長じ，実際にオリンピック総合馬術競技に出場され，修羅場をくぐって来られた経験者に見ていただかないと，完全に翻訳できないことに気づきました．そこで，私は，出身校が同じで，ソウル・オリンピック総合馬術競技に選手として出場された若原尚氏に監修を依頼しました．同氏によれば，1991年渡仏され，1992年バルセロナ・オリンピック総合馬術競技に，日本代表として出場され，その後さらに2000年までフランスで馬術の研鑽を積まれた後藤浩二朗氏がその任に最適だと申されて，後藤先生を紹介してくださいました．これほどこの役割に適切な方を，他に探し出そうとしても不可能です．後藤先生はエルメスジャポン（株）の馬具テクニカルアドバイザーの重責をはたしながら，一方，ゴトウポニークラブ代表として「児童のためのポニースクール」の設立準備に忙しい日々をお過ごしでしたが，この監修を快く引き受けていただき，誠に幸運でした．本年4月開校されたポニースクール「プティパレ（Petit Palais）」では，校長後藤先生の下で，将来のオリンピック選手が養成されているのです．日本の馬術界では，

訳者あとがき

1932年，西竹一氏が名馬ウラヌスに騎乗し，ロサンゼルス・オリンピック大賞典障害飛越で優勝されました．そのあとに続くオリンピック・メダリストをめざして，この学校でチビッ子が乗馬に親しんでいるのです．

　この本の第2部では，馬の生理学，獣医学の立場から，馬の扱い方，調教や訓練方法などが，専門用語を交えて説明されています．私はこの分野では，十分理解できない箇所があるので，北里大学獣医畜産学部で，獣医学を研究され，来年春から実務に携わる予定の，三原悠子氏に，その解説をお願いしたところ，誠に有難いことに，ご了承くださり，感謝しております．同氏は，同大学の馬術部で乗馬を練習し，学問的研究のみならず，実際に馬に接して，乗馬馬の実態にも精通しておられます．

　「Concours complet d'équitation」が出版された1990年当時の総合馬術競技の規則は改正され，また諸般の事情に変化があったりして，そのままだと読者に不便やご迷惑をおかけしては，出版の本来の趣旨に反するので，無駄な箇所は割愛しました．事情ご賢察のうえ，ご了承下さい．私が馬術にいそしんだのは，敗戦後間もない頃で，まだ軍隊馬術の片鱗が残っていました．学生時代，京都は宇治の金鈴会で行われた合宿訓練中，元陸軍騎兵将校で，ヨーロッパに馬術留学された今村安先生のご指導を受けました．「高地騎乗を練習するので，馬に装鞍し，馬場に集合しなさい．鐙は鞍からはずしておくこと」との指示です．馬場で整列した学生5名に言われた「落馬をすれば命がないものと思いなさい」との言葉はいまだに覚えています．先生の先導で，宇治の小高い山に分け入りました．鞭で示される速歩から駈歩，駈歩から速歩への指示，鞍上では，上下振動から前後運動への移行とその逆移行が何度も繰り返されます．これは筆舌を絶する辛さでした．私が騎乗した「金烏」は反動が高いうえに，口が非常に硬い馬で，馬背で激しく踊る上半身，増し来る辛さに耐えかねて，一方の手で手綱を握り締め，他方で鞍の前橋を何とかつかむという最後の手段で，やっと落馬をまぬがれました．片手に軍刀，片手に手綱で馬を操る落馬即落命の騎乗で，敵と渡り合う白兵戦に備えて，騎兵の新兵さんはこのように鍛えられたに違いありません．常歩はまだか，常歩は！　厩舎の屋根が見えたとき，常歩の指示，これほど辛い騎乗は，最初で，最後でした．山坂の状態，走った距離など考える余裕はまったくありません．当時，東の数校と西の数校の大学馬術部が「東西対抗」と称して年に一度，対抗試合をしていました．この高地騎乗は，合宿訓練の数ヶ月後，金鈴会で行われた「東西対抗」の競技種目の一つ，「野外騎乗」（鐙は装着）の下見だったのでしょうか．この本で説かれている騎乗訓練では，駈歩や速歩のあと，例えば，2～3分程度の常歩が勧められています．馬と騎手を休ませるためです．これが近代的，科学的合理性による配慮の一端かもしれません．命がけの戦争とスポーツの相違点がここにも現れている思いがします．最後になりましたが，この邦訳書の編集に携わっていただいた（株）恒星社厚生閣の河野元春氏は，私の気づかない事柄に気を配るなど，ご尽力下さったことに心からお礼を申し上げます．有難う御座いました．

2011年9月

訳者　吉川晶造

索 引

[英字]
AQPS	2
CCI	126
CIC	126

[あ行]
移動式野外用障害	46
インフルエンザ	126
ヴェルダン銜	54
エッグ・ビット	54
オプションルート	223
折り返し手綱	62

[か行]
ギャグ銜	54, 56, 58
起揚	12
屈曲	18
屈撓	14, 18
クランポン	126
グルーム	132
継続的運動	91
嫌気性閾値	69
減脚	22
好気性閾値	69
好気性回路	66
膠着	9
コース・デザイナー	136
コーナージャンプ	46
ゴッグ	62
コンバーター	56, 59, 149

[さ行]
肢勢	4
ジムカーナ	222
ジムナスティック	9
小勒銜	54
上弯	232
水濠	46
整置	58
速筋線維	68

[た行]
大勒銜	54
断続的運動	91
遅筋線維	68
停止エリア	136
ディチ	46
等長性運動	8

[な行]
二蹄跡運動	26
乳酸嫌気性回路	66

[は行]
バウンス	44
バスキュール	30
パスポート	126
ハッカモア	54, 60
パノラマ障害	52
バンケット	46
ハンティング手綱（二重手綱）	59, 151
反撞	18
ピアノバンケット	47
非乳酸嫌気性回路	66
フィールドジャッジ	224
扶助	12
扶助の一致	15
ペラム銜	54, 56
ボシェ銜	54

[や行]
遊動銜	57

[わ行]
ワクチン接種	126
湾曲	14

監修者・訳者紹介

後藤浩二朗（ごとう　こうじろう）

東京都出身．幼少より乗馬に親しみ，1984年日本大学経済学部卒業．全日本学生，全日本選手権等優勝および入賞多数．大学卒業後，北米，英国，オーストラリア，ニュージーランドほか馬術先進国に馬術留学．1986年アジア大会ソウル会場にて団体初優勝，個人銅メダル．1991～99年フランス　ル・マンを本拠地として選手兼指導者として活動．1992年バルセロナオリンピック総合馬術競技にて団体7位入賞．1993年国際総合馬術競技 CCI ☆ Lummen ベルギーにて優勝．1993～95年 JOC 日本オリンピック委員会スポーツ指導者在外研修員を経て，1999年末14頭のポニーを連れて帰国．日本で初めての本格的なポニー乗馬プログラムを始動．2011年 JPS ポニースクール　プティバレを開校．

吉川晶造（よしかわ　しょうぞう）

1930年大阪生まれ．1943年初乗り．1947年関西大学予科入学，馬術部に入部．1964年フランス政府給費技術留学生として経営・管理高等研究所等で履修．その際，パリ近郊の乗馬クラブに入会．帰国後，住友商事(株)大阪本社から東京本社に転勤，馬術部に入部．1970年サイゴンに駐在，同地乗馬クラブで騎乗．エクウス・ライディング・ファーム会員．訳書：『乗馬の愉しみ』，『伝説の馬100頭』，『乗馬の歴史（共訳）』(恒星社厚生閣)．

総合馬術競技
トレーニングおよび競技

2011年9月30日　初版第1刷発行

著　者	パトリック・ガルウ
監修者	後藤浩二朗
訳　者	吉川晶造
発行者	片岡一成
発行者	恒星社厚生閣

〒160-0008　東京都新宿区三栄町8
電話 03(3359)7371(代)
http://www.kouseisha.com/

(株)シナノ

ISBN978-4-7699-1257-6　C0075

定価はカバーに表示にしてあります

JCOPY ＜(社)出版者著作権管理機構　委託出版物＞

本書の無断複写は著作権上での例外を除き禁じられています．複写される場合は，その都度事前に，(社)出版社著作権管理機構（電話 03-3513-6969，FAX03-3513-6979，e-maili:info@jcopy.or.jp）の許諾を得て下さい．

恒星社厚生閣馬術叢書

乗馬教本

I.「騎手の教育」　IV.「人馬教育の向上演習」
II.「馬の調教」　　V.「馬具及び馬装」
III.「課業」

ミューゼラー著／南大路謙一訳
A5判／204頁／上製／定価2,625円
初版：1965年，第5刷：1996年

5ヵ国語で翻訳され好評を博している，騎手の教育・馬の調教・馬具および馬装等に関する世界的な乗馬入門書。

実用馬術

I.「騎手の訓練」　　III.「馬の調教」
II.「解説並に基本概念」　IV.「競技騎乗」

ザイフェルト著／南大路謙一訳
A5判／284頁／上製／定価3,150円
初版：1982年，第3刷：1999年

馬術競技の要求に対する人馬訓練の指導書。初心者，教官，調教者，さらに競技観覧者のための解説書。

ドレッサージュの基礎
―馬と共に成長したい騎手のためのガイドライン

ジーグナー著／椎名穫訳
A5判／296頁／上製／定価5,145円
初版：2007年

国内唯一のドイツ式馬術教本『乗馬教本』を補い，系統立てて実践的にまとめた中級者向けの馬術教則本。

フィリス氏の馬術　増補改訂版

第1編「総説」
第2編「普通馬術」
第3編「高等馬術」

フィリス著／遊佐幸平訳註／荒木雄豪編訳
A5判／278頁／上製／定価3,360円
初版：1993年，増補改訂版：1998年

古今の名馬術書の一つとされる原著に訳者が彼一流の解説と註を付して訳した戦前版を現代的記述に改めたもの。

国際馬事辞典　増補改訂版

I.「馬」　　　　IV.「索引（日・英・仏・独）」
II.「馬と騎手」　〔付〕「馬術家と馬術関係書」
III.「施設と馬具」

バラノフスキー著／荒木雄豪編訳
A5判／300頁／上製／定価5,040円
初版：1995年，増補改訂版：1999年，
増補三訂版（非売品）：2001年

馬術関連用語2500語以上を収録した英・仏・独の馬術用語の対訳に日本語訳を付け，4ヵ国語の検索が可能。

クセノポーンの馬術

第Ⅰ部「クセノポーンの馬術」
第Ⅱ部「ヨーロッパ馬術小史」
〔付〕「馬術家と馬術関係書」

クセノポーン原著／田中秀央・吉田一次訳／
ポダイスキー著／南大路謙一訳／荒木雄豪編註
A5判／230頁／上製／定価3,150円
初版：1995年

原著は紀元前400年頃の世界最古の馬術書。その原理は現代でも不変であり多くの馬術書に引用されている。

サンファール大尉の馬術

第Ⅰ部「乗馬の調教と御法」
第Ⅱ部「サンファール大尉の修練馬術と相馬」

サンファール原著／遊佐幸平著／荒木雄豪編訳
A5判／292頁／上製／定価3,990円
初版：1997年

フィリスと並ぶ名馬術家サンファールの普通馬術から高等馬術までの理論の詳細と，遊佐氏による著者の紹介。

馬場馬術
―競技への道

ハミルトン著／中山照子訳
A5判／210頁／上製／定価3,675円
初版：1997年，再版：2004年

英国馬術協会屈指の女性指導者である著者が，その豊かな経験と知識により著した最高のガイドブック。

伝説の馬100頭

バラン著／吉川晶造訳
A4変判／150頁／上製／定価8,400円
初版：2007年

驚異的成績を残した競争馬，オリンピックや国際競技会で活躍した名馬，英雄豪傑と共に歴史に勇名を轟かせた馬，希少な野生馬，一芸に秀でた馬，神話・芸術上の馬など，スポーツ・芸術・歴史に一瞬の忘れ難い蹄の跡を残した馬100頭を選び，貴重な写真や美しい絵とともにそのポートレートを描き出す。

シュテンスベック氏の馬術
—ドイツ式馬場馬術
第Ⅰ部「シュテンスベック氏の馬術」
第Ⅱ部「ドイツ式馬場馬術」

シュテンスベック原著／遊佐幸平著／ハイデブレック著
南大路謙一訳／荒木雄豪・高津彦太郎・槇本彰編訳
A5判／276頁／上製／定価3,360円
初版：1998年

芸術性を追及したこの書は，フィリス，サンファール両氏の著書と共に馬術家必読三書の一つ。

遊佐馬術
第1講「フィリス氏とボヴェロー氏の経歴」
　～第25講「修行」
〔付〕「東西の馬術家と主な著書」

遊佐幸平著／荒木雄豪・高津彦太郎編
A5判／336頁／上製／定価4,410円
初版：1998年

日本近代馬術の創始者遊佐氏の貴重な講演録。フィリスのポヴェロー調教日誌を元にした氏の豊富な体験記録。

ボーシェー氏の馬術
第Ⅰ部「新原則に基く馬術の方式」
第Ⅱ部「ボーシェーと彼の馬術」
第Ⅲ部「ボーシェーと彼の方式」より
第Ⅳ部「ボーシェー紹介」より

ボーシェー原著／Ⅱ.デカルパントリー著／遊佐幸平訳
Ⅲ.ネルソン著／Ⅳ.ラシネ著／
荒木雄豪・高津彦太郎・槇本彰・椎名穣・石島直編訳
A5判／412頁／上製／定価5,355円
初版：2000年

19世紀中頃，一大論争を巻き起こし，近年欧米で再評価の動きが高まっているボーシェーの馬術理論を紹介。

乗馬の愉しみ
—フランス伝統馬術

パディラック著，ソバ画／吉川晶造訳
A4変判／96頁／上製／定価4,095円
初版：2001年

「馬術は芸術なり」の思想のもと，馬の運動の美しさを探求し続けたパディラックが説く人と馬との理想的な関係。

馬術教範抄
第1編「初級教育」　　第4編「中級教育」
第2編「新馬調教」　〔付〕馬事提要抜粋
第3編「特殊調教」

荒木雄豪・槇本彰編
B6判／192頁／並製／定価2,363円
初版：2001年

中級までの馬術教育と新馬調教をほぼ網羅している旧陸軍発刊の『馬術教範』を現代語に改めた手軽な馬術入門書。

ボルト氏の馬術
Ⅰ.「馬場馬術の歴史」　Ⅱ.「馬場馬術スポーツ用乗馬の評価」
Ⅲ.「MクラスからグランプリまでのBühne馬術の調教」
Ⅳ.「1978年世界選手権大会馬場馬術競技リポート」
〔付〕「オリンピック大会（1912～2000）馬術競技入賞記録」

ボルト著／澤田孝明訳
高津彦太郎・井上正樹編訳／荒木雄豪監修
A4変版／352頁／上製／定価24,150円
初版：2003年，再版：2010年

東京とモントリオールの両オリンピックで共に団体優勝と個人2位を獲得した著者の馬術理論を豊富な連続写真と共に。

馬術への誘い
京大馬術部事始—もっと馬術を理解するために—
第1編「馬の科学編」
第2編「馬の技術編」

京都大学馬術部編
A5判／273頁／並製／定価2,100円
初版：2003年，再版：2004年

馬の生理生態を科学的に詳述した科学編と馬術競技の規定やトレーニングを解説する技術編からなる入門書。

乗馬の歴史
—起源と馬術論の変遷

E.ソレル著／吉川晶造・鎌田博夫訳
A5判／480頁／上製／定価4,515円
初版：2005年

馬具改良の歴史，調教法の発達史，戦争での活用法変遷，スポーツ馬術確立までの歴史を俯瞰。

ハンターシート馬術
Ⅰ.騎手　Ⅱ.フラットワーク
Ⅲ.障害飛越　Ⅳ.競技会に行く
Ⅴ.乗馬を教える際のいくつかの提案

モリス著／高木伸二訳
A5判／258頁／上製／定価4,725円
初版：2010年

著者は北京オリンピック団体優勝の米国障害馬術チーム監督モリス。米国障害馬術の基礎教育システムを詳述。

掲載の定価は2011年8月現在の税込価格です